OFFICIAL.

VARIETIES AND SYNONYMES

OF

SURNAMES AND CHRISTIAN NAMES
IN IRELAND.

FOR

THE GUIDANCE OF REGISTRATION OFFICERS AND
THE PUBLIC IN SEARCHING THE INDEXES OF
BIRTHS, DEATHS, AND MARRIAGES.

BY

ROBERT E MATHESON,

BARRISTER-AT-LAW,

REGISTRAR-GENERAL.

DUBLIN:

PRINTED FOR HIS MAJESTY'S STATIONERY OFFICE,
BY ALEX. THOM & CO. (LIMITED), 87, 88, & 89, ABBEY-STREET.

And to be purchased, either directly or through any Bookseller, from
HODGES, FIGGIS & Co. (LIMITED), 104, GRAFTON-STREET, DUBLIN ; or
EYRE & SPOTTISWOODE, EAST HARDING-STREET, FLEET-STREET, E.C.; or
JOHN MENZIES & Co., ROSE-STREET, EDINBURGH, and
90, WEST NILE-STREET, GLASGOW.

1901.
Price One Shilling.

HERITAGE BOOKS
2019

HERITAGE BOOKS

AN IMPRINT OF HERITAGE BOOKS, INC.

Books, CDs, and more—Worldwide

For our listing of thousands of titles see our website
at
www.HeritageBooks.com

A Facsimile Reprint
Published 2019 by
HERITAGE BOOKS, INC.
Publishing Division
5810 Ruatan Street
Berwyn Heights, Md. 20740

Originally published
Dublin
1901

International Standard Book Numbers
Paperbound: 978-0-7884-0301-9
Clothbound: 978-0-7884-7561-0

PREFACE.

THE First Edition of this book was issued in the year 1890 with the object of assisting Registration Officers and the Public searching the Indexes of Births, Deaths, and Marriages by collating the varieties in the form and spelling of names usually met with, and also those names differing altogether in form, which had been ascertained to be used inter-changeably.

A careful note has been made during the decade of cases where additional varieties or peculiarities in Surnames and Christian names have come under notice in this Office, or have been reported by local Officers.

In view of the revision of the Work, I addressed a special circular to the Superintendent Registrars and Registrars asking for information as to the nomenclature in their respective Districts, and I now beg to thank those Officers who have so kindly responded to my request, and in many cases furnished additional information of interest and value.

In the preparation of this Edition I have been cordially assisted by Mr. William A. Squires, Superintendent of Records, to whom my best thanks are due.

ROBERT E. MATHESON,
Registrar-General.

GENERAL REGISTER OFFICE,
    CHARLEMONT HOUSE, DUBLIN,
        March, 1901.

TABLE OF CONTENTS.

CHAPTER I.

INTRODUCTORY REMARKS.

THE subject of names presents an attractive field for investigation, but some of its most interesting aspects are beyond the scope of the present treatise, which is necessarily confined to those variations and peculiarities affecting our national records of Births, Deaths, and Marriages.

In January, 1894, I prepared for the late Registrar-General a Special Report on Surnames in Ireland, with notes as to numerical strength, derivation, ethnology, and distribution, based on information extracted from the Births Indexes of the General Register Office for the year 1890. This treatise was published as an Appendix to the Twenty-ninth Annual Report of the Registrar-General, and presented to Parliament.

There is, unfortunately, no complete record of the surnames in this country. An attempt was made by the Census Commissioners of 1851 to compile such a work, but when only partially done it was given up.

Our national Indexes of Births, Deaths, and Marriages for the last thirty-six years probably contain almost all the surnames in use in this country, but the information is necessarily scattered over many volumes, and the task of presenting in a complete and readable form the surnames of the population yet remains to be accomplished.

Apart from the official purpose for which they have been prepared, the Indexes form a most interesting study. Like the figures in the kaleidoscope, names are continually changing, old names dropping out and new ones appearing.

In addition to our Celtic, Anglo-Saxon and Norman surnames, we find Highland Gaelic names, represented by " MacDougal," " MacGregor," " MacIntosh." Welsh names are found, such as " Morgan," " Richards," " Apjohn." Danish names appear as " Dowdall," " Dromgoole," " Gould," " Coppinger." There are many Huguenot names, as " La Touche," " Du Bedat," " Lefroy," " Dubourdieu," " Le Fanu," " Drelincourt," " Dombrain," " Crommelin," " Boileau," " De Blacquiere." Italian names are represented, as " Bassi," " Ceppi," " Casciani." We have various German Palatinate names, as " Bovenizor," " Delmege," " Switzer," " Doupe," " Teskey," " Shire," and " Moddler." Jewish names are found, such as " Cohen," " Levi," " Aaron," and the Indexes are now showing the result of the recent migration to this country of Jews from Russia in such names as " Rabinovitch," " Weiner," " Matufsky," " Hesselberg," " Stuppel," " Rossin," " Winstock," " Greenberg," " Maisell," " Statzumsky," " Coplau," " Wachman," " Wedeclefsky," and " Fridberg."

None but those actually engaged in registration work can have any idea of the practical difficulties which are encountered by persons searching the Indexes, owing to the great variations in names in Ireland.

These variations are not only in spelling and form, but entirely different names are used synonymously by the same person or by members of the same family.

Many of these cases are direct translations of Irish names into English, or *vice versa*, while in others they are equivalents, modifications, or corruptions of them.

In a country where two different languages are spoken, it might be expected some such cases would occur, but in Ireland the practice is much more widespread than is commonly supposed.

In addition to the changes attributable to the difference of language, time has a powerful effect in altering names, which have also a tendency to assume various forms in different districts.

Illiteracy also operates in corrupting names, while they are also frequently varied in spelling and form at pleasure.

It is proposed in this treatise first to analyse the orthographical changes usually met with, and then to consider the use of different surnames interchangeably.

As some peculiarities have been met with in Christian names which affect the Indexes, it has been deemed advisable to insert a notice of them.

To the alphabetical list of surnames, with their varieties and synonymes, is prefixed a short explanation of the principles on which it has been prepared. The list is followed by an Index, enabling the reader to trace without difficulty each variety to the principal name or names with which it has been found to be used interchangeably.

CHAPTER II.

ORTHOGRAPHICAL CHANGES IN SURNAMES.

IT would be impossible to codify all the varieties in the spelling of surnames, but the following will illustrate the character of those changes most frequently met with, and indicate the direction in which the variety may be looked for.

Prefixes.

The most common prefixes in Ireland are the Celtic prefixes O and Mac.

I have received the following reports as to the resumption of the prefix O by Celtic families :—

Armagh District—" A very large number have added ' O ' as a prefix. Those who were formerly known as Neill are now O'Neill; Reilly, now O'Reilly ; Hagan, now O'Hagan, &c. Indeed I think every one in my district who by any possibility could prefix the O has done so, and this was only commenced a few years ago. I have known earlier births registered without the O, but later ones of same family must have the O prefixed."

Mountshannon District—" It is becoming customary with the people of this district to add an O to such names as Callaghan, Kelly, Flanagan, Grady, Farrell, and call themselves O'Callaghan, O'Kelly, O'Flanagan, &c." On the other hand, the Registrar of Broughshane District, Ballymena Union, reports—" Some families have dropped the O, as O'Hamill, Hamill; O'Kane, Kane; O'Mellan, Mellan ; O'Donnell, Donnell; O'Dornan, Dornan."

Prefixes may affect the Index in several ways. The name may be given without the prefix, or the prefix may be added to the name so as to form one word, or it may be incorporated in a modified form, producing a fresh variety of the name.

The following are instances :—

Prefix Fitz.	Name	Harris.
	With Prefix	FitzHarris.
	Prefix incorporated	Feeharry.
Prefix Mᶜ or Mac.	Name	Guinness.
	With Prefix	McGuinness.
	Prefix incorporated	Maginnis.

The prefix Mac with surnames beginning with " Il " is sometimes incorporated as " Mackle," thus :—" MacIlhatton "— " Macklehattan "; " MacIlmoyle "—" Macklemoyle."

Prefix O.	Name	Reilly.
	With Prefix	O'Reilly.
Prefix D', De and DeLa.	Name	Courcy.
	With Prefix	D'Courcy, De Courcy.
	Name	Hunt.
	With Prefix	De La Hunt.
	Prefix incorporated	Delahunt.
Prefix Le.	Name	Fevre.
	With Prefix	Le Fevre.
	Prefix incorporated	Lefevre.

In some instances the name with the prefix has become obsolete. Thus for example the Registrar of Keady District (Armagh Union) reports:—

"I may mention that my own family name Dorman has been abbreviated from De Dormans."

Other prefixes have been reported from various districts.

The prefix "St." (abbreviation of Saint), is found incorporated in several names in a modified form, thus:—"St. Clair"—"Sinclair"; "St. John"—"Singen" or "Cingen"; "St. Leger"—"Sellinger."

The Registrar of Moira District has supplied an interesting note regarding various prefixes to the name Lavery. He states :— "Of Laverys there are several races in this vicinity, all having prefixes, and all rigidly denying relationship or common descent. They are Baun-Lavery (Bawn—White) ; Roe-Lavery (Rue—Red); Trin-Lavery, and Hard-Lavery. Of these Baun is the most usually or persistently adhered to, so much so that several people about here are known only by their prefix, as Charley, Ned, or Dan Baun. Many people would not know where any of these people lived were you to call them by the name Lavery without the prefix; indeed the last-named man in the above samples denies the Lavery altogether.

"Of Roe-Laverys, none now use the prefix that I am aware of. One man (who died recently at a very advanced age), used to be called Hugh Roe simply. . . His sons are simple Laverys, and never have I heard them referred to as Roes.

"The Trin-Laverys call themselves Armstrong. I can't see the connection, but it is worth noting.* I am not aware of any Trin-Laverys in this immediate neighbourhood, but there are a good many Armstrongs about four or five miles off, who I suspect are Trin-Laverys.

"Hard-Laverys are few. I only know one race. They have been occasionally called Hardy, but this name attends only two branches, and is not likely to be entered as a surname, having lapsed into a mere colloquial distinction."

It may be mentioned that the use of a prefix in connection with the name Lavery, has been reported to exist in other districts. Thus in Crumlin District (Antrim Union), the name appears as "Trim-Lavery," in Aghalee District (Lurgan Union), as "Tryn-Lavery," while in Glenavy District (Lisburn Union), the prefix is incorporated with the name forming "Trin-lavery."

The Registrar of Aghalee District also reports that the prefix Baun is used in his district with the name Lavery, and that Trin-lavery and Armstrong are used interchangeably.

---

* The prefix "Trin" or "Tryn" is probably the anglicised form of the Irish τρéun '—"strong," and the synonymous use of the name "Trin—Lavery" with "Armstrong" may, perhaps, be explained by the fact that "Strong-handed" is in Irish "τρéαηLαṁαċ" [treanlamhach], from τρéun, strong, and Láṁ (lamh) a hand.

The tendency of a prefix to take the place of the entire name has been observed in several names such as "Mack" for Mackaleary, McDermott, McDonald, McEvoy, McInerney, McNamara, and McNamee, &c., and "Fitz" for "Fitzgerald," "Fitzsimons," "Fitzpatrick," &c. With regard to this last name a Registrar reports with respect to a Birth Entry where this peculiarity was observed,—"The name originally appears to have been 'Fitzpatrick,' but the name 'Fitz' has been used by this family for a generation, and it was the name which they have entered in the local Church Marriage Register."

The Assistant Registrar of Garvagh District (Coleraine Union) reports that "Fitz" is a familiar contraction *almost everywhere* of *all* names so beginning, just as "Mac" is similarly used for *all* names beginning with it.

Affixes.

Affixes are found either separately or in combination with the surname.

The following instances of affixes commonly in use may be given :—

Haugh	. .	Fetherston.
		Fetherston Haugh.
		Fetherston H.
		Fetherstonhaugh.
Roe	. . .	McDermott.
		McDermott Roe.
		McDermott-roe.
		Morris.
		Morrisroe.

Sometimes names are altered both by prefixes and affixes. The name Johnston, Johnson or Jonson, affords a good illustration of this. "Johnson," *i.e.*, the son of John, is in use interchangeably with "McShane," *i.e.*, the son of Shane or Shawn (Irish for John), and with "Mac-eown," the son of Eoin, another Irish form of John. "McHugh," *i.e.*, the son of Hugh, is synonymous with "Hewson." "McAimon," *i.e.*, the son of Aimon (an Irish form of Edmond), is found to be interchangeably used with "Edmundson."

In some districts, where there are many families of the same name, additional names are given for purposes of distinction, and these names frequently appear in the Index—thus :—

Ryan	. .	Ryan (Slater).
Sullivan	. .	Sullivan (Magrath).

The Registrar of Murroe District (Limerick Union) reports— "There are dozens of distinctions for 'Ryan' in this district, all well known locally."

The Registrar of Murragh District (Bandon Union) gives the

following affixes as in use in his district:—To the name Leary—Bue, Reagh, Dreedar, Rue; to the name M'Carthy—Cahereen, More, and Reagh, and to the name Sullivan—Beara and Bogue.

Frequently the affix is the father's or mother's Christian name, the mother's maiden surname, or the grandfather's Christian name. A Registrar of Marriages reports:—" I know a ' Quinlan ' whose father was ' Cleary,' a ' Ryan English' whose father was ' Ryan.' "

The entry of the birth of a "John John Murphy" was met with in Millstreet District. On inquiry the Registrar stated:—" It is the habit in this part of the country to take the father's name to distinguish them from others of same name ; for example, ' John Daniel Murphy,' ' John Jeremiah Murphy,' and as in this case, ' John John Murphy,' there being so many families of the same surname."

The Registrar of Castlebar No. 1 District reports :—" Joyce, a very common name, is distinguished by affixing father's name, e.g., Tom Joyce (Tom), Tom Joyce (Martin), and in many cases further distinguished by any peculiarity of complexion, colour of hair, or special dress, or if exceptionally tall, and those are transmitted in the Irish language."

The Registrar of Tuosist District (Kenmare Union) furnishes the following note:—" The name Sullivan being exceedingly common, it is often omitted, and the Christian name of father (or mother) substituted, e.g., ' Johnny O'John,' ' John Williams,' or name of farm, as ' Dan Rusheen,' &c."

Occasionally the complexion of the members gives a surname to the family, e.g., Mike Bawn, or a distinction is made as " Shawn Og "—" Young John."

The Registrar of Kilkeel No. 2 District, remarks :—Often the grandfather's Christian name is used as an affix, as " Charles Cunningham Dick."

The Registrar of Sneem District, in Kenmare Union, reports —" ' Dorohy ' is applied to Sullivan, such as Sullivan Dorohy, also ' Mountain,' as Sullivan Mountain, and the other Sullivans are called after the locality they live in, &c., as ' Sullivan Glanac,' ' Sullivan Brachae,' ' Sullivan Dillough,' ' Sullivan Budoch.' "

The Registrar of Rathmullan District (Milford Union), states that—" The trade or occupation is often added *in Irish* after a surname, such as ' Mulrine (saorcloch ') ;—saorcloch, ꞃaoꞃcloċ, signifies a Mason.

Sometimes the affix entirely displaces the surname. A certificate of a marriage came under examination in the General Register Office, in which the bridegroom's name was given as " Patrick Sullivan," and his father's name as " Patrick Cooper." On inquiry it was ascertained that the father's real name was Patrick Sullivan (Cooper).

Initial Letters following Prefixes.

Initial letters following prefixes are sometimes dropped thus :—

| McCusker | . . | McUsker. |
| McClure | . . | McLure. |

One initial letter is substituted for another, as—

| McIlmoyle | . . | McElmoyle. |

Or the letters following the prefix transposed,

| McElroy, | . . | McLeroy. |

The letter " C " is sometimes repeated after " M^c," as—

| McAdam | . . | McCadam. |
| McArdle . | . . | McCardle. |

Initial Letters.

Cases of substitution of one letter for another are very common, thus :—

A and E	. .	Allison	. .	Ellison.
C and G	. .	Cannon	. .	Gannon.
C and K	. .	Carr	. .	Kerr.
C and Q	. .	Cuddihy	. .	Quiddihy.
F and Ph	. .	Fair	. .	Phair.
F and V	. .	Farrelly	. .	Varrelly.
G and J	. .	Gervis	. .	Jervis.
G and K	. .	Gilfoyle	. .	Kilfoyle.
P and W	. .	Phelan	. .	Whelan.
Q and T	. .	Quigg	. .	Twigg.
Q and W	. .	Quinton	. .	Winton.

Initial consonants are sometimes doubled, as—

| French | . . | Ffrench. |
| Folliott | . . | Ffolliott. |

Initial letters are sometimes dropped or added, as—

| Ahearn | . . | Hearn. |
| Hammond . | . . | Whammond. |

Second Letters.

The following are some of the changes in second letters most commonly met with :—

Changes from one vowel to another—

a changed into e	as Bagley	.	Begley.
a	,,	o	,, Laughlin	.	Loughlin.
e	,,	i	,, Nesbitt	.	Nisbett.
e	,,	o	,, Delahunty	.	Dolohunty.
o	,,	u	,, Molloy	.	Mulloy.
u	,,	i	,, Mulligan	.	Milligan.

Second letter, where a vowel, is dropped, as—

a .   .   Eagan   .   .   Egan.
i .   .   Aiken   .   .   Aken.

Second and Third Letters.

The following changes in these letters may be noted :—

Change of vowels—

a	changed into	ea	as Daly	.	.	Dealy.
ai	,,	ea	,, Kain ·	.	.	Kean.
au	,,	a	,, Maunsell	.	.	Mansell
ei	,,	ea	,, Reid	.	.	Read.
eo	,,	ou	,, Keogh	.	.	Kough.
i	,,	ui	,, Gilmartin	.	.	Guilmartin
o	,,	oo	,, Gogarty	.	.	Googarty.
o	,,	ou	,, Rorke	.	.	Rourke.
u	,,	ou	,, Burke	.	.	Bourke.

Transposition of vowels—

e and i	.	.	as	Reilly,	.	.	Rielly.
,,	.	.	,,	Neill,	.	.	Niell.

Intermediate Letters.

There are many changes observable in intermediate letters. The following may be mentioned :—

Consonants dropped—

c before k	as Shackleton	.	.	Shakleton.
p after m	as Thompson	.	.	Thomson.

Consonants repeated—

     Mathews   .   .   Matthews.

Consonants interchangeable—

ff and v .	as Rafferty	.	.	Raverty.
s and z .	as Fraser	.	.	Frazer.

Syllables interchangeable—

oh, ogh, and $ough$, as Doherty	.	Dougherty.
Dogheny	.	Dougheny.

Syllables omitted or contracted—

Omitted,	as Donnellan	.	.	Donlan.
	Farrelly	.	.	Farley.

Contracted, as Corcoran	.	.	Cochrane.
Fennelly	.	.	Finlay.

Terminals.

The alterations in Terminals are numerous, both as regards single letters and syllables. The following examples may be given :—

Terminations interchangeable—

ie for *y*	.	.	as Beattie	.	Beatty.
ies for *is*	.	.	as Davies	.	Davis.
ce for *se*	.	.	as Boyce	.	Boyse.
x for *cks*	.	.	as Rennix	.	Rennicks.
y for *ey*	.	.	as Mahony	.	Mahoney.

Dropping Consonants, Vowels.

Consonants—*d*	.	.	as Boland	.	Bolan.
	s (where double),	as Burgess	.	Burges.
	t	.	.	as Lamont	.	Lamon.
	gh (where silent),	as McWhaugh	.	McWha.
Vowels—	*e*	.	.	as Sloane	.	Sloan.

Adding *final s*

as	.	Askin	.	Askins.
		Connor	.	Connors.

Contraction or Abbreviation of Names.

There are many cases where a Contraction is substituted for the full name. The following will serve as examples :—

Free for Freeman.
Neazor for Bovenizor.
Pender for Prendergast.
Pendy for Prendeville.
Roy for M'Elroy and Royston.
Turk for Turkington.

Spelling according to usual Pronunciation.

All names are more or less liable to be spelled according to their pronunciation, but there are several instances where the name is pronounced quite differently from the spelling, and in these names almost invariably the spelling according to pronunciation is also found.

Thus—	Chism	for	Chisholm.
	Chumley	,,	Cholmondeley.
	Coburn	,,	Cockburne.
	Cohoun	,,	Colquhoun.
	Coakley	,,	Colclough.
	Beecham	,,	Beauchamp.
	Lester	,,	Leicester.

Older Forms of Names.

In many cases the original form of a name has become lost or obsolete. In some instances, however, the alphabetical list still shows the original form of the name and the one now more commonly used, with indications of the various stages through which, in course of time, the name has passed into its present more usual form.

The name "Whittaker" appears to have come from White-acre, with which form it has been found to be used interchange-ably. Thus—

> Whiteacre.
> Whiteaker
> Whitegar.
> Whittegar.
> Whittacre.
> Whitaker.
> Whittaker.

Again, "Lammy" is traceable to the French "L'Ami," both forms being still in use. Thus—

> L'Ami.
> Lamie.
> Lammie.
> Lammy.

Another instance is the name Loughran, from the Irish O'Luchairen—

> O'Luchairen.
> Lucairen.
> O'Loughraine.
> Lochrane.
> Loughren.
> Loughran.

The Registrar of Cappoquin District (Lismore Union) reports: —"De Laundres or De Londres, an old Norman name, is found in this district in the forms of 'Landers' and 'Glanders'".

The French Huguenot name "Blanc," and its modern form "Blong," both appear in the Register Books of Cloneygowan District (Mountmellick Union). These names also occur in Rath-angan District (Edenderry Union), the Registrar of which remarks —"The French spelling, 'Blanc,' is disliked owing to the literal pronunciation 'blank.'"

The name "Nestor" has been observed in the Records almost exclusively in the counties of Galway, Limerick, and Clare. In reply to a query regarding the origin or transformation of this name the Superintendent Registrar of Rathkeale Union states:—

"A.D. 1396. Iriel O'Loughlen was killed by Mac Girr-an-Adhastair (now Nestor), one of his own tribe.—(See History of Co. Clare, by James Frost). Adhastair (aòaṛċaiṗ) signifies a halter. There are two families named 'Nestor' living in the Rathkeale Dispensary District, Townland of Kilquain, and other families of that name reside in the Manor."

It may be added that this name has also been found in the Indexes in the form "Nester."

Local Variations in Spelling and Form.

The fact that names have a tendency to assume different forms in different localities is well known. The following may be cited as examples:—

The name MacAlshinder [synonyme for Alexander], which is the form used in Larne District, is found in the following forms in other districts:—

Elchinder,	in	Ballymoney District.
Elshander,	„	Ballylesson „ [Lisburn Union].
Elshinder,	„	Lisburn Union.
Kalshander,	„	Dromore District [Banbridge Union].
M'Calshender,	„	Ballymena Union.
M'Calshinder,	„	Banbridge „
M'Elshender,	„	Doagh [Antrim Union].
M'Elshunder,	„	Ballymoney Union.
M'Kelshenter,	„	Tanderagee District [Banbridge Union].

The names Archibald (or Archbold) and Aspel are found to be used synonymously in Rathcoole District (Celbridge Union). The following varieties have also been met with :—

Aspill, in	Balrothery Union.	
Esbal, „	Portrush District.	
Esbald, „	Eglinton „	[Londonderry Union].
Esbel, „	Limavady „	
Esbil, „	Coleraine „	
Esble, „	Ballymoney „	

Again, the name " Ferguson," in addition to several variations in spelling, is found under the following forms:—

Faraday,	in	Lusk District.
Fargy,	„	do. do.
Fergie, Forgie,	} „	Greyabbey District [N.T. Ards Union].
Forgay,	„	Ballymoney Union.
Forgey,	„	Portrush and Warrenpoint Districts.
Hergusson,	„	Lusk District.
Vargis	„	Bannow District [Wexford Union].
Vargus,	„	Broadway „ „

The name "Quigley" in Ferns District (Enniscorthy Union) and in Fethard No. 2 District (New Ross Union) has become "Cogley." In Monaghan Union it has assumed the form "Kegley," and in Belfast No. 6 District it has been found as "Twigley." It is worthy of note in connection with the last variety that "Quigg" and "Twigg" are reported by the Registrar of Belfast No. 7 District to be different forms of the same name.

Local pronunciation often affects the spelling of names. The Registrar of Clonavaddy District (Dungannon Union) has drawn attention to the fact that a number of people in his District spell their name " Hoins," and not " Hynes," the more usual form.

c

Variations in Spelling at Pleasure.

The following cases will illustrate the variation in spelling of names at pleasure :—

Some years ago the marriages of a brother and of a sister in the same family were solemnized in a Registrar's office. The son gave his surname as " Faulkner," and his father's surname as " Faulkner." The daughter gave her surname as " Falconer," and her father's surname as " Falconer." Both marriages were subsequently re-solemnized in a place of worship, and the same orthographical differences were found to exist in the records kept by the officiating minister.

A young man called at the General Register Office to obtain a certificate of his sister's birth, giving his surname and hers as " Milligan." When search for the entry proved unsuccessful, he suggested a search under the name " Mulligan," when the required entry was found. The entry was signed by the father, who, as occupier of a public institution, had signed a large number of entries, from which it appeared without doubt that the proper name was " Mulligan."

A record came under examination in which the informant, when registering the death of his brother, gave the name of deceased as " Fawcett," and signed his own name as " Fossitt." On inquiry into the case it was ascertained that the parties were in the habit of writing their names respectively as given in the entry.

A birth entry was found in Mountmellick District, where the informant signed his surname as " Headen." In a previous entry he had signed his name as " Hayden." In explanation the Registrar reported that the man wrote his name in both ways.

In another case the same informant wrote her name in different entries as " Kinnealy," " Kinneally," " Kenneally," and " Kenelly."

The Registrar of Drimoleague District, in Skibbereen Union, observes with reference to two death entries :—" In the same family, the father was known as ' Cue,' the son signs himself ' Hue,' and the two deceased children used to sign themselves ' MacCue.' "

The Registrar of Street District (Granard Union) reports :— "There is one family in this district, one member of which uses the name 'Murphy,' whilst another employs the designation ' Molphy' they being brother and sister."

Changes owing to Illiteracy and other Causes.

The differences caused by illiteracy are too numerous and well known to require much comment. To such a cause may be referred " Lannan " and " Linnen" for " Lennon," " Nail" for " Neill." " Dulinty " and " Dulanty" have been found written by uneducated persons for " Delahunty."

Religious and social differences sometimes cause varieties in surnames.

Two local officers have reported that, in the case of the name Wallace or Wallis, it is spelled "Wallis" by the members of one religious communion, and "Wallace" by those of another.

Similar reports have been received regarding the use of the names "Neill" and "O'Neill," "Coole" and "Coyle," and of the names "M'Cusker" and its equivalent "Cosgrove."

In one district the name "Connellan" is said to be so spelled by persons of good social position, while the peasantry use the form "Conlan."

Another Registrar, in County Kildare says:—"A man who would get a little money would change from 'Doolin' to 'Dowling.'"

Variations are also produced by other causes, such as the tendency to assimilate names to those of distinguished persons. One Registrar reports "Nielson" has become "Nelson," while another states "Parlon" has become "Parnell," so that all the families in his district of the former name now use the latter.

CHAPTER III.

USE OF DIFFERENT SURNAMES INTERCHANGEABLY.

THE use of entirely different names interchangeably by the same person prevails in Ireland to a much greater extent than is commonly supposed. This is principally owing to the differences in language—many of these being cases of translation of Irish names into English, or *vice versa*, or equivalents, modifications, or corruptions of them. There are, however, other cases which cannot apparently be accounted for in this way.

Registration officers are sometimes placed in considerable doubt which name to record. A Registrar recently reported that some families are invariably called by other than their real names, and that it is often a matter of some difficulty to ascertain the correct name.

A Superintendent Registrar writes :—"If any local person called at the office to know if Christopher Sherwin had registered the death of a friend, he would ask, was the information given by ' Kitty Sharvin.' A man living within a hundred yards of James Fitzpatrick or Christopher O'Malley, would never know who was meant unless they were called ' Jem Parrican ' or ' Kit Melia ' ; there are many such cases, and yet those are not what are called nicknames."

It is proposed to refer first to the cases of English and Irish names used synonymously, and then to other cases not falling within that category.

English and Irish Names.

The practice which prevails in Ireland of using two names appears to be largely traceable to the influence of ancient legislative action.

By a Statute of 1366, it was provided, *inter alia*, that " every Englishman do use the English language and be named by an English name, leaving off entirely the manner of naming used by the Irish"; and in 1465 [5 Ed. IV., cap. 3] a law was passed enacting " that every Irishman that dwells betwixt or amongst Englishmen in the County of Dublin, Myeth, Vriell, and Kildare . . . shall take to him an English surname of one town, as Sutton, Chester, Trym, Skryne, Corke, Kinsale ; or colour, as white, blacke, browne ; or arte or science, as smith or carpenter ; or office, as cooke, butler . . ."

In many cases, where English and Irish names are used interchangeably, they are translations from one language into the other or translations of words similar in sound.

The following may be cited as examples:—

English Form.	Anglicised Irish Form.	Irish Words.
Bird, .	Heany, Henehan, Henekan, McEneany.	ean (ean)—a bird.
Bishop, .	Easping, Aspig, .	eaᵱboᵹ (easbog)—a bishop.
Black, .	Duff, . .	ᴅuḃ (dubh)—black.
Boar, .	McCullagh, . .	collaċ (collach)—a boar.
Bywater, .	Sruffaun, .	rꞃuṫán (sruthan)—a streamlet.
Church, .	Aglish, . .	eaᵹlaiꞃ (eaglais)—a church.
Crozier, .	Bachal, . .	baċal (bachal)—a crozier.
Farmer, .	McScollog, . .	ꞃcoloᵹ (scolog)—a petty farmer.
Fox, .	Shanaghy, Shanahan, . Shinnagh, Shinnock, . Shonogh, Shunagh, &c.	ꞃionnaċ (sionnach)—a fox.
Freeman, .	Seerey, Seery, . .	ꞃaoꞃ (saor)—free.
Godwin, .	O'Dea, . .	ua (ua)—a descendant, ᴅia (Dia) —God.
Gray, .	Colreavy, Culreavy, .	ꞃiaḃaċ (riabhach)—gray.
Green, .	Houneen, Huneen, Oonin.	uaine (uaine)—green.
Hand, .	McClave, . .	láṁ (lamh)—a hand.
Holly, .	Quillan, . .	cuileann (cuileann)—holly.
Hunt, .	Feighery, Feighney, Feighry, Fehoney, Feghany.	ꞃiaḋaiᵹe (fiadhaighe)—a huntsman.
Hurley, .	Commane, . .	comán (coman)—a hurling stick.
Judge, .	Breheny, Brehony, .	bꞃeaṫaṁ (breathamh)—a judge.
King, .	Mac-an-Ree, McAree, Muckaree, &c.	ꞃíᵹ (righ)—a king.
Kingston, .	Cloughry, . .	cloċ (cloch) — a stone; ꞃíᵹ (righ)—a king.
Little, .	Begg, Beggan, . .	beaᵹ (beag)—little.
Long, .	Fodha, . .	ꞃaᴅa (fada)—long.
Oaks, .	Darragh, McDara, &c.	ᴅaiꞃ (dair)—an oak.
Oats, .	Quirk, . .	coꞃce (coirce)—oats.
Rabbit, .	Conheeny, Cuneen, Cunneen, Cunneeny, Kinneen, &c.	coinín (coinin)—a rabbit.
Roche, .	Rostig, . .	ꞃóiꞃteaċ (roisteach)—a roach.
Rock, .	Carrick, . .	caꞃꞃaicc (carraicc)—a rock.
Sharpe, .	Gearn, Gearns, .	ᵹéaꞃ (gear)—sharp.
Short, .	McGirr, . .	ᵹoꞃ (gor)—short.
Silk, .	Sheedy, . .	ꞃíoᴅa (sioda)—silk.
Smith, .	Goan, Gow, Gowan, McGowan, O'Gowan.	ᵹoḃa (gobha)—a smith.
Thornton, .	Drinan, . .	ᴅꞃoiᵹeann (droigheann)—blackthorn.
Walsh, .	Brannagh, Brannach, .	bꞃeaṫnaċ, (breathnach) — a Welshman.
Waters, .	Toorish, Tourisk, Turish, Uiske.	uiꞃᵹe (uisge)—water.
Weir, .	Corra, . .	cóꞃa (cora)—a weir.
White, .	Banane, Baun, Bawn,	bán (ban)—white.
Whitehead, .	Canavan, . .	ceann (ceann)—a head; bán (ban)—white.

The Registrar of Cappoquin District reports that a man named Bywater came into his office in order to register the death of his brother. He gave his brother's name as Michael Sruffaun. On being interrogated as to the difference in the surnames, he said that he was always known by the name of Bywater, but his brother by the name Sruffaun. *Sruffaun* is a local form of *sruthan*, an Irish word for a little stream.

In Rynn District (Mohill Union) an entry came under observation where the surname " Colreavy " was altered to " Gray." The Registrar reported in explanation that the family signed their names both as " Colreavy " and " Gray." The deceased had been in America where he signed his name as " Gray."

The Registrar of Murragh District (Bandon Union) notes the synonymous use of " Hurley " and " Commane " in his District, and remarks " Comman " is the Gaelic for " Hurley," and is a " stick with a curved boss to play goal with."

The Registrar for Riverstown District (Sligo Union) reports, regarding the names " Breheny " or " Brehony " and " Judge," above mentioned, that they were almost all " Brehenys " some time ago, but now they are becoming " Judge."

A person applied recently to one of the Registrars for the certificates of the births of his two daughters, registered as Anne and Margaret M'Girr. He stated they were christened by the name of " Short," and that he was married as " Short," but always received the name of " M'Girr "—" Short " and " M'Girr " being synonymous names.

In a death entry in Dundrum District (Union of Rathdown), the surname of deceased appeared as " Smith," while the entry was signed by his son, who gave his surname as " O'Gowan."

A marriage certificate from Enniskillen District came recently under my observation in which the bridegroom and one of the witnesses signed their surnames " Going or Smyth," the other witness signing " Going or Smith."

The Registrar of Termonfeckin District reports :—" The surnames ' Markey ' and ' Rhyder ' are used synonymously in my district. The more usual surname ' Markey ' is most frequently used, but in the case of some families ' Rhyder ' is used interchangeably for ' Markey,' one branch of a family being known by the surname ' Markey,' another by that of ' Rhyder,' and in some instances the father taking the surname ' Rhyder ' and the son that of ' Markey.' I may add, that this use of the name ' Rhyder ' for ' Markey ' is not peculiar to my district, many of the neighbouring districts having for residents persons who are known by the synonymes ' Rhyder '—' Markey.' " " Markey " is the anglicised form of the Irish marcać (marcach), a horseman, hence the equivalent " Ryder," or " Rhyder."

There are many cases, shown in the Alphabetical List, which are not direct translations, in which equivalents, modifications, or corruptions are used interchangeably.

A Registrar reports :—" There are two brothers—one Berming-ham, and the other M'Gorisk." In other Districts the name "Bermingham" has been found to be used interchangeably with ".Magorisk" and "Korish."

The names "Blessing" and "Mulvanerty" are reported to be sed synonymously in two Districts in the Union of Mohill Mohill and Rowan) and in Ballinamore District (Bawnboy nion).

The Registrar of Birr District reports :—" A family here named ' Renehan ' is sometimes called ' Renehan ' and sometimes ' Ferns.' They are both the same. ' Renehan,' I believe, is the Irish and ' Ferns ' the English synonyme."

The Registrar of Carrigallen District (Mohill Union) reports :— "' Minagh ' or ' Muinagh ' is a synonyme for Kennedy. In two cases of these names the fathers of the families are called ' Pat Muinagh ' and ' Francis Muinagh,' respectively, and would scarcely be known by ' Kennedy.' The children are generally called ' Kennedy."

The Superintendent Registrar at Cavan states :—" The name ' M'Grory ' is used as the Irish substitute for ' Rogers,' and there is an instance in the townland of Mullaghboy, in the Electoral Division of Drumlane, in which a person has been rated both as ' M'Grory ' and ' Rogers.' "

The Registrar of Draperstown District (Magherafelt Union) reports :—" ' Rogers ' now prevails here, but up to recently they were all ' M'Rory.' "

The names "Loughnane" and "Loftus" are found to be used interchangeably. These are probably anglicised forms of the Irish name "O'Lachtnain."

The effect of the difference in language on surnames is further evident in many cases given in the alphabetical list in modifying the forms of names. Thus the name "Hyland" has been found in the following forms :—" Heelan," "Heyland," "Highland," "Hiland," and also used synonymously with "Whelan." The Registrar of Ballinrobe District has furnished an interesting note regarding this name, which accounts for these variations, and also for the fact that the names "Whelan" and "Phelan" have been found to be used interchangeably in numerous districts. The Registrar remarks :—" ' Hyland ' is used interchangeably for 'Whelan ' by a family who live near Kilmilkin, in the Cloonbur No. 2 District ; and though the name in this District of Ballinrobe is spelled ' Hyland,' still the Irish pronunciation of it is ' Ui-Holan ' or ' Ui-Hilan,' which would also be the exact Irish pronunciation of the names ' Whélan,' ' Faelan,' ' Félan,' ' Phélan '—in fact, the spelling in Irish of each of the names is ' Ui-Faolain.' The ' F ' is aspirated, and then sounds like ' H,' so that the Irish *sound* of the name is ' O'Helan.' "

The late Registrar of Murragh District (Bandon Union), stated :—" The name ' Keohane ' is changed to ' Cowen ' in this district, and several parts of the County Cork, and the euphony which favours this change is the same as that which occurs in the word 'Bohane,' changed into 'Bowen.'"

The Irish form of "Conway" is "Conmee." The Registrar of Draperstown District (Magherafelt Union) observes that "Conway" is the nearest approach to the full sound of the Irish word in English. The Irish "m," being aspirated, is pronounced as "w."

The following interesting note has been furnished by the late Registrar of Lettermore District :—

"The principal facts with regard to personal nomenclature in this locality are :—

"(1.) The English names or surnames are never used by the peasantry in speaking to or of one another, or even when acting as informants at registration, except where the name is so strange that it cannot be easily hibernicized, and in the latter case it is often contracted or corrupted as 'Anderson,' 'Landy'; 'Wyndham,' 'Wind,' &c.

"(2.) In many cases the English form is traceable (though often faintly) in the Irish form, which consists in the prefix 'O,' and a softening of the sound of the name to suit the Irish tongue.

"(3.) In other cases, no trace, or very little, of the English form remains, as 'M'Donogh,'—'O'Cunnacha ;' 'Walsh,'— 'Brannach' (without 'the O').

"(4.) In still other cases, if the English name happens also to be a common noun or adjective, as Black, Green, Ridge, &c., the Irish form of the common noun is used, such as 'Ridge'—'Canimurra.' Canimurra means 'head of a ridge,' (as of potatoes, &c.)."

Other Names used Interchangeably.

Many cases of the synonymous use of different surnames other than the foregoing have come under the notice of this office.

A widow named "McDermott" applied to this Department for proof of her marriage and of the births of her children, with the view of obtaining a Government pension. Search was made in the Indexes in the usual way, with the result that the records of the marriage and of the births of all the children were found, except one. In this case the applicant was informed that the name did not appear in the Index. As, however, the locality in which the birth occurred was stated, a special examination was made of the records themselves, with the view of ascertaining whether there was any entry at all corresponding with the particulars furnished, and then it was discovered that the child had been registered under the surname "Dermody," which is known to be a synonyme for the name "McDermott."

The Registrar of Killeen District (Dunshaughlin Union) reports that " Tiger " is used in his district for " M°Entegart."

A Registrar writes :—"' Hayes ' and ' Hoy' are used indifferently by one family connection. In the Registers, at their selection, ' Hoy' is entered. I requested them to select."

In another District a Registrar reports :—" M°Ineely, Conneely, and Connolly are written indiscriminately by the same family."

The names "Halfpenny" and " Halpin " are reported to be interchangeably used in several Districts. A search was recently made for the entry of the birth in Drumconrath District (Ardee Union) of a "Joseph Halpin," and he was found to be registered as " Joseph Halpenny."

The Norman name " Petit " or " Pettit " is, in one District, stated to be used synonymously with its English translation, " Little."

The Alphabetical List contains a record of numerous other cases falling within this category.

Irregular Use of Maiden Surnames.

It is a common practice for mothers of children, when registering births, to sign the entry with their maiden surname.

Cases have also frequently come under notice where in death entries deceased widows are registered under their maiden name, instead of their married name, the maiden name having been resumed on the death of the husband.

The Registrar of Tuam No. 2 further reports that in some cases in his District the mother's maiden surname is used by the children, instead of the father's, as—" John Keane," real name— " John Dunne."

CHAPTER IV.

CHRISTIAN NAMES.

ALTHOUGH variations in Christian names are not so likely to mislead as variations in surnames, yet in many cases the difference is of such a nature that names of common occurrence would be thrown out of their proper place in the Index and escape notice altogether, or, if seen, might be taken to refer to other persons.

The peculiarities in Christian names which may affect the Index may be divided into *six* classes.

Names applied to both Sexes.

The following may be mentioned as commonly in use :—

Florence.
Sydney or Sidney.
Evelyn.

" Cecil " may now be placed in the same category, reports having been received from Registrars in various parts of the country of its use for females as well as males.

In certain parts of County Donegal " Giles " is applied to both males and females. It occurs also as " Giley " and " Jiley." A marriage record from Milford Union, in that county, came under my observation, in which the bride, and one of the witnesses (a female) were named " Giles."

Sometimes ordinary Christian names distinctively belonging to one sex are given to the other. Thus a child named " Winifred " was recently registered in Cork as a male. On inquiry it was ascertained that the name and sex were both correctly entered. This name contracted to " Winfred " has also been found applied to a male. " Jane " has also been notified as applied to a male, and " Augustus " to a female.

" Nicholas " has been reported from two districts as applied to females, and " Valentine " from another district. In Belfast a female child was lately registered from the Maternity Hospital as " Irene," but the name was subsequently corrected by the father, on statutory declaration before a magistrate, to " Robert." In reply to a query on the subject, the Registrar stated the name given to the female child being a male name (Robert), he called the attention of the father to the fact at the time, and the father replied it was his wish to have the child called " Robert."

The names of saints are frequently given to male and female children as Christian names without reference to the sex, for instance, " Joseph Mary," or " Mary Joseph," for a male ; " Mary Joseph," or " Johanna Mary Aloysius," for a female.

There are some names similar in sound, where the sex is indicated only by a slight difference in spelling, which, when badly written are liable to be mistaken, such as Francis—Frances, Olave —Olive, Jesse — Jessie.

Occasionally surnames are used as Christian names, and applied to either sex.

Abbreviations applicable to both Sexes.

The following abbreviations are applicable to both sexes :—
" Joe " for " Joseph," " Josephine," and " Johanna"; " Phil " for
" Philip " and " Philomena "; " Fred " for " Frederick " and
" Frederica "; " Matty " for Matthew " and " Matilda "; " Jemmie "
for " James " and " Jemima"; " Harry " for " Henry " and
" Harriett"; " Ally " for " Aloysius " and " Alice."

In some cases contractions usually applied to one sex are
applied to the other, such as—
" Edie " (usual contraction for " Edith " female name) for
" Adam," male.
" Elly " (usual contraction for " Ellen " or " Ella," female
name) for " Oliver," male.
" Kitty " (usual contraction for " Catherine," female name) for
" Christopher," male.
" Amy " (usual contraction for " Amelia," female name) for
" Ambrose," male.
" Jerry " (usual contraction for " Jeremiah," male name) for
' Gertrude," female.
" Lotty " (usual contraction for " Charlotte," female name) for
" Laughlin," male.

Abbreviations materially differing from the Original Name.

The following may be mentioned in illustration :—

Males—Bartly, Bartel, Bat	for Bartholomew.
——— Tatty	for Clotworthy.
——— Criddy	for Christian.
——— Larry	for Laurence.
——— Rody, Rory	for Roderick.
——— Lack, Lacky	for Laughlin.
——— Moss	for Maurice.
——— Mundy	for Redmond.
Females—Nancy, Nanny	for Anne.
——— Bessie, Lizzie	for Elizabeth.
——— Cassie	for Catherine.
——— Honor, Norah, Noey, Onny	for Hanorah.
——— Polly, Molly	for Mary.
——— Jugge	for Judith.
——— Nappy	for Penelope.
——— Shibby	for Isabella.
——— Sia	for Cecilia.
——— Louie	for Lucinda.
——— Peggy	for Margaret.

The Registrar of Toome District (Ballymena Union) reports :—
" As a Christian name ' Clotworthy ' becomes ' Tatty.' Two men
called ' Clotworthy '—Livingstone, are known respectively as
' Black Tatty ' and ' Red Tatty ' Leveson."

The Registrar of Westport No. 2 District observes—"'Nappy' is a very common name in the Leenane District, and the people generally are unaware that it is 'Penelope'; the latter is obsolete."

Different names used interchangeably.

The following may be instanced :—

Males—			
Alexander	.	.	Alaster, Sandy.
Edward	.	.	Edmond.
Florence	.	.	Finian.
Gerald	.	.	Garrett, Garret, Gerard.
Owen	.	.	Eugene.
Hugh	.	.	Hubert.
Moses	.	.	Aidan.
Peter	.	.	Pierce.
Ulysses	.	.	Ulick.
Connor	.	.	Cornelius.

Females—			
Bridget	.	.	Bedelia, Delia, Beesy.
Gobinet	.	.	Abigail, Deborah.
Johanna, Joanna	.		Jane.
Julia	.	.	Judith.
Julia	.	.	Johanna.
Winifred	.	.	Unity, Una, Uny.

An application was recently made to me for the correction of the age of an "Aidan Dillon" in a death entry. On investigation it transpired that his birth, which occurred in Camolin District (Gorey Union), was registered under the name "Moses Dillon."

Not only are the names "Gobinet" and "Abigail" used interchangeably, but their contractions, "Gubbie" and "Abbie" or "Abby," are similarly used.

In the certificate of a marriage in Darrynane District (Caherciveen Union), the bride's name was given as "Gubbie" in the body of the record, while her signature appeared as "Abbie." The Registrar reported—"I find that 'Gubbie' is really a contraction of 'Gobinet,' and 'Abbie' a name in itself; but the custom among the people here appears to be to use the names 'Gubbie,' 'Abbie,' and 'Webbie' as if they were different forms of the same name." In Emlagh District, in the same Union, the forms "Gubby" and "Deborah" or "Debbie" have been found to be used interchangeably.

The Superintendent Registrar of Castlecomer Union reports— "the people of the County Kilkenny and some other places consider the names 'Johanna,' 'Judith,' and 'Julia' to be the same."

Irish Equivalents for English Names.

Several such cases have been found. The following may be mentioned :—

English Names.			Anglicised Irish Forms.
Males—			
Bernard	.	.	Bryan.
Daniel	.	.	Dhonal.
Edmond	.	.	Aimon, Eamon, Mon.
Jeremiah	.	.	Darby, Dermot, Diarmid, Diarmud.

English Names.			Anglicised Irish Forms.
Males—John	.	.	Shane.
—— Moses	.	.	Magsheesh, Mogue.
—— James	.	.	Shemus, Shamus.
—— Timothy	.	.	Teigue, Thiag, Thigue, Theigue.
—— Michael	.	.	Meehal, Meehall.
—— Patrick	.	.	Paudrick, Phadrig.
—— Cornelius	.	.	Nahor.
—— Philip	.	.	Phelim.
—— William	.	.	Laymeen, Leam.
—— Dudley	.	.	Dualtagh.
—— Francis	.	.	Phriuchas.
—— Denis	.	.	Dinogha.

Females—Susan }			
—— Johanna }	.	.	Shovaun.
—— Bridget	.	.	Brideen, Breeda.
—— Mary	.	.	Maura, Maureen, Moira, Moya.
—— Maud	.	.	Meav.
—— Mabel	.		Nabla.
—— Celia, Cecily or }			
—— Cicely }			Sheela, Sheelah.
—— Sophia	.	.	Sawa.
—— Julia	.	.	Sheela.

The Registrar of Stewartstown District, Cookstown Union, reports:—" *Darby* Martin lived in Brookend and his son is called *Jeremiah* Martin, after his father."

The name " Mago " has been observed in Kiltegan District (Baltinglass Union), in Kilrush District, and in Annascaul and Dingle Districts, in Dingle Union. To a query addressed to the Registrar of the last-named district, regarding the origin of the name, the following reply was received:—" From all the information I could obtain it appears that ' Manus ' is the Irish anglicised into ' Mago,' or, in some families, ' Mane.' When the father's name is ' Mago,' and a child is called after him, the latter is generally called ' Mane,' to distinguish him from the former. The name is very general in two families in this Barony."

Cases of Incorrect Spelling.

The under-mentioned, amongst others, have been met with :—

Males—Philip	.	.	.	Filip.
—— Sylvester	.	.	.	Cylvester.
Females—Alicia	.	.	.	Alisha, Elisha.
—— Cecily	.	.	.	Sicely.
—— Charlotte	.	.	.	Sharlot, Sharlotte
—— Elinor	.	.	.	Elnar.
—— Esther	.	.	.	Osther, Easter.
—— Harriett	.	.	.	Hargot, Hargate.
—— Kate	.	.	.	Cate.
—— Magdalene	.	.	.	Magdillon.

Peculiar names found in the Indexes.

It only remains in conclusion to refer to some peculiar names, many of them the names of local patron saints, which are liable to be mis-spelt, or otherwise metamorphosed, so as to be thrown out of their proper place in the Indexes. Thus, the name " Ailbe," the patron saint of Emly diocese, has been found in the forms, " Elli," and " Elly," as well as in its proper form " Ailbe."

Two cases recently came under notice in Kilrush Union where the Christian name " Sinon " was given to males. This name is taken from the name of a local saint—St. Senan—and has been met with also in the forms " Senan " and " Synan."

The name " Gourney " for a female was entered in the Register Book of Deaths for Ardrahan District, in Gort Union, County Galway. In reply to a query, the Registrar stated—" This is the only Christian name I could obtain for this woman after a considerable amount of trouble. It is pronounced ' Gurney,' but I believe it is spelt with an ' o.' It is a very uncommon name, but on inquiry I found that St. Gourney is considered the patron saint of a locality not far from here." This name has been reported from Kinvarra District (Gort Union), as " Gurney."

The names " Gillan," " Geelan," and " Keelan," have been reported by the Superintendent Registrar at Mohill, as forms of the name " Kilian," from St. Kilian.

The various forms " Cairn," " Cairan," " Kiaran," " Keiran," " Kieran," and " Kyran," which occur in many parts of Ireland, and are derived from the names of local saints, are very liable to cause confusion in searching. They are sometimes found under the letter " C " and sometimes under the letter " K." Several Registrars report their use under both initial letters in the same locality.

Two entries of birth came under observation in which the name of the child in one and the name of the father in the other were given as " Maur." It was supposed that this was an error in copying for " Maurice," and the Registrar was asked for an explanation. In reply he stated—" Maur, for all I can find out, may be an abbreviation of ' Maurice,' but in this town (Rush), they are looked upon as entirely distinct. Rush, being a fishing village, it was dedicated to St. Maur, who is the patron saint of the place." The Registrar adds that St Maur is the original of the name ' Seymour,' and it might readily assume that form as a Christian name.

A Registrar reports—" Some years ago a man gave me ' Eden' (pronouncing ' E ' like the long English ' A ') as the name of his daughter. I told him I knew no such name. He rather indignantly asked me did I never hear of the Garden of Eden, and said he called her after that." In this case had the Registrar entered the name as pronounced by the informant it would have appeared in the Index as ' Adan ' or ' Aidan,' a well-known male name, and thus, probably, altogether escaped observation.

Other peculiar names have been found, such as " Kado," " Gamuel," " Dill " (in various districts in County Donegal), and "Flan," for males; also "Coosey," and "Afric" (in various parts of Donegal), for females. As, however, such names, if correctly written, do not affect searches, it is unnecessary to refer further to them.

MEMORANDUM EXPLANATORY OF ALPHABETICAL LIST.

IT now remains to add a short explanation of the structure of the Alphabetical List.

It has been compiled from (*a*) office notes made from time to time for many years past of cases actually coming under observation in the examination of the Records and preparation of the Indexes ; (*b*) from special reports received from the Superintendent Registrars and Registrars of Births, Deaths, and Marriages, and the District Registrars of Marriages, under the 7 and 8 Vic., cap. 81 ; and (*c*) from the results of a special examination of the printed Indexes in the General Register Office.

The list does not profess to be a complete list of surnames, but only a list of those surnames of which varieties have been met with or reported by local officers to be used in their localities,

The principal names are printed in capitals and numbered throughout consecutively. It is not to be understood that these are the original forms of the names, but the forms which appear to be now most commonly in use.

The names following each of the principal names are the varieties and synonymes of same stated to exist. Where printed in italics they have been reported to be Irish forms (or equivalents) of English names, or *vice versa*. Where a variety is placed in brackets, thus "[Cronie],' it will be found also as a principal name, and where given thus:—

"Archbold or "Snowden (Snedden)"
(Aspell),"

the second name has been reported as a variety of the form of the name immediately preceding it.

It is not intended to convey that the names appearing under the principal names are in all cases forms of the same name, but only that they have been found to have been used interchangeably in the examination of the registration records, or that they have been reported to be so used by local officers.

Neither is it to be inferred that the use of a particular synonyme is general throughout the country. In many cases it is only local. On the other hand, in some cases, the same peculiarities have been observed in many different parts of the country.

Frequently the same name appears as a variety under different principal names. Thus " Cahan " is used as an alias for " Kane," and also for " Keohane."

In many instances numbers have been added after the name to denote the districts from which the variety has been reported. The key to these reference numbers is printed after the list. In cases not so marked, the variety has been met with in the examination of the records in this office.

With the view of curtailing the size of the list, the following will generally be found under one form only :—1. Names ending in ie, y, or ey, as Dempsie . Dempsy . Dempsey. 2. Names terminating with double consonants, as Farrell . Farre

ALPHABETICAL LIST OF SURNAMES WITH THEIR VARIETIES AND SYNONYMES.

No.	Surnames, with Varieties and Synonymes.	No.	Surnames, with Varieties and Synonymes.	No.	Surnames, with Varieties and Synonymes.	No.	Surnames, with Varieties and Synonymes.
1	ABERCROMBIE. Crombie. [Cromie].	16	AISKEW. Askew. Ayscue.	32	ARBUTHNOT. Burthnot. Button. 86.	49	AYLWARD. Ailward. Alyward. Ellard. 526. Elward.
2	ABERNETHY. Abernathy. Aberneathy. Benathy. 89. Habernathy. Habernethy.	17	ALDERDICE. Alderdise. Aldridge. 249. Allardice. Allerdice. 249 Elderdice.	33	ARCHDALE. Esdale. 254.	50	AYNSCOUGH. Ainscough. Anscough. Ayscough.
3	ABRAHAM. Abram.	18	ALEXANDER. Elchinder. 59. Elshander. 55. Elshinder. 347. Elshner. 48 (b). Esnor. 112. Kalshander. 9, 210. Macalshender. 112. MacAlshinder. 44, 338. McCalshender. 58. McCalshinder. 75, 494. [McCausland]. 112. M'Clatty. 478. M'Elshender. 204. McElshunder. 60. McKelshenter. 489.	34	ARCHDEACON. [Cody]. 100.		
4	ACHESON. Achison. Aitchison. Atcheson. Atchieson. Atchison. [Atkinson]. 17, 293, 523.			35	ARCHIBALD. Archabald. Archabold. Archbald. Archbold. (Aspell). 435. Archibold. [Aspel]. 436. Aspill. 72, 364. Esbal. 428. Esbald. 234, 254. Esball. 254. Esbel. 19, 343. Esbil. 177. Esble. 59.	51	BACKAS. Bachus. Backhouse. Backis.
5	ACHMUTY. Ahmuty. Amooty. 215. Auchmuty. Aughmuty.					52	BAGNALL. Bagenall. Bagnell. Beglan. 274. Begnall. (Begney). 495. Begnell. Bignel.
6	ACRES. Akers.			36	ARDILL. Ardell. Ardhill.		
7	ADAMS. Adam. [Adamson]. Aidy. 310. [Eadie]. 210.	19	ALGIE. Algeo.	37	ARMITAGE. Armytage.	53	BAGOT. Baggett. Baggot.
8	ADAMSON. [Adams]. Edimson. 76.	20	ALLEN. Allan. Alleyne. Allin. [Hallinan]. 510.	38	ARMSTRONG. [Lavery]. 197, 347. Trim - Lavery. 197. Trinlavery. 6, 257, 347. Tryn-Lavery. 6.	54	BAIN. Baines. Bayne.
9	ADDY. Addi. Ady. Eaddy. Eady. Edy. Edye.	21	ALLISON. Alison. Alleson. Allisson. [Ellison]. 374, 429.	39	ASKIN. Askem. Askins. Erskin. 55, 222. Haskins.	55	BAIRD. Beard. Beird.
10	ADRIAN. Adrien. Drain. 450.	22	ALTON. Altimes. 287.	40	ASPEL. Archbold. 73, 436. [Archibald].	56	BALDWIN. Baldin. 488. Baldoon. 262.
11	AGAR. Aigar. [Eagar]. 303.	23	ANBOROUGH. Anboro.	41	ATKINS. Aitkins. [Atkinson].	57	BALLANTINE. Ballantyne. Ballentine. Ballintine. Ballyntyne.
12	AGLISH. Church.	24	ANDERSON. Andrewson.	42	ATKINSON. [Acheson]. 17, 293, 523. [Atkins].	58	BANFIELD. Banfell. 131.
13	AGNEW. Aignew. Egnew.	25	ANGLESEA. Anglesey.	43	ATTERIDGE. Atherage. Atheridge. Attridge.	59	BANNATYNE. Banatyne. Bannytine.
14	AHEARNE. Aheran. Aherin. Aherne. Aheron. [Hearn]. Hearon. Heron. 77. [Herron]. 77.	26	ANKETELL. Ancketell. Ancketill. Ankethill.	44	AUCHINLECK. Achinlec. Achinleck. Aghinlec. Aghinleck. Auchinlec.	60	BANNON. Banan. Banin. Bannan. Bannen. Bannin. Banon.
		27	ANKLAND. Ankle. 199.	45	AUL. Auwll. 93.	61	BARKLIE. Barclay. Barcley. Barkley. 426 Bartley. [Berkely].
		28	ANNESLEY. Ainsley. Annsley. Ansla. 73. Ansley.	46	AUNGIER. Danger. 121.	62	BARLOW. Barley. 519.
15	AIKEN. Aicken. Aikin. Aikins. Aitckin. Aitken. Aitkin. Aken. Eaken. Eakin. 159, 374. Eakins. 91. Ekin. 340. Eykin.	29	ANTHONY. Antony.	47	AUSTIN. Astin. Aston. 18. Austen. Auston.	63	BARNES. Bardon. 183. Bearnas. Berrane. 138. [Byron]. 138.
		30	APPLEBY. Appelbe. Appelbey. Applebee.	48	AYLMER. D'Aylmer. Elmer.	64	BARRETT. Barnett. 488. Barratt. Bartnett. 488.
		31	ARBUCKLE. [Buckle]. Buckles. 257.				

No.	Surnames, with Varieties and Synonymes.	No.	Surnames, with Varieties and Synonymes.	No.	Surnames, with Varieties and Synonymes.	No.	Surnames, with Varieties and Synonymes.
65	BARRY. Barrie.	89	BERMINGHAM. Birmingham. Birminghan. Bremigam. 45. Brimage. 424. Brimagum. 386. Brimmagem. 72, 378. Brimmajen. 511. Brimmigun. 511. Brumagem. Brumigem. 401. Brumiger. 40. Brummagem. 72. Brummagen. 473. *Caorish.* 393. *Corish.* 28. 393. *Korish.* 104. *MacFeerish.* 189. *Magorisk.* 137. M'Gorish. 319. *MacGorish.* 127(b).	108	BLAKE. *Blaeagh.* 40. Blakes. 254. Bleach. 469. *Blouk.* 136. *Blowick.* 136.	132	BORTHISTLE. Berthistle. Birthistle. Birtwistle. Burthistle.
66	BARTHOLOMEW. Barklimore. 86.			109	BLAKELY. Blackely. Blackley. Bleakley. Bleckley. Bleeks. 478. Blekley.	133	BOTHWELL. Bodel. 238. Bodell 450. [Bodle]. 238. 247. [Bowden]. 210.
67	BARTNETT. Barnidge. 488.			110	BLAKENEY. Blakney. Bleakney. Bleak. 131.	134	BOUCHIER. Boucher. Bourchier.
68	BATES. Baith. 72.			111	BLANC. Blong. 435.	135	BOVENIZOR. Bovenizer. Bovinizer. Neazer. Neazor.
69	BATTERBERRY. Batter. 431.			112	BLANCHFIELD. Blanch. 468.	136	BOWDEN. [Bothwell]. 210.
70	BAXTER. Bagster.	90	BERNARD. Barnane. 227. Barnard.	113	BLAYNEY. Blainey. Blaney. Bleaney. Bleney.	137	BOWEN. Bohan. *Bohane.* 37, 397. Bohanna. 397. Boughan.
71	BAYLY. Bailey. Bailie. Baillie. Baily.	91	BERRY. Bera. 154.	114	BLENNERHASSET. Hassett. 318, 382.	138	BOWLES. Boal. 91. Boale. Boales. Bole. 91. Boles. Bouls. Bowle. Bowls.
72	BEATTY. Bentagh. 329. Beattie. 494. Beaty. [Betty]. 238, 346. *M'Caffery.* 460. *[McCaffry].* 247.	92	BERRYMAN. Bergman. 410.	115	BLESSING. *Mulcaherty.* 35. 380, 464.	139	BOWMAN. Beaumont. 7.
73	BEAUCHAMP. Beecham. 162.	93	BERTRAM. Bartrem.	116	BLOXHAM. Bloxsom.	140	BOXWELL. Boxhill.
74	BECHER. Beecher. 488.	94	BETTY. [Beatty]. 238, 346. Bettie. *[M'Caffry].* 238.	117	BLYTHE. Bligh. Bly Blyth.	141	BOYCE. Boice. Boyes. Boyse. *Buie.* 341. *Bwee.* 341, 459.
75	BECK. Bex.	95	BEWICK. Beewick.	118	BOAKE. Boakes.	142	BOYLAN. Boreland. 19. Boyl. 471. [Boyle]. 471. Bullion. 19.
76	BECKETT. Bickett.	96	BICKERSTAFF. Bicker. 429. Bickers. 429. Bickerstay. 197. Bigger. 429. Biggerstaff. 195. Biggerstaffe. [M'Givern]. 429.	119	BOARDMAN. Boordman. Bordman. Borman.	143	BOYLE. Bog. 107. Boal. 83. Poil. 225. Bole. 59. [Boylan]. 471. O'Boyle.
77	BEDLOE. Bedlow.	97	BINGHAM. Bigam. Biggam. Bigham. Byngham.	120	BOAZ. Boas.	144	BOYNE. Bonny. 497.
78	BEGGS. Baggs. Begg. Biggs. Bueg. 227.	98	BIRCH. Burch. Burdge.	121	BODKIN. Zorkin. 40.	145	BRADLEY. Bradly. *O'Brallaghan.* 254.
79	BEGLEY. Bagley. Bigly. [Morrison]. 238. 247.	99	BIRD. *[Heany].* 40. *Henehan.* 119, 269. *Henekan.* 506 *[McEneany].* 319.	122	BODLE. Boddle. Bodel. Bodill. [Bothwell]. 238, 247.	146	BRADSHAW. Bratty. 372.
80	BEHAN. Beaghan. Beahan. Bean. Bearkin. 183. Behane. 47, 51.	100	BIRKMYLE. Birkey. 494.	123	BOGUE. Boag. Bogues.	147	BRADY. Briody. 164. [M'Brearty]. 259, 260.
81	BELCHER. Belsher.	101	BIRNEY. Berney. Byrney.	124	BOHILL. Boyes. 175.	148	BRANDON. Brendon.
82	BELLEW. Bailey. 248.	102	BIRHANE. Byrane. [Byrne]. 266. [Byron]. 266.	125	BOLAND. Bolan. 454 (b). Bowland. Bullion. 482.	149	BRANNICK. [Walsh]. 506.
83	BELLINGHAM. Billigam. 59.	103	BISHOP. *Aspig.* *Aspol.* Bisshop. *Easping.*	126	BOLGER. Boulger. Bulger. 263.	150	BRANNIGAN. Branagan. Brangan. 72, 137. Branigan. Brankin. 197. Brennigan. 174.
84	BENNETT. Bissett. 364. Dimmett. 325.	104	BLACK. Blackham. 409. *[Duff].*	127	BOLTON. Balton. 390.	151	BRAZIL. Brassil. 47. Brazel.
85	BENSON. Benison. Bennison.	105	BLACKADDER. Blackender. 86.	128	BONAR. Boner. Bonnar. Bonner. Crampsey. 271. [Crampsie]. 479, 482, &c. Crampsy. 369.		
86	BERGIN. Bergan. 68. Bergen. Berrigan. 381. Burgoyne. 473.	106	BLACKBURNE. Blackbourne.	129	BONES. Boness. Bownes. 229.		
87	BERKELY. [Barklie]. Berkly.	107	BLACQUIERE. Blacquire. Blacre. De Blacquiere.	130	BORLAND. Boreland. Burland.		
88	BERKERRY. Bearkery. Berachry. Berkery. Berkry. Berocry. Biracren. Biracree.			131	BORRISKILL. Bariskill.		

D

No.	Surnames, with Varieties and Synonymes.	No.	Surnames, with Varieties and Synonymes.	No.	Surnames, with Varieties and Synonymes.	No.	Surnames, with Varieties and Synonymes.
152	BREDIN. Braidon. Breadin. Breadon. Bredon. Breydon.	168	BROSNAHAN. Bresnahan. Bresnane. Bresnehan. Bresnihan. Brosnahen.	182	BUICK. Buck. 473.	206	BYRNE. Beirne. 454 (b). Beirnes. Berne. Berrane. 386.
153	BREEN. Brien. 520. Briene. 146.		Brosnahin. Brosnan. 8, 375. Brosnihan.	183	BULLEN. Boleyn. Bullens.		Berigin. 396. Beryin. 396. Biern. 35.
154	BREHONY. Brehany. Breheny. [Judge]. 105,339. 454 (a), &c.	169	Brusnahan. Brusnehan. Brusnihan. BROUGHALL. Broughill. 435.	184 185	BULLER. Bulla. 358. BULLMAN. Baulman. 378.		Bierne. 456. Birne. Birnes. [Birrane'. 266. Bourn.
155	BRENNAN. Branan. Braniff. 268. Brannan. 121,432. Brannen. Brannie. 267. Brannon. 385. Branon. Breanon. Brenan. Brennen. Brennon. Brenon. Brinane. 227.	170 171 172	BROUGHAM. Broham. Broom. Brugham. BROWN. Broune. Browne. BROWNLEE. Brawnlee. [Brownlow]. 154. Burley. 238.	186 187 188 189 190	BULLOCK. Bulloch. BUNTING. Bunton. BUNYAN. Banane. 142. Binane. 142. BURBIDGE. Barbage. Borbidge. Borbridge. Burbage. BURCHELL.	207	Bourne. Burn. 56. Burnes. [Burns]. 358. Byrnes, 358. Byrns. [Byron]. 155, 259, 266. McBrin. 461. McBrinn. 289, 381. Muebrin, 71. O'Beirne. 410. O'Byrne. BYRON.
156	BRERETON. Brearton. Brerton. Bruton. 121,420.	173 174	BROWNLOW. Brimley. 428. [Brownlee]. 154. BRUCE.		Birchill. Bourchill. Burchill.		[Barnes]. 138. Berrane. 138. [Birrane.] 266.
157	BRESLIN. Bresland. 12. Breslane. 375. Breslaun. 16. Breslawn. 243. Brice. 206. Brislan. Brislane. Brislaun. Brislin. Broslin. Byrce. 259, 260.	175 176	Brewster. 421. Browster. 41. BRUEN. Bruin. BRYAN. Brian. 422. Brien. 393. Briens. Brine. Brines. Brion. Bryans. Bryen. Bryne.	191 192 193	Burtchaell. Burtchell. BURGESS. Burges. Burgiss. BURKE. Bourke. 175, 509. BURKITT. Birkett. Birkitt. Burkett.	208	Byran. Byrane. Byrrane. [Byrne]. 155, 259, 266. BYWATER. Sruffaun. 120.
158	BRETT. Britt. 393.		Brynes. Bryney. [McBrien].	194	BURLEIGH. Burley.	209	CADDELL. Caddle.
159	BRIERY. Bryry.	177	[O'Brien]. 393. BRYSON.	195	BURNELL. Birnell.		Cadell. Kadell.
160	BRINDLEY. Brendley.	178	Briceson. BUCHANAN.		Bornell. Byrnell.	210	Keddle. CADDOW.
161	BRITTON. Bretton. Britain. Briton. Brittain. Brittan.		Beckocan. 401. Bohanan. 318. Bohanna. 92. Bohannon. 55. 233.	196 197	BURNISTON. Bonison. 503. BURNS. [Byrne], 358. Byrnes. 358.	211 212	Caddoo. Cadoo. Kaddow. [McCaddo]. CADOGAN. Cadigan. CAFFREY.
162	BROADHURST. Brothers. 78.		Bohunnan. 432. Buchanen.	198	O'Byrne. 206. BURRELL.		Caffary. Caffery.
163	BRODERICK. Brauders. 109. 117. Brodders. 109. Broder. 2, 382. Broderic. Brodrick. Brooder. 117. Broothers. 316. Browder. 65. Bruder. 134, 349. Brudher. 378.	179	Buchannan. Buchannon. Mawhannon. 55. [Mawhinney]. 204. McWhannon. 429. Mewhanan. 347. Mowhannan. 410. BUCKLE. [Arbuckle]. Bookle. Boughal.	199 200	Berrall. BURRIDGE. Berridge. Burage. Burge. Burrage. BURROUGHS. Borris. Borroughs. Borrowes. Burriss. Burrowes.	213 214	Caffray. [Caulfield]. 350. Kaffrey. M'Caffrey. 505. CAHALAN. Cahalin. Cahallane. Cahelan. Cahelin. Cahillane. CAHANE. Cohane.
164	BRODY. Brodie. 509.		Buckles. [Buckley].	201	Burrows. BURT.	215	O'Cahan. CAHEERIN.
165	BRONTE. Brontie. Brunty.	180	BUCKLEY. Boughla. 249. Buckely.	202	Birt. Byrt. BURTON. Berton.	216 217	Keheerin. CAHIR. Kehir. 189. CAIRNS.
166	BROOKE. Brookes. Brookins. Brooks.		[Buckle]. Buhilly. 420. Bulkeley. 373. Bulkely.	203 204	BUSSELL. Bushell. 350. BUTLER. Buttler. 422.		Cairn. Cairnes. [Kearns]. 300. Keirans.
167	BROPHY. Brofie.	181	BUCKMASTER. Master.	205	BYERS. Byars.	218	CALDERWOOD. Catherwood. 254.

No.	Surnames, with Varieties and Synonymes.

219 CALDWELL.
Calwell. 58.
Cauldwell.
Cawldwell.
Colavin. 154.
Coldwell.
Collwell.
Colovin. 154.
Colwell. 58, 92, &c.
Conwell. 58.
Cullivan. 49.
Horish. 48 (b).
Kilwell. 279.

220 CALLAGHAN.
Calaghan.
Calahan.
Callaghen.
Callagher. 279.
Callaghin.
Callahan.
Callaughan.
Calleghan.
Callehan.
Calligan.
Callighan.
Kelaghan. 374.
Kellaghan. 374.
[Kelly]. 19.
[O'Callaghan]. 390.

221 CALLAGY.
Kellegy.

222 CALLAN.
[Callanan]. 360.
Callen.
Callin.
Caulin. 178 (a).
Cawlin. 495.
[Colquhoun]. 399.

223 CALLANAN.
Calinan.
Callaghanan. 373.
[Callan]. 360.
Callanane.
Callinan.
Callnan.
Calnan.

224 CAMAC.
Camack.
Cammack.

225 CAMLIN.
Camblin.
Camelin.
Cammelin.

226 CAMPBELL.
Cambell.
Camble.
Camill.
Camp. 185.
Campble.
Campell.
Camphill.
Cample.
Kemp. 185.
McCallion. 113, 271, 321.
McCallum. 97.
[McCavill]. 216.
McCawel. 417.
McCowell. 163, 418.
M'Gullan. 319

227 CANAVAN.
Cannavan.
Guinevan. 488.
Kanavaghan. 181.
[Kernaghan]. 410.
Kinavan. 36.
[Whitehead].

228 CANNING.
Caning.
[Cannon]. 361, 432, 465.
Canon.
[Cunnane]. 361.
Kenning. 197.

229 CANNON.
Canaan. 72.
Cannan.
[Canning]. 361, 432, 465.
[Cunnane]. 54, 272, &c.
Gannon. 174.
Kennon. 388.
[Kinnane]. 72.

230 CANTILLON.
Cantlin.
Cantlon.

231 CANTLY.
Kentley. 358.

232 CANTY.
County. 47.

233 CAPEL.
Caples.
[Keppel].
Kepple.

234 CAPPLIS.
Capples. 65.

235 CAPPOCK.
Cappack.
Cappuck.
Kappock.
Keappock.

236 CARAWAY.
Carvey.

237 CARBERRY.
Carbery.
Carbry.

238 CARDWELL.
Cardell.
Cardle. 210.
[Carroll]. 210.

239 CAREY.
Carew. 249, 326, &c.
Ceary. 286.
[Curran]. 520.
[Currane]. 520.
Karey.
Keary. 167, 517.
Keern. 58.
Keery. 63.
Kirrane. 38.

240 CARLETON.
Carlaton.
Carlton.

241 CARLISLE.
Carley. 86.
Carlile.
Carlyle.

242 CARMODY.
Kermode.

243 CARNDUFF.
Carrinduff.

244 CARNEGIE.
Carnagie.
Carneagy.

245 CAROLAN.
Carlan. 432.
Carland. 64, 141.
Carlin. 63, 64, 89, 141, 279.
Carlon.
Carolin.
Carollan.
Carrolan.
Carrolin.
Kerlin.
Kirland.

246 CARR.
Carre.
Karr. 175.
Ker. 175.
[Kerr]. 19, 213.
Kerrane. 258.
Kirrane. 5.
McElhar. 206.
McIlhair. 459.
Wilhair. 459.

247 CARRAGHER.
Caragher.
Caraher. 414.
Carraher. 411.
Kerragher.

248 CARRICK.
[Craig]. 482.
[Rock].

249 CARRIGY.
Carrigee.
Kerragy.

250 CARROLL.
[Cardwell]. 210.
Caroll.
Carrolly.
[M'Carroll].
O'Carroll.

251 CARRUTHERS.
Carothers.
Carrithers.
Carrothers.
Caruthers.
Coruthers. 181.
Crothers. 213.

252 CARTON.
Cartan.
Carten.
Cartin.
[Carty]. 4.

253 CARTY.
Carthy. 183.
[Carton]. 4.
Charthy.
M'Arthy.
[M'Carthy]. 448.
[O Carthy]. 525.

254 CASEY.
Caicey.
Cassy. 262.
Keacy.

255 CASHEN.
Casheen.
Cashin.
Cashion.
Cashon.
Cassian.
Cassin. 420, 496.
Keshin.

256 CASS.
Coss. 149.

257 CASSELLS.
Cassell.
Cassie.
Cassles.
Castle.
Castles.
Cushlane.

258 CASSIDY.
Casnday.
Casidy.
Casley. 410.
Cassedy.
Cassiday.
Cassidi.
Kessidy. 72.

259 CATHCART.
Kincairt. 374.
Kincart. 432.

260 CATTERSON.
Caterson.
Keaterson.
Keterson.

261 CAULFIELD.
[Caffrey]. 350.
[Cavanagh]. 461.
Cawfield.
Colfield.
M'Cavanagh. 461.
[M'Keown]. 289.

262 CAVANAGH.
[Caulfield]. 461.
[Kavanagh]. 14, 516.
M'Cavanagh.

263 CAWLEY.
Cowely.
Cowley. 231.
[Macaulay]. 300.

264 CHADWICK.
Chaddick.
Chiddick.
Sedgwick. 410.

265 CHAMBERS.
Chalmers. 251.

266 CHAYTOR.
Cheator.

267 CHESNEY.
Chesnaye.

268 CHESTNUTT.
Chesnutt.
Chessnut.

269 CHISHOLM.
Chisham.
Chishem.
Chism. 418.
Chison. 86.

270 CHISSELL.
Choiseuil.
Choiseul—Chisel. 249.

271 CHOMONDELEY.
Chamley.
Chomley.
Chumley.

272 CHRISTIE.
Christy.
(Christian). 348.
Chrysty.
Cristy.

273 CINNAMON.
Cinamon.
Cinamond.
Cinnamond.
Sinemon.
Sinnamon.

274 CLANCY.
Clanchy.
Glancy. 515.

275 CLARKE.
Clairke.
Clark. 494.
Clarkins. 380.
[Cleary]. 238, 506, &c.
Clerke.
Clerkin. 40, 82, 515, &c.
Collery. 485.

276 CLASSON.
Classan.
Claussen.
Clausson.
Clawson.

277 CLEARY.
Clarey.
[Clarke]. 238, 506, &c.
Cleery.
Clery. 317.

278 CLEAVER.
Cleever.

279 CLEELAND.
[Cleland].
Creeland. 381.

No.	Surnames, with Varieties and Synonymes.	No.	Surnames, with Varieties and Synonymes.	No.	Surnames, with Varieties and Synonymes.	No.	Surnames, with Varieties and Synonymes.
280	CLELAND. [Cleeland]. Clelland. Clellond.	296	CODY. [Archdeacon]. 100. Coady. 263. [Cuddihy]. [Cuddy].	307	COLVILLE. Colvan. Colvil. Colvin.	318	CONNIFF. Conneff. [Connor]. 447. Cuniff. Cunniffe. Quinniff.
281	CLEMENTS. Clemens. Clement. Climents. Climons. Clymens. Clymonds. M'Clamon. 254. M'Clement. 254. M'Clements. M'Clymonds. M'Lamond. 19.	297	COFFEY. Coffee.	308	COMERFORD. Comerton. 526. Comford. 120. Comfort. 135. [Comiskey]. 153, 154. Commaskey. 246. Commefort. 72. Cummerford.	319	CONNOLLY. Conally. Coneely. Conelly. 463. [Conlan]. 185, 410, &c. Conley. Conlon. 223, 410. Conly. 14, 112. Connally. Connaly. Conneally. 307. Connealy. 463. Conneely. 463. Conneely. 253, 272. [Connell]. [Connellan]. Connelly. 463. Connely. Connoly. Conole. Conolly. Conoly. Cunneely. Kenelly. 119. McIneely. 119. Size. 436.
		298	COGAN. Coogan. Cooken. [Goggin]. 397. Keogan. 20.	309	COMISKEY. Comaskey. [Comerford]. 153, 154. Comesky. Commaskey. Commerford. 246. Cumaskey. Cumesky. Cumisk. Cumisky. Cummiskey.		
282	CLENDENNING. Clandinning. Clendenan. Clendennin. Clendining. Clendinning. Clindenning. Clindinnen. Glendinning.	299	COGHLAN. Coaghlan. Coghlen. Coghlin. 61. Cohalane. Coholane. 397. Colcloughan. 155. Colin. 498. Collom. 65. Coughlan. 61, 375. Coughlen. Coughlin. 61.	310	COMMANE. Commons. 39. Cummane. [Cummins]. 45. [Hurley]. 189, 237, &c.	320	CONNOR. Coner. Conier. Conner. [Conniff]. 447. [Connors]. 100, 183. Conors. Conyer. Conyers. 456. Cunnyer. 240. McCottar. 343. M'Cottier. 53. McNoger. 59. McNogher. 60. McNohor. 343. Menocher. 367. Minochor. 60. Minogher. 53. Minoher. 53. Naugher. 113. Nocher. 175. Nocker. 17. Noghar. 59. Nogher. 71, 137. Noher. 71. O'Conner. [O'Connor]. 100. O'Conor.
283	CLIBBORN. Clayborne. Clayburn. Clebburn. Cleburne.	300	COHEN. Coan. Coen. [Cowan]. 71. Koen.	311	COMMONS. Coman. Commane. 39, 509. Commins. Common. Cowman. 408. Cummane. 179. [Cumming]. 305. Cummings. [Cummins]. 3, 125, &c.		
284	CLIFFORD. Cluvane. 8, 377.	301	COLE. Coall. Coles. Culle. 318. M'Cole. 259.	312	CONATY. Conaghty. Conotty. McConaghy. 211.		
285	CLINCH. Clinchey. Clynch.	302	COLEMAN. Clovan. 101. Cloven. 468. Colman. 72.	313	CONDON. Condron. 420. Coonoon. 488.	321	CONNORS. [Connor]. 100, 183. [O'Connor]. 2, 189, &c.
286	CLOONEY. Cloney. Clowney. 155. Clowny. 155, 429. Clune. 109. Cluney. McLoonie. 429.	303	COLGAN. Coligan. 454 (b). Collagan. Colligan. Culgan. Culgin. Culligan. 308, 318. McColgan. 271. Quiligan. 318. Quilligan. 107.	314	CONLAN. Colnan. 103. Conla. 429. Conland. 321. Conlin. 372. Conlon. [Connellan]. 220, 248, 282. [Connolly]. 185, 410, &c.	322	CONRAN. Condron. 63.
287	CLOTWORTHY. Clitterdy. 503.					323	CONROY. Conary. Conrahy. 68, 457. Conree. [Conry]. 454 (b). Cory. 48 (b). Conree. 419. [King]. 40, 342. Mulconry. 189.
288	CLUGSTON. Cluxton.	304	COLLINS. Colins. [Cullhane]. Cullane. [Cullen]. 433, 489. Cullian. 447. Callina. 38. McCallan. 238. O'Cullane. 189. Quillan. 414.	315	CONNAUGHTON. Connaghton. Connerton. 255. Connorton. 3, 255.		
289	CLUSKEY. Clusker. [Cosgrave]. 364. [McCluskey].			316	CONNELL. Baily. 145. Conall. [Connellan]. 102, 409. Connelly. 356. [Connolly]. [McConnell]. [O'Connell].		
290	CLYDESDALE. Clidesdale. Clisdale. Clysdale.	305	COLQUHOUN. Cahoon. 91. Cahoun. Calhoun. [Callan]. 399. Choun. 240. Cohoon. Cohoun. 399. Colhoon. 399. Colhoun. 141, 417. Culhoun. 244. [Cullen]. 244. Colquohoun. 91. Kahoon.	317	CONNELLAN. [Conlan]. 220, 248, 282. Conley. Conlin. Conlon. 248. [Connell]. 102, 409. Connol an. [Connolly].		
291	CLYNES. Clyns. 38.						
292	COAKLEY. Coakeley. Cokeley. Colclough. (Cokely). 15. Kehelly. 397. Kehilly. 227. Keily. 397.						
293	COCHRANE. Caughran. Cockrane. Coghran. [Corcoran]. 72, 410.	306	COLUMB. Collum. Collumb. Colomb. Colum. [McCollum].				
294	COCKBURNE. Cobourn. 450. Cobram. 450. Coburn. 175, 472. Cockbourne. Colborne. Colbourne. Colburne.						
295	CODD. Coade. Code. 109.						

No.	Surnames. with Varieties and Synonymes.	No.	Surnames. with Varieties and Synonymes.	No.	Surnames. with Varieties and Synonymes.	No.	Surnames. with Varieties and Synonymes.
324	CONRY. Connery. 431. [Conroy]. 454 (b). Mulconry. 189.	340	COSGRAVE Clusker. 72, 364. [Cluskey]. 364. Coscor. 183. Cosgreave. Cosgreve. Cosgriff. Cosgrive. Cosgroove. Cosgrove. (Cusco). 33. (Cuskery). 372. Cosker. 412. Coskeran. Coskerry. 111. Coskery. Cossgrove. Crosgrave. Cusker. 274. Cuskor. 104. [M'Cusker]. 429. M'Cuskern. 429.	353	COYNE. Barnacle. 28. Coin. 40, 342. Kilcoyne. 136. Kine. 40, 329. [Kyne]. 40, 174, &c.	373	CROGHAN. Croan. Crohan. Croughan.
325	CONWAY. Canaway. Connee. 209. Connoway. Conoo. 249. Cunnoo. 249. Gonoude. 249. McConamy. 181. McConaway. McConomy. 159, 418. McConway. 271.			354	CRAHAN. Craan. 72. Creane. 72. [Curran]. 72.	374	CROKE. Croake. Crough. 510. [Crowe]. 320,510.
326	COOKE. Cook. M'Cook. 254.			355	CRAIG. [Carrick]. 482. Crage. 259. Cregg. 34.	375	CROLY. [Crawley]. Crolly. [Crowley].
327	COOLAHAN. Coulehan. Coulihan. Cuolohan. 420.	341	COSTELLO. Costellow. Costelo. Costillo. Costily. 316. Costley. 197, 381. &c. Costolloe. Costoloe. 309. Cushley. 385.	356	CRAMER. Creamer. Cremor. Krahmer. Kramer.	376	CROMIE. [Abercrombie]. Crombie. Crommie. Cronvy. 185. Crummy. 185.
328	COONEY. Coonahan. Coonan. Coonihan. 224. Coumey. 224. Counihan. 47.			357	CRAMPSIE. [Bonar]. 479, 482, &c. Boner. 271. Bonner. 340, 479. Crampsey. Cramsie.	377	CROMWELL. Crummell. Grummell. 521.
329	COOPER. [Cowper].	342	COTTER. M'Cotter. 397.	358	CRAMPTON. Cramp.	378	CRONIN. Cronan. Cronyn.
330	COPELAND. Copelton. 414. Copland. Copleton. 55, 89, 489.	343	COULTER. Coalter. Colter. O'Colter.	359	CRANNY. Cranay. Crany. Creaney. 358.	379	CROOKS. Crook. Crookes. [Crozier]. Cruiks.
331	COPPERTHWAITE. Cowperthwaite.	344	COURNANE. Courteney. [Courtney]. 111, 303 (b), &c.	360	CRANSTON. Cransen. Cranson.	380	CROOKSHANKS. Crook-s-shanks. 429. Cruickshanks. Cruikshanks.
332	COPPLESTONE. Copleton.	345	COURTNEY. [Cournane]. 111, 303 (b), &c. Courtenay. (Courneen). 390. Courteney. Courtnay. Curnane. 511, 512. Curneene. 469. M'Courtney. 494.	361	CRAVEN. Cravin. Creaven.	381	CROSBIE. Crossbie.
333	CORBETT. Comba. 445. Corban. 469. Corbin. 471. Corbitt. Coribeen. 174. Lovett. 352. O'Currobeen. 40.			362	CRAWFORD. Craford. Crauford. Crayford.	382	CROSSAN. Crossen. Crossin. Crosson. [O'Brien]. 332.
334	CORCORAN. [Cochrane]. 72, 410. Corcorin. Corken. 257. Corkeran. Corkerry. 51. Corkoran. Corkran.	346	COUSINS. Cousin. Cousine. 109. Couzeens. 109. Couzins. Cussen.	363	CRAWLEY. [Croly]. [Crowley].304(a).	383	CROWE. [Croke]. 320,510. Crough. 510. MacEuchroe. 189.
335	CORMACK. Cormick. Cormocan. [M'Cormack]. 3.	347	COWAN. Coan. 71. [Cohen]. 71. Cowen. [Keohane]. 397.	364	CREAGH. Cragh. 312. Craigh.	384	CROWLEY. [Crawley].304(a). [Croly]. Cronouge. 128. Krowley. 150.
336	CORNEEN. Curneen. 370. Curnin. 370.	348	COWDEN. Cowdie. 210.	365	CREAN. Crain. Crane. Creaghan. Creen. Crehan.	385	CROZIER. Bachal. [Crooks]. Crosert. Crozert. Grozel. 414.
337	CORRIDON. Cordan. 47.	349	COWIE. Coe. Cowey.	366	CREEDON. Creed. 365.	386	CRUISE. Cruice.
338	CORRIGAN. Carrigan. 82. Courigan. 3. Currigan. 29. [Kerrigan]. 361.	350	COWPER. [Cooper.]	367	CREGAN. Craigan. Creegan. Creggan. Creghan. Creigan.	387	CRUMLEY. Crumlish. 260.
		351	COX. Coxe. 294. Magilly. 460.— M'Gilly.	368	CREIGHTON. Creaton. Creiton. Crichton.	388	CUDDIHY. [Cody]. Cudahey. Cuddehy. [Cuddy]. 15,452 Cudihy. Quiddihy.
339	CORRY. Corey. 318. [Curry]. 72, 494. O'Curry. 189.	352	COYLE. Coiles. 60. Coole. 319. M'Ilhoyle. 59.	369	CREMIN. Cremen.	389	CUDDY. [Cody]. [Cuddihy]. 15, 452.
				370	CRIBBIN. Cribbon. 435. [Gribben]. [M'Robin].	390	CULHANE. Clahane. 131. Clehane. [Collins].
				371	CRILLY. Creely. Creilly. Crelly. 429. Crully. 489.	391	CULKIN. Kulkeen. Quilkin.
				372	CRITCHLEY. Crighley. 98.		

No.	Surnames, with Varieties and Synonymes.	No.	Surnames, with Varieties and Synonymes.	No.	Surnames, with Varieties and Synonymes.	No.	Surnames, with Varieties and Synonymes.
392	CULLEN.	399	CUNNEEN.	408	CUSACK.	426	DAVIS.
	Colins. 489.		Cuneen.		Cusac.		Davidson. 177.
	Collen. 17, 410, 489.		Cunihan. 406.		Cusic.		Davies.
	[Collins]. 433, 489.		Cunion. 172.		Cusick.		[Davison]. 177, 489, &c.
	[Colquhoun]. 244.		[Cunnane].		Cussac.		[Davy]. 381, 432.
	Culhoun. 244.		Cunnean.		Cussack.		Davys. 72.
	Culhan.		Cunneeny.		Cussick.		[McDaid]. 165.
	Cullan.		Cunnien.		Kissick. 204.	427	DAVISON.
	Culleeny. 189.		Cunnion 132.	409	CUSHION.		Daveson.
	Cullin.		Queenane.		Cushen. 468.		Davidson.
	[Cullinane]. 393.		Quenan. 106.		Cushing. 468.		[Davis]. 177, 489, &c.
	Culliny.		[Rabbit]. 237, 297, &c.		Cussen. 354		Davisson.
	Cullion. 356, 459.	400	CUNNINGHAM.	410	CUSHNAHAN.		[McDaid].
	Culloon. 245.		Conyngham.		Cushanan. 91.	428	DAVITT.
	[Cully]. 274.		Coon. 96.	411	CUTHBERT.		Davits.
	Kulhan.		Coonaghan. 347.		Culbert. 19, 89, 374.		Devett.
	[Quillan]. 154, 194, 246.		Coonihan. 42.		Curby.		[Devitt]. 486.
	Quillen. 92.		Crickenham. 274.		Cutbert.		Divitt.
393	CULLETON.		Cunagum. 386.		Cuthbertson.	429	DAVY.
	Colleton.		Cuniam.				[Davis]. 381, 432.
	Colloton.		Cuningham.			430	DAWSON.
	Cullington.		Cunnahan. 61.				*Durrian.* 63.
	Culliton.		Cunniam. 207, 332.			431	DAY.
394	CULLINANE.		Cunnigan. 329.				Dea. 20.
	Culnan. 77, 397.		Cunnighan. 216.	412	DALLAS.	432	DEANE.
	Colothan. 173.		Cunnyngham.		Dalhouse. 254.		Dane.
	Cullanan.		Kinaghan. 214.	413	DALTON.		Dean. 290.
	[Cullen]. 393.		Kinigam. 346, 372.		Dawtin. 117.		Deans.
	Cullinan.		Kinighan. 42.	414	DALY.		Deen. 290.
	Culnane.		Kinnegan. 137.		Daily. 223		Deens.
	Hulnane. 77.		Kinnian. 205.		Dawley. 69, 382, &c.	433	DEBOYS.
	Quillenan.		Kinnigham 279.		Dawly. 397, 431.		De'bois. 204.
	Quilliman. 297.		McCunnigan. 260.		Dayley. 224.	434	DE COURCY.
	Quilnan.	401	CURLEY.		Dealy. 397.		Courcey.
395	CULLY.		Corley. 435.		Deely. 360.		Coursey.
	[Cullen]. 274.		Kerly. 249.	415	DALZELL.		D Courcy.
	McCully.		Kirley. 249.		Dalziell.	435	DEEGAN.
396	CUMMING.	402	CURRAN.		D'Ell. 267, 279.		Deighan.
	[Commons]. 503.		[Carey]. 520.		D.L. 450.		Digan. 249, 420.
	Cuming.		Corn. 289. 481.	416	DANAHER.		[Duggan].
	(Kimins). 42.		Corran. 374.		Danagher.		Duigan. 420.
	Cummin.		Courn. 420.		Daniher.	436	DEEVEY.
	Cummings.		[Crahan]. 72.		Dannaher.		[Devereux]. 249.
	[Cummins].		Crane. 382.		[Dennehy]. 45.		Deverill. 249.
	Kimmings. 137.		Currain.	417	DANIEL.		Devery. 249.
	Kimmins. 347.		[Currane]. 8, 142.		Daniells.	437	DELACHEROIS.
397	CUMMINS.		Curreen. 224, 235, &c.		Daniels.		[Deloohery]. 318.
	Comjean. 107.		Curren.		Danniel.	438	DELAHOYDE.
	Comjeens. 109.		Currin.		Danniell.		Delahide.
	[Commane]. 45.		Kirrane.		[Donnell]. 328.		Skinnidon. 153.
	Commins. 101, 408, &c.	403	CURRANE.		[O'Donnell]. 171, 328.	439	DELAHUNTY.
	Common. 109.		[Carey]. 520,	418	DARBY.		Delahunt.
	[Commons]. 3, 125, &c.		Crane. 304 (a).		[McDermott]. 281, 282.		Delhunty.
	Comyns.		[Curran]. 8, 142.	419	DARBYSHIRE.		Dellunty.
	Cowman. 244, 408.	404	CURRY.		Darbishire.		Dolohunty.
	Cumin.		*Corr.*		Derbyshire.		Dulanty. 493.
	Cuming.		*Corra.*	420	D'ARCY.		Dulinty. 104.
	Cumings.		Corree.		Darcy.		Dullenty. 243.
	Cumins.		Corrie.		Dorcey. 472.	440	DELAMERE.
	Cummens.		[Corry]. 72. 494.	421	DARGAN.		Delamar. 379.
	[Cumming].		Cory.		Dergan.		Delamore.
	Cummings. 433.		Currie. 91, 250.	422	DARLEY.		Delemar.
	Kimmins. 347, 498.		[McCorry]. 201, 350.		[Darling]. 172.		Delmer.
	McSkimmins. 344.		McGorry. 515.	423	DARLING.		D'Lamour.
	[Misskimmins]. 19.	405	CURTAYNE.		[Darley]. 172.		Turbett. 379.
398	CUNNANE.		[Curtin].	424	DARRAGH.	441	DELANEY.
	[Canning]. 361.		Kyerty. 142.		Daragh.		Delane. 50.
	[Cannon]. 54, 272, &c.	406	CURTIN.		Darah.		Deleany.
	[Cunneen].		Courtayne. 303.		Darra.		Deleney.
	[Queenan]. 147.		Curtan.		Darrah.		Doolady. 132.
			[Curtayne].		Darrock.		Dooladdy. 132.
			Curten.		*Oak.*		Laney. 305, 324.
		407	CURTIS.		*Oakes.*	442	DELAROE.
			Curteis.		[*Oaks*].		Derow.
			Curties.	425	DAVENPORT.	443	DELMEGE.
					Devanport.		Delmage.
					Devonport.		Dolmage.
							Dolmege.
							Dolmidge.

No.	Surnames. with Varieties and Synonymes.	No.	Surnames. with Varieties and Synonymes.	No.	Surnames. with Varieties and Synonymes.	No.	Surnames. with Varieties and Synonymes.
444	DELOOHERY. [Delacherois].318. Delohery. Deloorey. Deloughery. Delouhery. Delouri. Delury. Dilloughery. Dillury. [Dilworth]. 93.	459	DEVEREUX. [Deevey]. 249. Deverill. 249. Devery. 249. 420. Duvick. 312.	477	DODSON. Dodgson.	487	DONNELLY. Dannelly 487. Donaldson. 19. Donelly. Donely. [Donlan]. 271. Donlon, 274. Donly. 448. Donnally. [Donnell]. 72.376. [Donnellan]. 38. Donnely. Donnolly.
		460	DEVERS. Diver. 271.	478	DOHENY. Dawney. Deheny. Dogheny. Dohenny. Dohoney. Dougheny. Doughney. Downey. [Duggan]. 189.		
		461	DEVINE. Davane. Davin. Davine. Devane. 304 (a). 479 [Devany].179.386				
445	DEMPSEY. [Dempster]. 87.					488	DONOHOE. Donaghoe. Donaghy. 123. [Donahoe]. Donahy. 447. Donoeho. 211. Donoghoe. Donoghue. 509. Donohogue. 451. Donoughoo.
446	DEMPSTER. Deemster. [Dempsey]. 87. Demster. Doomster.			479	DOHERTY. Daugherty. Dehorty. 529. Dogherty. 355. Dohorty. Doolterty. Doorty. Dougherty. 355. [O'Doherty].355		
447	DENEHAN. Deneher. 252.		Deveen. Deven. 495. Devin. 159. Devon. 416. Diffen. 18. Divane. 382.				
448	DENIFFE. Neef. 497.		Diveen. Divin. 240,480,&c.			489	DONOVAN. Dingavan. 431. [O'Donovan].
449	DENISON. [Dennis]. [McDonagh].179.		Divine. [O'Devine].	480	DOLAN. [Doolan]. 246. [Dooly]. 498. [Dowhng]. 340. 384.		
450	DENNAN. Denanny. Dennany.	462	DEVITT. [Davitt]. 486.			490	DOODY. [Dowd]. 303 (b).
451	DENNEHY. [Danaher]. 45. Danahy. Danihy. 100. Dannahy. Denahy. Denehy. Dennahy. [Denny]. 242. Donaghey.	463	DEVLIN. Develin. D'Evelyn. 257,429	481	DONAGHY. Donagh. 332. Donaghey. 159. [Duncan]. 216. 417. [McDonagh].370. 423. &c.	491	DOOLAN. [Dolan]. 246. Doolen. Doolin. 492. Dooling. 295.382 [Dowling]. 295 498. 511. &c.
		464	DIAMOND. Dimond. Dymond.				
		465	DICKSON. Deehan. 79. Deighan. 79. Dixon. 91.				
		466	DIFFLEY. Deffely. 454 (b). Diffily. Duffley.	482	DONAHOE. [Donohoe].	492	DOOLY. [Dolan]. 498 Dooley. 457.
452	DENNING. Pening. [Dillon]. 370. Dunion. 161. Durnion. 343.	467	DILLON. [Denning]. 370. Dillane. 51.352. Dillion. Dologhan. 59.	483	DONEGAN. Dinnegan. 3. Donegan. 175. Donagan. Dongan. 72. Donigan. Donnegan. Dumegan. 175. [Duncan]. 56. Dungan. 72. Dunigan. Dunnegan. Dunnigan. Ounihan. 73. Unehan. 73.	493	DORAN. [Dorian]. [Dorran]. 347. Dorran. Dorrian.
453	DENNIS. Denehy. Denis. [Denison]. Denson. Denys. Dinnis.	468	DILWORTH. [Delcohery]. 99. Deloorey. 99. Deloughry. 47. Delouri. Dilloughery. 431. Dillworth.			494	DORIAN. Adorian. 411. [Doran]. Dorran. 411. Odarian. 411.
454	DENNY. Deanie. Deney. [Dennehy]. 242.	469	DINEEN. Dynan. 325.			495	DORNAN. [Doran]. 347. Durnian. 482. O'Dornan. 112.
455	DENROCHE. Dunroche.	470	DINSMORE. Dennismore. Densmore. Densmuir. Dunsmoor.	484	DONLAN. Donellan. Donelon. Donlon. Donnallon. Donnelan. [Donnellan]. 298. 508. Donnellon. Donnllon.	496	DOUGALL. Dougie. Dugald. M'Dougall.
456	DERMODY. Darmody. Dermoody. [Dermott]. McDermott]. 214. 438. &c.					497	DOUGLAS. Dougle. 461. Dougs 461.
		471	DIVINEY. Duval. 179. Duvalley. 179.	485	DONNELL. [Daniel]. 328. Danly. 72. Donald. 374. 432. Donnal. [Donnellan]. [Donnelly].72.356. [McDonnell]. [O'Donnell]. 112. O'Donnelly.	498	DOWD. [Dooly]. 303 (b). Doud. 307. Dowda. Dowds. 433. [O'Dowd].307.361
457	DERMOTT. Darmody. Dermid. [Dermody]. Dermoty. D'Ermott. Diarmid. Diermott. [McDermott]. O'Dermott.	472	DOAG. Doake. Doig.				
		473	DOBBIN. Dobbins. Dobbyn. Dobbyns. Dobin. 115. Gubby. 97.			499	DOWDALL. Doudail. Dowdell. Dowdle. [Dow.ing]. 55.
458	DEVANY. Devane. 386. Devann. Devanny. Devenny. Deveny. [Devine].179.386 Devinney. Divenney. Diviney. Dwann	474	DOCKERAY. Dockery. Dockray. Dockry.	486	DONNELLAN. Donelan. Donellon. Donelon. [Donlan].298.508. Donlon. 274, 298. [Donnell]. Donnellon. [Donnelly]. 38. Donnelon.	500	DOWDICAN. Dudican.
		475	DOCKRALL. Dockrell. Dockrill.			501	DOWELL. Doole. [M'Dowell].
		476	DODDS. Dodd. 71. Dods. 71. Douds. 347. Dowds. 381.			502	DOWER. Dore. 353.
						503	DOWEY. Dooey. Douey. Douie. Dowie.

No.	Surnames, with Varieties and Synonymes.	No.	Surnames, with Varieties and Synonymes.	No.	Surnames, with Varieties and Synonymes.	No.	Surnames, with Varieties and Synonymes.
504	DOWLER. Dooler.	**521**	DUFFY. Docy. 76.	**538**	EADIE. [Adams]. 210.	**560**	ENNIS. Ennes.
505	DOWLING. [Dolan]. 350, 384. [Doolan]. 295, 498. 511, &c. Doolen. Doolin, 51, 72, &c. Dooling. 8. Dooly. 129. [Dowdall]. 55. Dowlan. 30. Dowley. 129. Dowlin. 91. O'Doolan. 189.		Dooey. 314, 432. Dooey. 113. [Duff]. 72, 409, 526. O'Diff. 40. [O'Duffy].	**539**	EAGAR. [Agar]. 303. Eagars. Eager. 42. Eagers. Egar.		Enniss. Inis. Innes. Innis. 433.
		522	DUGGAN. [Deegan]. [Doheny]. 189. Doogan. 109, 239, 526. Dougan. 410. Doughau. Dougheny. 189. Dugau. 117, 420, 526. Duggen. O'Doogan. 189. O'Dooghany. 189.	**540**	EATON. Ayton. Aytoun.	**561**	ENRIGHT. Enraght. Enwright. Henright.
				541	ECCLES. Eckles.	**562**	ENTWISSLE. Antwhistle. Entwhistle.
506	DOWNEY. Dawney. 429. Doona. 309. Downing, 93, 283, 285, &c. Gildowny. 429. McDowney. 429. McGillDowny. 429. Muldowney. 429.			**542**	ECCLESTON. Eagleson. Eagleston. Eccleson. Eggleston. Egleson. Egleston.		Entwisle. Entwistle.
						563	ERRINGTON. Ayrington. [Harrington].
		523	DUHIG. Duhy. 235.			**564**	ERSKINE. Askins. 410.
		524	DUIGENAN. Deignan. Dignam. Dignan. Digunan. Duigan. Duignam. Duignan. Dygnam.	**543**	EDEN. Eaden. Eadens. Edens.	**565**	EUSTACE. Eustice. Ustace.
507	DOYLE. Doil. Dooal. 113. Dyle. 485.			**544**	EDGAR. Adger. 433, 503.	**566**	EVANS. Evens. Evins.
508	DRAPER. Draiper. Dreaper.			**545**	EDMUNDS. Edmond. Edmonds. Esmonde. 109.	**567**	EVANSON. Evenson.
						568	EVERITT. Everard. 72. (Leveran.) 449. Everett.
509	DRELINCOURT. Dredlincourt. Drelingcourt. Drellingcourt. Drillingcourt.	**525**	DUKELOW. Ducklow. 80.	**546**	EDMUNDSON. Edmondson. Edmonson. Edmonston. Edmunson. Edmunstone. M'Almon.		
		526	DUNCAN. Dinkin. 4?. [Donaghy]. 216, 417. [Donegan]. 56. Doonican. 420. Dungan. 56. Dunican. 420. Dunkin.			**569**	EWART. Evart.
						570	EYRE. Ayers. Ayre. Ayres.
510	DRENNAN. [Drinan].			**547**	EGAN. Aicken. 55. Aikens. 410. Eagan. Eagen. Eakin. [Hagan]. 133, 526. [Keegan]. 312.		
511	DREW. Drough. 63.						
512	DRINAN. [Drennan]. [Thornton]. 506.	**527**	DUNLEA. Delay. 397. Delea. 134. Dullea. 397.				
513	DRISCOLL. Driscall. Driskell. 107. Driskill. Driskol. Hide. [Hyde]. [O'Driscoll]. Whooley. 164.			**548**	EGERTON. Edgerton.	**571**	FAGAN. Fagin. Feagan. Feagon. 461. Fegan. 72, 92, &c. Feghan. Feighan. 17. [M'Fadden]. 203.
		528	DUNLEVY. Dunlavy. Dunleavy. Dunleevy.	**549**	EGLINTON. Egglinton. 333. Eglington. 333. Eglintoun.		
		529	DUNLOP. De'ap. 58, 238, 352. Dunlap.	**550**	ELDRED. Aldred. Alldred.		
		530	DUNNE. Dinneen. 142. Dun. 183. Kildunn. 5, 501.	**551**	ELLIFFE. Liffe. 152.	**572**	FAHY. Faghy. Foy. 38. Vahey. 38.
514	DRISDELL. Drisdale. Drysda'e.			**552**	ELLIOTT. Eliot. Ellot. Ellyett. Elyot.	**573**	FAIRCLOUGH. Faircloth. Fairclough. Fairtlough.
515	DRUMMOND. Drumm. 154. Drummy. 452.	**531**	DUNPHY. Donohue. 109. Dumphy. Dunfy.				
516	DRURY. Drewry.			**553**	ELLIS. Ellies. 421.	**574**	FALCONER. Falchenor. 480. Fealy. 491. Falconder. Falkender. Falkener. Falkiner. Falkner. Faulkener. Faulkner. 159, 254. Faulkney. 176. Foulkard. 181.
517	DUANE. Dewane. Divane. Dooan. Duan. Dune. Dwain. Dwan. Dwane.	**532**	DUNSEATH. Dunseeth. Dunseith. Dunsheath. Dunshee. 58. Dunsheith.	**554**	ELLISON. [Allison]. 374, 429.		
				555	ELLSMERE. Ellsmoor. Ellsmore.		
		533	DUPLEX. Dublack. 30.	**556**	ELWOOD. Elfred. 40. Ellwood. [Woods]. 381.		
518	DU BOURDIEU. Debouerdieu. Du Boudieu. Dubowdieu.	**534**	DUPRE. Dupri. Prey. 523.			**575**	FALLON. Fallen. Fallin. [Falloon].
		535	DURHAM. Derham. Dyrham.	**557**	EMMERSON. Amberson. 358. Emberson. Emerson.	**576**	FALLOON. [Fallon]. Faloon. Faloona.
519	DUFF. [Black]. Duffin. 526. [Duffy]. 72, 409, 526. McElduff. 417.	**536**	DURKAN. Durcan. 5. Durkin. 5.	**558**	EMMETT. Emmit.		
		537	DWYER. Dwire. Dwyre. [O'Dwyer].	**559**	ENGLISH. [Golagley]. 81. Gology. 312. [Inglis].	**577**	FALVEY. Fallaher. 509.
520	DUFFERLY. Doorly. 54.						

No.	Surnames, with Varieties and Synonymes.	No.	Surnames, with Varieties and Synonymes.	No.	Surnames, with Varieties and Synonymes.	No.	Surnames, with Varieties and Synonymes.
578	FANNING. Fannin. Fannon. Fenning. Finning.	591	FEELY. Fayly. Fealey. Fealy. Feelicly. 454 (b). Feehily. Feeley. 329. Fehely. Fehily. 454 (b). Fihily. 329.	604	FIELD. Fields. (Maghery). 97.	623	FITZSIMONS. Fitch. 429. Fitsimmons. Fitsimons. Fitsommons. Fitsummons. Fitz. 282. Fitzimmons. Fitzsimmons. Fitzsimon. (Simon). 54. Fitzsummons. 410.
579	FARLEY. Fairleigh. Fairley. [Farrelly]. 26, 82, 154, &c. Ferly.	592	FEENEY. Finny. 71.	605	FIFE. Fyfee. 350.		Fitzsimons. 246. Simmon. [Simmons]. 436. Simons. 54.
580	FARMER. M'Scollog. 319.	593	FEIGHERY. Feary. Feehery. Feighan. [Feighney]. [Hunt]. 219.	606	FINCH. Ffinch.	624	FLACK. Afflack. 429. Affleck. 429. Fleck.
581	FARNAN. Farnand. 417. Farnham. 18.			607	FINLAY. Fenley. 68. [Fennelly]. 68, 232. Finalay. 409. Findlay. Findley. Finley. Finnelly. 68. Finnelly. 332.	625	FLAHAVAN. Flahavin. Flahevan. Flavahan. Flavin. 452.
582	FARQUHAR. Farghar. Farker. Farquehar. Farquer. Farquharson. Farquher. Forker. 429, 189. Fourker. 429.	594	FEIGHNEY. Feghany. [Feighery]. Feighry. [Hunt]. 476, 501.	608	FINN. Finne.	626	FLAHERTY. Faherty. 253. Flagherty. 307. [O'Flaherty].
		595	FENLON. Fendlon. 468. Fenelon. 468.	609	FINNAMORE. Finamore. Finnamure. Finnemor.	627	FLAHY. [Lahill]. 189.
583	FARRAGHER. Faragher. 307. Faraher. 307. Farraher. (Farrahill). 361.	596	FENNELL. Ffennell. Finnell.	610	FINNEGAN. Finigan. Finnigan.	628	FLANAGAN. Flang. 37. Flanigan. Flannagan. Flannigan. [O'Flanagan].390
584	FARRELL. [Farrelly.] 72, 515. Ferrall. [O'Farrell]. 390.	597	FENNELLY. Fenelly. Fenley. 68. Finelly. [Finlay]. 68, 232. Finnelly.	611	FINNERTY. Fenaughty. 47. Finerty. 138. Phoenerty. 138.	629	FLATTLEY. Flatholy.
585	FARRELLY. Farelly. [Farley]. 26, 82, 154, &c. Farrally. [Farrell]. 72, 515. Farrely. Ferly. 401. Ferrall. 56. Varrelly.	598	FENTON. Fenaghty. 382. Fenaughty. 309. Feoghney. 378. Venton. 128.	612	FINNUCANE. Kinucane. 302.	630	FLEMING. Flemon. 427. Flemming. Flemmyng. Flemyng. 427.
		599	FERGUSON. Faraday. 364. Furguson. Fargy. 72, 364. Fergie. 267. Fergison. Fergisson. Ferguison. Fergus. 267. Fergusson. Forgay. 60. Forgey. 428, 524. Forgie. 267. Forgy. 71. Hergusson. 364. Vargis. 78. Vargus. 109, 527.	613	FIRMAN. Firmin. [Perriman]. 249. Pherman. 249.	631	FLETCHER. Fladger. £03.
586	FARREN. Faran. Faren. Farin. Farnon. 91. Farran. Farron. Ferran. 91.			614	FISHER. Braddon. 12. Filcher. 381.	632	FLOOD. Floody. 72, 515. Floyd. 137, 314. McAtilla. 314. O'Thina. 179.
				615	FITZALLEN. Fitzalleyn. Fitzallwyn. Fitzalwyn.	633	FLYNN. Fleens. 512. Flinn. Flyng.
587	FARRER. Ferrar. Ferrer. Ferrers.	600	FERRIER. Ferryar. Ferryer.	616	FITZELL. Fizell.	634	FOGARTY. Fogaton. 185. Fogerty. [Swift]. 185.
588	FAWCETT. Faucet. Fausit. Fausset. Faweet. Fossitt.	601	FERRIS. Fairis. 381. Fairy. 381. Faris. 110. Farris. Feris. Ferry. 254. [Fry]. 144. O'Ferry. 254. Pharis. 64.	617	FITZGERALD. Fitz. 189, 329, 448, &c. Fitzerald. Fitzgerrald.	635	FOLEY. Fooley. 453. Foolulah. 47. [McSharry]. 105, 153, &c. Sharry.
589	FAY. Fee. 38. Fey. Fie. 167. Foy. 167, 168, 154, 515, &c. Fye. 4-2.			618	FITZGIBBON. [Gibbon]. 444, 445. Gibbons. 378, 398.	636	FOOTE. Foot. Foots. 381.
		602	FETHERSTON. Featherston. Fetherston H. Fetherston-haugh.	619	FITZHARRIS. Feeharry. 305. [Fitzhenry]. 526.	637	FORAN. Forehan. 382. Forehane. 190, 303 (b). Forhan. 303 (a). Fourlane. 303 (b).
590	FEARON. Faren. Fearen. Fearn. (Fern). 91. Feran. Feron.	603	FFOLLIOTT. Folliett. Folliott.	620	FITZHENRY. [Fitzharris]. 52?.	638	FORBES. Forbis. Forbish. 228. Klisham. 189.
				621	FITZMAURICE. Fitzmorice. Fitzmorris. 307. Maurice. [Morris]. 456.		
				622	FITZPATRICK. Fitch. 71, 276, 411. Fitchpatrick. Fitz. Paragon. 364. Parrican. 72. Patchy. 292, 293. Patrican. 449. Patrick. 87, 306.		

No.	Surnames, with Varieties and Synonymes.	No.	Surnames, with Varieties and Synonymes.	No.	Surnames, with Varieties and Synonymes.	No.	Surnames, with Varieties and Synonymes.
639	FORDE. Foard. 40. Forhane. 199. Foorde. 16. Ford. (M'Anare). 48 (b).	657	FUDGE. Fuge. 488.	674	GARLAND. Gairlan. Gartlan. Gartland. Gartlin. McGartlan. 71.	691	GEOGHERY. Gohary. 420.
640	FORSTER. Forrester. Foster. 72, 189.	658	FULHAM. Fullam.			692	GERAGHTY. Garahy. 249. Garity. Garrity.
641	FORSYTHE. Forsayeth. Forsithe. Foursides. 429.	659	FULLERTON. Fullarton.	675	GARRAGHAN. Garahan. 54.		Gearty. 454 (b). Gerarty. Gerathy. Geraty.
642	FORTUNE. Farshin. 227. [M'Carthy]. 227.	660	FURY. Fleury. ?, 420. Furey.	676	GARRETT. Garratt.		Geraughty. Gerety. Gerity. 249. Geroughty.
643	FOX. Faux. Foxe. M'Ashinah. 165. M'Shanaghy. 82. Shanaghy. 92, 132, 470. [Shanahan]. 152, 153, 506. Shanahy. 153. Shinagh. 179. Shinnagh. 40. Shinnock. 393. Shonogh. 174. Shunagh. 262. Shunny. 393.	661	FYLAND. [Phelan]. 511. Philan. 511.	677	GARVEY. Carway. 124. Gara. 38. Garveagh. Garven. 456. [Garvin]. 54. O Gara. 38.		Gerraghty. Gertey. Gerty. Gheraty. Jerety. 152.
		662	GAFFNEY. Gaffney. Gaffiny. 270. Gafney. Gaphney. Gaughney. 254. Gifney.	678	GARVIN. Garven. [Garvey]. 54. Garwin. 69. [Given]. 489.	693	GERRARD. Gerard. Gerret. 401. Jarrett. Jerrett.
		663	GAHAN. Geehan. 526. O'Cahan. 206. [O'Kane]. 206.	679	GATH. Gaff. 249.	694	GERVIS. Gervais. 17. Jarvis. [Jervis]. 17.
		664	GALBRAITH. Galbreath. Gilbraith. Gilbreath.	680	GAULT. Galt. Gaut. 494.	695	GIBBON. [Fitzgibbon]. 444, 445.
[644	FRACKLETON. Frackletin. Frakleton. Freckleton. Frekleton. Frickelton. Frickleton.	665	GALLAGHER. Gallagher. Galagher. Gallaher. Gallaugher. 159, 340. Galliher. Gallihur. Gallogher. Gallougher. Goligher. 159. Golliher. 178 (a). Gollagher. Gollocher. Gollogher. Golloher. Goloher. 137.	681	GAUSSEN. Gasson. 72. Gossan. Gosson.		Gibben. Gibbings. Gibbins. Gibbons. (Gobin). (Gobin). 156. O'Kibbon. 40.
				682	GAVAGAN. Gaffikan. Gaffikin. Gavacan. Gaviran. Geffeken.	696	GIBNEY. Giboney.
645	FRANKLIN. Franklyn.			683	GAVIN. [Galvin.] 249. Gavahan. Gavan. Gaven.	697	GIBSON. Gibsey. 179. Gibulawn. 179.
646	FRAWLEY. Frehily.			684	GAYNOR. Gainer. Gaynard. 179. Geanor. Ginnel. 92. [McGinty]. 167.	698	GILBEY. Killby. 429. O'Gilbie.
647	FRAYNE. Frain. Frane. Frein.			685	GEARY. Gery. 429. Guiry. 437, 488. M'Gerry. 429.	699	GILCHRIST. Gilchreest. Gilchriest. Gilcrest. Gilcriest. Gilcrist. Guilchrist. Kilchreest. 216, 360. Kilchriest. Kilgrist. [Loughlin. 216.
648	FRAZER. Fraisor. Fraizer. Fraizor. Fraser. Frazor. Frizzle. 6, 197, 257.	666	GALLIGAN. [Geoghegan]. 170. Gillgan. [Gilligan]. 92, 246. [White]. 153.	686	GEDLES. Gaddiss. Geddis.		
649	FREEBURN. Freebairn. Freebern. Freebirn.	667	GALVIN. Galavan. Galavin. 100. Gallivan. 142, 382, 520. Galvan. Galven. [Gavin]. 249. Glavin. 349.	687	GEE. Ghee. [Magee]. [McGee].	700	GILDEA. Benison. 35. Gay. 298. Kilday. Kildea. 206.
650	FREEMAN. Free. 296. Seerey. 20. Seery. 6, 501.			688	GELLETLIE. Galletlie. Gilletlie.	701	GILES. Gilson. Gyles. Jellis. 174. Jiles.
651	FREENY. Frainy. Frany. Freny.	668	GALWAY. Galloway. Gallway. Galwey. Galloway.	689	GELSTON. Galston. Gelson. Ghelson.		
652	FRENCH. Ffrench.			690	GEOGHEGAN. Gagan. 122, 435. Gahagan. 137, 170, 217. [Galligan]. 170. Gaughan. 337, 373. Gaviran. 429. Geagan. Gegan. 189, 362. Geghan. Gehegan. Geogan. 152. Geoghan. 337. Ghagan. Ghegan. 348. Houghegan. 419. [M'Guigan]. 429.	702	GILFILLAN. Gilfiland. Kilfillan.
653	FRIEL. Freal. Freel.	669	GAMBLE. Gambell. Gamel. 397. Gammel.			703	GILHOOLEY. Gilhool. 475. Gillooiy. Gillowly. Gilooly. Killooley.
654	FRIZELL. Frisell. Frizelle. Frizzel. Frizzell. Frizzle. 19.	670	GANLY. Gantly. 40.				
655	FRY. [Ferris]. 141.	671	GARA. O Gara. 268.			704	GILKISON. Gilkeson. Gilkieson. Gilkinson. Gilkisson. Kilkison. Kilkisson.
656	FRYER. Friar. Frier. Fryarr. 523.	672	GARDINER. Gardner. 91, 435. Garner. 91.				
		673	GARGAN. Garrigan. 26, 72, 332.				

No.	Surnames, with Varieties and Synonymes.	No.	Surnames, with Varieties and Synonymes.	No.	Surnames, with Varieties and Synonymes.	No.	Surnames, with Varieties and Synonymes.
705	GILL. Gilliard. 509.	723	GLYNN. Glenn. 176. Glennon. Glinn.	743	GOULDSBURY. Goldsberry. Goldsbury. Golesbery. Golsberry. Gouldsberry.	761	GREVILLE. Gravell. 274.
706	GILLEN. Gullion. 19. [Killen]. Magullion. 215. McGullian. 357. McGullion. 215.	724	GODSIL. Godson. 199.	744	GOWAN. Gowen. [M'Gowan] [Smith]. 319.	762	GRIBBEN. [Cribbin]. Gribbin. Gribbon. [Griffin]. 429. [McRobin].
707	GILLESPIE. Clusby. 214. Galesby. Gelaspy. Gellespey. Gillaspy. Gillesby. 214. Gillispie. Glashby. 13. Glaspy. 407.	725	GODWIN. [O Dea]. 40, 179, 506, &c.	745	GOWDY. Goudy.	763	GRIFFIN. [Gribben]. 429. Griffen. Griffey. 198. Griffins. [Griffith]. 117. 316,517. Griffy. 302.
708	GILLIGAN. [Galligan].92.216. Gilgan.	726	GOGARTY. Gogerty. Googarty.	746	GRADY. Graddy. 47.490. [O'Grady]. 39.	764	GRIFFITH. Griffeth. [Griffin]. 117,316. 517. Griffiths.
709	GILLILAND. Gelland. Gilelin. Gillan. 112. Gilland. Gilleland. Gillilan. Gooly. 55,381. Guililand.	727	GOGGIN. [Cogan]. 397. Gogan. Goggan. Goggins. Gogin. Googan.	747	GRAHAM. Graeme. 415. Grame. Grames. Greaham. Greames. Greham. [Grimes]. 489, 511, &c.	765	GRIMES. [Gormley]. 40, 417.418. [Graham]. 489, 511. &c. [Grehan]. 34.
710	GILLIS. Gilis. Gillas. Gilles.	728	GOING. Gowen. 437. Gowing. [Smith]. [Smyth].	748	GRANT. Granny. 113,271.	766	GRIMLEY. Grumley. 72,364.
711	GILMARTIN. Guilmartin. [Kilmartin].	729	GOLAGLEY. [English]. 81.	749	GRANVILLE. Grandfield. 203. Granflll. 203. Greenvil. Grenvil. Grenville.	767	GROGAN. Groggan. Groogan.
712	GILMORE. Gillmore. Gilmer. Gilmour. Killmore.	730	GOLDEN. [Golding]. 99. [Goldrick].106,128 Goulding. 99,488. [Magorlick]. 201. McGoldrick. 128. [McGolrick].	750	GRATTAN. Gratten. Grattin. 435.	768	GUERIN. Gearon. [Green]. 329.
713	GILSHENAN. Gelshinan. Gilsenan. Gilsenon. Gilshenon. Gunshinan. 215. McGill Shenan. 429. [Nugent]. 214.	731	GOLDIE. [Golding]. 89. Gooley. 381. Gouldy. 381.	751	GRAVES. Greaves. 333. Grieves.	769	GUIDERA. Guider. 457. Guidra. 457.
714	GILTINANE. Giltenane. [Shannon]. 299, 318, 323.	732	GOLDING. Forkin. 506. [Go.den]. 99. [Goldie]. 89. Goolden. 199. Goulding. McGouldrick. 175.	752	GRAY. Colreavy. 152,215, 465. Culreavy. 33,153, 357, &c. Grey.	770	GUIHEN. Guighan. Guihan. Guiheen. Guiken. [Wynne]. 278,371.
715	GINITY. Ginaty. 220. Guinnaty. 220.	733	GOLDRICK. Coldrick. 52. [Golden]. 106,128. Gouldrick. Goulrick.	753	GREEN. Greenan. 464. [Greenaway].409 Greene. Grene. 333 [Guerin]. 329. Houncen. 318,323. Huneen. 299. MacIllesher. 201. McAlesher. 276. McAlesher.238,276 [McGlashan]. 114 314. McGlashin.114,314 Oonin.	771	GUILFOYLE. Gilfoye. Gilfoyle. Kilfoyle. [Powell]. 509.
716	GIRVIN. Garron. 18.	734	GOODISSON. Godson. Goodison. Goodson.			772	GUINANE. Ginnane. Guinan. Kennane. Kinane. 498. Quinnane. 498.
717	GITTINGS. Gittons. 101.	735	GOODMAN. Maguigan. 137.	754	GREENAWAY. [Green]. 409. Greenhaigh. 429. Greenhay. 429. Greenway. 429.	773	GUINEY. Guinea. Guiny.
718	GIVEN. Garven. 489. [Garvin]. 489. Givan. Giveen. 366. Givin.	736	GOODWIN. [McGolrick]. 417. M'Googan. 254. M'Guiggan. 222.	755	GREENLAW. Grenlaw. Grinlaw.	774	GUINNESS. [McGuinness].
719	GLANVILLE. G.nn. 63. G.anfield. 63.	737	GORDON. Magournahan. 175. McGournoson. 175.	756	GREENLEES. Greenlee. Grinlee. Grinlees.	775	GUNN. Gilgunn. 238. Gunner. 381. McElgun. 167. McElgunn. 350.
720	GLEASURE. Glazier. 51. Gleazer. 51.	738	GORMAN. Bloomer. 165. [Gormley]. 154, 246, 433. M'Gorman. 319. [O Gorman].	757	GREER. Greir. Grier. 301, 333.	776	GUNNING. Goonan. 107,390, 509. Goonane. 449. Gooney. 509. Guning.
721	GLEESON. Gleason. Glessane. Glissane. 303. 309. Glissawn. Leeson. 249.	739	GORMLEY. [Gorman]. 154, 246. 433. [Grimes]. 40.417, 418. McCormilla. 319.	758	GREGG. Greig. 410.	777	GURRY. Gorey. 435. Gorry. 435.
722	GLENNY. Glanny. 429.	740	GOSLIN. Gausslin. Gosselin. Gostlin.	759	GREHAN. Greyhan. [Grimes]. 34.	778	GUTHRIE. Gutherie. Guttery. 410. [Lahiff]. 189.
		741	GOUGH. Goff. 333.	760	GRESHAM. Gressam. 254. Grism. 254. Grissam. Grissom. 197.	779	GWYNNE. Gwyn.
		742	GOULD. Goold.				

No.	Surnames, with Varieties and Synonymes.	No.	Surnames, with Varieties and Synonymes.	No.	Surnames, with Varieties and Synonymes.	No.	Surnames, with Varieties and Synonymes.
780	HACKETT. Guckian. 128. Guicken. 106. Halckett. M'Gaggy. 222. McGaughy. 163. McGaugie. 372. M'Goggy. 222.	797	HAMMOND. [Hamill]. 72. Whammond.	818	HARDIMAN. Hargaden. 251.	838	HASTINGS. Hastie. 97. Hasting. Hasty. 254. Heasting. Hestin. 361. Hestings. Hestion. 361.
781	HADSKISS. Hadskeath. 381. Haskis.	798	HAMPTON. Hamden. Hampden. Hempton. [Hinton]. 523.	819	HARDMAN. Harman. Harmon. Herdman.		
782	HAGAN. [Egan]. 133, 526. Hagin. Haigan. Haughean. 248. Heagan. Hegans. Hog. 487. [Hogg]. 487. [O'Hagan].17,348.	799	HANAN. Hainen. Hannan. Hannen. Hannin. Hannon. Hanon. Haynan. Heenan. Henan.	820	HARDWOOD. Harrett. 92.	839	HAUGHEY. Haffey. 279. Haghey. Haughan. Haughian. 381. Hoy. 148. M'Heffey. 279.
				821	HARE. Hair. 342. Haire. Heare. Hepher. Hehir. 189, 318. O'Haire. [O'Hare]. O'Hear.	840	HAUGHTON. Houghton. Houtten. [Hutton]. 76.
783	HAGARTY. Agarty. Hagerty. Haggarty. Haggerty. Hegarty.	800	HANBIDGE. Handbidge. Handridge. Hanvidge.	822	HARNETT. Harknett. Hartnett.	841	HAVERON. Haveren. Havern. Havron. [Heffernan]. Heffron. 433. Hefron.
784	HAHESSY. Ahessy. Hahasy.	801	HANBURY. Hanberry. Hanbery. Handbury.	823	HAROLD. Harel. Harrel. Harrell. Herald. 71. Hirl. 123.	842	HAWES. Eowes.
785	HAINES. Haynes. [Hynes]. 134.	802	HAND. Handy. 511. McClave. 460. M'Lave. 460.	824	HARPUR. Harper.	843	HAWKINS. Haughian. 381.
786	HALDANE. McAldin. 429.	803	HANDCOCK. Hancock. Hancocks. Handcocks.	825	HARREN. Haran. Haren. Harron. [O'Hara]. 201,238, 270.	814	HAWKS. Hawkes.
787	HALES. Hailes.	804	HANDRICK. Hanrick. 468.			845	HAWKSHAW. Hoggshaw.
788	HALFPENNY. Alpin. Halpeny. [Halpin]. 72, 401, &c.	805	HANDSBERY. Hansbury. 386.	826	HARRICKS. Herricks.	846	HAWTHORN. Hathorn. Hawthorne. Haythorne. Henthorn. 383.
		806	HANIFY. Hanafy. Hanephy.	827	HARRINGTON. Airington. Ayrington. Erought. 143. [Errington]. Haroughten. 143. Haroughton. 47. Harrity. 3. Harroughton.142. [Harty]. 3. Irrington.	847	HAYDEN. Haden. Hadian. 329. Haydin. Haydon. Hayten. 305. Headen. 387. Heden. Heydon.
789	HALL. Hull. 91.	807	HANLEY. Handly. Hanily. Hanly. 454 (b). Henley.				
790	HALLIDAY. Halladay. Hallyday. Halyday. Holeday. Holliday.	808	HANLON. [Hallinan]. 134. Handlon. Haulun. Hanlin. [O'Hanlon].				
791	HALLIGAN. Hilligan. 410. Olligan. 446.	809	HANNA. Hanah. Hannagh. Hannah.	828	HARRIS. Horoho. 486. [Harrison]. 414, 456. Harrisson.	848	HAYES. Hays. Haze. Heys. Hoy. 89. [O'Hea]. 500.
792	HALLINAN. [Allen]. 510. Hallanan. Halnan. Hanlan. 236. [Hanlon]. 134.	810	HANNAWAY. Hanway.	829	HARRISON. [Harris]. 414, 456. Horaho. 294.	849	HAYMAN. Heman. Hemans.
793	HALLORAN. Hallaron. Hallorin. Halloron. Holloran. [O'Halloran].	811	HANNON. Hanar. Haneen. 509. Hannan. Hannen. Hannin.	830	HART. Harte. 475. [Harwood]. 523.	850	HAZLEGROVE. Haslegrove.
				831	HARTFORD. Hafford. 63. Hardford. Harford.	851	HAZLETON. Haselden. 429. Hasleton. Hazelton. [Hazlett]. 356.
794	HALPIN. Alpin. 241. [Halfpenny]. 72, 401, &c. McAlpin. 325,429.	812	HANRAHAN. Aurachaun. 488. Handrahan. 130, 442.	832	HARTIGAN. Hartican.	852	HAZLETT. Haslett. 256. Hayslip. 410. Hazelett. Hazelitt. [Hazleton]. 356. Hazley. 381. Hazlitt. Hazzlett. Heasiett. 256. Heasley. 381. Heazley. 381. Heslitt. Hezlett.
795	HAMILL. Hamell. [Hamilton]. 356, 409. Hammel. Hammell. Hammill. [Hammond]. 72. O'Hamill. 112.	813	HANRATTY. Ratty. 72.	833	HARTON. Harten. Hartin.		
		814	HANSON. M'Kettrick. 97. [M'Kittrick]. 97.	834	HARTY. [Harrington]. 3. Hartry. 488.		
		815	HARBINSON. Harbison. Harvison. [Herbert]. 410. Herbison.	835	HARVEY. Harrihy. 141. Harvessy. 146. Hervy.		
796	HAMILTON. Ham. 397. [Hamill]. 356,409. Tumbleton. 526.	816	HARCOURT. Harker. 410.	836	HARWOOD. Harrot. 20. [Hart]. 523.	853	HAZLEWOOD. Haslewood. Heazlewood.
		817	HARDEN. M'Dacker. 401.	837	HASSAN. Hasson.		

No.	Surnames, with Varieties and Synonymes.	No.	Surnames, with Varieties and Synonymes.	No.	Surnames, with Varieties and Synonymes.	No.	Surnames, with Varieties and Synonymes.
854	HEACOCK. Haycock. Heathcock. Heycock.	869	HENNESSY. Henesy. Henissy. Hensy. 420, 511. Henzy. 249. Hinsy. 420, 511.	889	HILLAN. Hillen. Hillind.	914	HORAN. Haran. 239. Haren. 390. Harhan. 239, 469. Haughran. 511.
855	HEALY. Heally. Heily. Hely. Hilo. 487. Kerisk. 111, 143. Kerrish. 377. Kerrisk. 303 (b).	870	HENRY. Hendry. 347. Henery. 429. [McEnery]. 429. McHendrie. 429. [McHenry]. 429.	890	HILLAS. Heillis. Hilles. Hilliss.	915	HORGAN. Harrigan. 47. [Horrigan]. 283, 431. Horrigon. 431. Horrogan. Organ. 135.
856	HEANY. [Bird]. 40. Hainey. Heeny. Heney.	871	HENSHAW. Henchy. Hinchy.	891	HILLYARD. Hillard. Hilliard. Hilyard.	916	HORRIGAN. Harrigan. [Horgan]. 283, 431.
857	HEAPHY. Havey. 435. Havy. 435. Heify. 51.	872	HERAGHTY. Gerarty. 124. Hanaty. 432.	892	HINDS. [Owens]. 175.	917	HORSFORD. Hosford.
858	HEARD. Hearde. Herd. Hird. Hurd.	873	HERBERT. Harbert. 121. [Harbinson]. 410. Hilbert. 121. [Hobart.] 47.	893	HINTON. [Hampton]. 523. Hanton. 526.	918	HOSKINS. Haskins.
859	HEARN. Ahearn. [Ahearne]. Hearne. 422. [Herron]. 155, 410.	874	HERITAGE. Herrtage.	894	HITCHINS. Hitchens.	919	HOULIHAN. Holahan. Holohan. 187. Holoughan. Hoolaghan. Hoo'ahan. Hoolihan. Hoologhan. Houlaghan. Houlahan. Houlehan. Hulihan. Oolahan. Oulahan. 63. Oulihan. Whoolahan. Whoolehan.
860	HEARY. Heery.	875	HERLIHY. Herley. 100.	895	HOARE. Hore. Horohoe. 454 (b).		
861	HEASLIP. Hazlip. Heslip. Heyslip. Hyslop.	876	HERNON. [Heffernan]. 249. Hertnon.	896	HOBART. Habbert. 142. [Herbert]. 47. Hobert. Hubbard. 365.		
862	HEDNAN. Hedivan. 63. Heduvan. 63.	877	HERRIOTT. Hariott.	897	HODGINS. Hodger. 364.		
863	HEENAN. Heanen. 175. Hennan. 175.	878	HERRON. [Ahearne]. 77. Aherne. 77. Harron. [Hearn]. 155, 410. Herne. Heron. Herran.	898	HODNETT. Hadnet. Hornett. 318.	920	HOURIHAN. Hourihane.
864	HEFFERNAN. Hafferon. Haffron. Hartnane. 144. Hartney. 144. Havern. 429. [Haveron]. Hayfron. Hefferan. Heffernin. Heffernon. Hefferon. Heffron. 25, 155. [Hernon]. 249. Hertnan. 249. Heyfron. 384. Hiffernan.	879	HESKETH. Haskett.	899	HOEY. Hawey. Hoye.	921	HOUSTON. Houstin. Howison. Hughston. [Huston]. M'Taghlan. 4:3.
865	HEGARTY. Eagerton. 399. Hagarty. Hagerty. Hegerty. Heggarty. Higerty. Higgerty. Hogarty. 179.	880	HESSION. [Ussher]. 298.	900	HOGAN. Houghegan. 262. [Huggins]. 134.	922	HOWARD. Hogart. 59. O'Hare. 189.
		881	HETHERINGTON. Hederton.	901	HOGG. [Hagan]. 487. Hog.	923	HOWE. Hough. House. 397. Howes.
		882	HEWSON. Heuson. Hewetson. Hewison. Hewston. Hueson. Hueston. Hugheston. 279. Huson. [Huston]. 279. [McHugh]. 238, 506.	902	HOLBROOK. Halbrook. Holdbrook.	924	HOWIE. Howay.
				903	HOLDEN. Houldon. 485.	925	HOWLEY. Wholey.
				904	HOLDSWORTH. Holesworth. Houldsworth.	926	HOYLE. Hoyles. Hyle. Hyles.
				905	HOLLAND. Hawney. 488. [Mulholland]. 19. Wholihane. 325.	927	HUDDLESTON. Helston. Hillston.
		883	HEYBURN. Haybrun. Hayburn. Hepburn.	906	HOLLINGSWORTH. Hollinsworth.	928	HUDSON. Hodgin. 76. Hodgson. Hodson.
866	HEMPENSTALL. Hemp. 405, 439. Hempe. 333. Hempstall. 333.	884	HICKEY. Hickie. 509.	907	HOLLOWAY. Halloway. Hollway. Holoway.	929	HUEY. Huet. 410. Hughey.
867	HENDERSON. Hendron. 6, 409.	885	HIGGINBOTHAM. Higginbottom. HIGGINS.	908	HOLLY. [Quillan].		
868	HENNEBERRY. Heneberry. Henebery. 422. Henebry. 427. Hennebry. Hensbry. 422.	886	HAGANS. 267. Haggens. 267. Higgans. Higgens. Higgings. Higins. [Huggins]. 485. [O'Hagan] 178 (b).	909	HOLMES. Cavish. 301. Combes. 142. Homes. McAvish. 138. McCavish. 138.	930	HUGGINS. [Higgins]. 485. [Hogan]. 134.
		887	HILDITCH. Hildage. Hildige.	910	HONE. Owen. 482.	931	HUGHES. Hews. Hughs.
		888	HILL. Heel. 154.	911	HOOKE. Hooks.	932	HULEATT. Hewlett.
				912	HOPES. Hopps. 274.	933	HUME. Hulme. 91. Humes.
				913	HOPKINS. Habbagan. 3. Hobbikin. 40. Hop. 439.		

No.	Surnames, with Varieties and Synonymes.	No.	Surnames, with Varieties and Synonymes.	No.	Surnames, with Varieties and Synonymes.	No.	Surnames, with Varieties and Synonymes.
934	HUMPHRIES. Humffray. Humfrey. Humphreys. Humphry. Humphrys. 398. Umphries. Umphry.	949	IRONS. Eirons. 91.	965	JOHNSTON. Cheyne. 429. Johnson. 494. Johnstone. 494. Jonson. Mac-Eoin. 512. Mac-Eown. 40. Makeon. 40. McCheyne. 429. [McKeown]. 506. McShan. 216. [McShane]. 18, 153, &c. Shane. 429. Shonahan. 512.	976	KEARNS. [Cairns]. 300. Carns. 155. Cearnes. 218. Kairns. Kearn. 319. Kearnes. [Kearney]. 409. Kearon. 16. Keiran. 319. Keirans. 319. Kerans. Kereen. 403. Kerins. Kerns. Kerons. Kerrane. 330. Kerrins. 448. Kieran. 319. O'Kieran. 319.
935	HUNT. Feghany. 124. Fehoney. 125. [Feighery]. 249. [Feighney]. 476, 501. Feighry. [Hunter]. 242, 409.	950	IRVINE. Ervine. 91. Erwin., Irving. [Irwin]. 91.			977	KEATING. Clayton. 431. Keaty. 189, 302.
936	HUNTER. [Hunt]. 242, 409.	951	IRWIN. Erwin. 19. [Irvine]. 91.	966	JORDAN. Gerdan. Gurdan. 485. Jardan. Jardine. 210, 429. Jerdan. Jorden. Jordine. Jordon. Jourdan. 300. Jourdin. Jurdan. 138.	978	KEAVENY. Ceevney. Kevney.
937	HURLEY. [Commane]. 189, 237, 397, &c. Harley. 227, 228. Herley. Herlihy. Herly. Murhilla. 397. O'Herlihy.	952	ISAAC. Isaacs.			979	KEEFFE. Keafe. Keefe. [O'Keeffe].
		953	ISDELL. Easdale. Esdale. Esdel. Isdle.			980	KEEGAN. Cuggeen. [Egan]. 312.
938	HURST. Hearst.	954	IVERS. Livers. 333 Evers. 333. Ivors. Jevers.	967	JOYCE. Cunnagher. 50. Shoye. 40.	981	KEELAN. Keelin. Keellin. Killan.
939	HUSKISSON. Hiskisson. Hoskisson. Huskison.			968	JUDGE. Breheny. 62, 454 (a), 501. [Brehony]. 105, 339, 454 (a), &c.	982	KEELY. Kealy. Keeling. 409. Keilly. [Kelly]. 262. Kiely. Kiley.
940	HUSTON. [Hewson]. 279. [Houston]. [M'Hugh]. 259. [McTaghlin]. 482.	955	JAGOE. Iago. 40. Jago.	969	JULIAN. Julien.		
941	HUTCHINSON. Hucheson. Hutchenson. Hutcheson. Hutchison. Hutchisson. Hutson. 274.	956	JAMES. [Jameson]. 409.	970	JURY. Ma-Jury. 494.	983	KEENAN. Cainan. 284. Conyeen. 3. Keenoy. 38. [Kinahan]. 249. Kinna. 249. Kinnan. Kivneen. 329.
942	HUTTON. [Haughton]. 76.	957	JAMESON. Jameison. [James]. 409. Jamieson. 390. Jamison. Jemason. Jemison.				
943	HYDE. [Driscoll]. Hide. [O'Driscoll]. 509.			971	KANE. Cahan. 240. Cain. Cane. Kain. Kaine. (Cain). 40. Keane. 390. [Kean]. 72, 381. McKane. 216. [O'Kane]. 216, 240, 367.	984	KEIGHTLEY. Keatley. 348. Keitley.
944	HYLAND. Heelan. 120, 235. Heyland. Highland. Hiland. [Whelan]. 40.	958	JEFFERS. Gifford. 408. Jeffares. Jeffars. Jumphrey. 489.			985	KEITH. Keat. Keates. Keats.
945	HYNES. [Haines]. 134. Haynes. 134. Heines. Hinds. 222. Hines. 333. Hoins. 165. Hoynes. 101, 238, 517. Hyndes. Hynds. [Owens]. 82, 238.	959	JEFFREY. Jaffery. Jaffrey. Jaffries. Jeffery. Jeffreys. Machanfry. 267.	972	KAVANAGH. Cavan. 141. [Cavanagh]. 14, 516. Cavenagh. 13. Couvane. 47. Kavenagh. Keevane. 142. 144. Kevane. 8, 203. Keveney. Kivnahan. 271.	986	KELLEHER. Kellard. 277. Kellegher. Keller. 100, 199, 376, &c.
		960	JENKINS. Jenkenson. Jenkinson. Jenkison. Jinkins. Junkin. 66.	973	KEAHERY. Keaghery. 307.	987	KELLOCK. Kelloch. Kellog.
		961	JENNINGS. Keoneen. 506. Kzoneen. 330. O'Keeneen. 40.	974	KEAN. Cain. 22, 40, 420. [Kane]. 72, 381.	988	KELLY. [Callaghan]. 19. [Keely]. 262. Kelley. 41. Kiely. 100. [Kilkelly]. 342. [O'Kelly]. 390.
946	IGOE. Igo.	962	JERMYN. Jarmyn. Jerman.	975	KEARNEY. Carney. 13, 295. Carny. Karney. [Kearns]. 409. Keherny. Kerney. Kierney. McCarney. 185. O'Caharney. O'Caherney.		
947	INGLIS. [English].	963	JERVIS. Gervaise. Gervase. [Gervis]. 17. Jervaise. Jervois.			989	KENNA. Kenah. Kinna. 458. [McKenna].
948	INGOLDSBY. Englishby. 13, 214. Gallogly. 214. Inglesby. Insgelby. 402.	964	JILES. Jellis. 274.				

No.	Surnames, with Varieties and Synonymes.	No.	Surnames. with Varieties and Synonymes.	No.	Surnames, with Varieties and Synonymes.	No.	Surnames. with Varieties and Synonymes.
990	KENNEALY. Kenealy. Kenelly. 530. Kenneally. Kennelly. Kinealy. Kinneally. Kinnealy. 530.	1007	KEYS. Kays. Keays. Keyes.	1029	KINGSTON. *Cloughry.* Kingstone. *McCloughry.* 57.	1044	KNOWD. Noud. Nowd.
		1008	KIDD. Kiddle. Kydd.	1030	KINNANE. Canaan. 27, 72. Cannan. 72. [Cannon]. 72. Guinane. 498. Kinane. Quinane. 493.	1045	KNOWLES. Knoles. Knowels. Knowls.
		1009	KIDNEY. Kedney.			1046	KYLE. Kell. 112. M'Suile. 43.
991	KENNEDY. Kennington. 422. *Minagh.* 132. *Muinagh.* 132.	1010	KIERNAN. Kearan. 72. Keirans. 72. [Kernaghan]. Kernan. 153. Kernon. 153. McKiernan. 153. 246, &c.	1031	KINNEAR. Kinnaird. Kinneard. Kinner. Kinnere. Kinnier.	1047	KYNE. *Barnacle.* 250. [Coyne]. 40, 174. &c.
992	KENNY. Keaney. 370. Keany. 370. Kilkeany. 72. Kinney. [McKenny]. [McKinny]. 429.			1032	KINSELLA. Kenchyla. Kinchela. Kinchella. Kinsela. Kinsellagh. Kinsellah. Kinshela. Kinshelagh. Kinshellagh. Kin-slagh. 429.	1048	LACY. Leacy. 214.
		1011	KILBRIDE. Macbride. 40. McGill Bride. 429.			1049	LADLEY. Laidley.
993	KENRICK. Conderick. 162. Condrick. 162. Kendrick.	1012	KILCLINE. Cline. 54.			1050	LAFFAN. Laffen. Laphin. Lapin. Lappin.
994	KEOGH. Cuhy. 15. Kehoe. 448. K'eogh. Keoghoe. 472. Keoghy. 246. Keough. 435. Kough. 295. *McCahugh.* 357. [McKeogh].	1013	KILFEDDER. Kilfeder.				
		1014	KILGALLEN. Kilcullen. 475.	1033	KIRBY. Kerbin. 413. Kerby. 413. Kirberry. 413. Kirkby.	1051	LAFFERTY. Laferty. [O'Flaherty]. 480.
		1015	KILKELLY. [Kelly]. 342. Killkelly.			1052	LAHIFF. [Guthrie]. 189. [Flahy]. 189. Lahive. 131.
		1016	KILLEEN. Killion. 24, 329.	1034	KIRKPATRICK. [Kilpatrick]. 43. 175, 271, &c. Kirk. 19, 240. Mcllfatrick. 59. Mcllfederick. 43.		
995	KEOHANE. Cahan. [Cowan]. *Cowen.* 397. Keoghane. [Keown].	1017	KILLEN. [Gillen]. Killian.			1053	LAING. Lang. Layng.
		1018	KILLOPS. Kellops. Killips. [McKillop].			1054	LAIRD. Layard. Leard.
996	KEOWN. Cahane. Cohane. [Keohane]. Keon.	1019	KILM. Killum. 421.	1035	KIRWAN. Carvin. 495. Keerawin. 427. Kerevan. 295, 316. Kerivan. Kerivin. 130, 442. Kervan. Kerwin. 427. Kierevan. 498. Kiervan. 102. Kirivan. Kirrane. 229. Kirvan. Kirwen. Kirwin.	1055	LAMBERT. Lambart. Lampert.
		1020	KILMARTIN. [Gilmartin]. Guilmartin. 457.			1056	LAMMY. L'Ami. Lamie. Lammie. Lamy. Lemmy.
997	KEPPEL. [Capel]. Kepple.	1021	KILPATRICK. Gillpatrick. 429. Kilipatrick. [Kirkpatrick]. 43. 175, 271, &c. Kirpatrick. McGill Patrick. 429. Petherick. 240.				
998	KERIN. Kearin. 382.					1057	LAMONT. Laman. Lamin. Lammon. Lamon. Lamond. 254. Lemon. 178. (*b*).
999	KERLEY. Kirley. McKerlie.						
1000	KERLIN. Kirlin. 159.			1036	KISSACK. Keesack. Kissick. Kissock.		
1001	KERNAGHAN. [Canavan]. 410. Carnahan. Keernan. Kernahan. (Carnahan). 175. Kernan. Kernohan. Kernon. [Kiernan].	1022	KILROY. Gilroy.			1058	LANCASTER. Laingster. Langster. Lankester.
		1023	KINAHAN. [Keenan]. 249. Kinna. 249.	1037	KISSANE. Cashman. 47, 309. Coshman. 304(*a*). Gissane.		
		1024	KINARNEY. Kinneary. 249.	1038	KITCHEN. Ketchen. 429. [Kitson]. 238, 429. [M'Cutcheon]. 429.	1059	LANDERS. Glanders. 120. Landy. 15, 488. Launders.
		1025	KINCAID. Kincade. Kinkade. Kinkaid. Kinkead.			1060	LANE. Layne. 54. Leane. 303. [Lyne]. 329.
1002	KERR. [Carr]. 19, 213.						
1003	KERRIGAN. Carigan. Carrigan. 238. Comber. 329. Comer. 329. [Corrigan]. 361. Currigan. 361. Keighron. 370. Kergan. Kerigan.	1026	KING. [Conroy]. 40,342. Conry. 40. *Cunreen.* 485. *Mac-an-Rec.* 40. *McAree.* 175, 319, 460. *M'Keary.* 319. *Muckaree.* 71. *Muckilbonty.* 71.	1039	KITSON. [Kitchen]. 238. 429. Kittson.	1061	LANGLEY. Landy. 243. Langly.
				1040	KNAGGS. Knags. Naggs.	1062	LANGTRY. Langtree. Lanktree. Lantry.
				1041	KNEE. Nee.		
1004	KERRISON. Kearson.	1027	KINGSBURY. Kinsbury.	1042	KNIGHT. [M'Knight]. Neight. Night.	1063	LANNIGAN. Langan. Langin. Lanigan. Lenagan. Lenigan.
1005	KERSHAW. Kearsey. 249.	1028	KINGSLEY. Kinchella. 3. Kinchley. 3. Kinsley.	1043	KNIFE. Nipe.		
1006	KETTLE. Kettyle.						

No.	Surnames, with Varieties and Synonymes.	No.	Surnames, with Varieties and Synonymes.	No.	Surnames, with Varieties and Synonymes.	No.	Surnames, with Varieties and Synonymes.
1064	LARKIN. Larkan. Larken. Larkins. Lorkin.	1082	LEDWICH. Leddy. Ledgwidge. Ledwidge. Ledwitch. Ledwith. 63. Lidwich.	1097	LEONARD. Lenaghan. 319. [Lenane]. 352, 375. Lenard. Lenord. 516. Lennard. [Lennon]. 239. Linane. 375, 404. Lunneen. 24, 329. Lynane. 45. McAlingen. 201. McAlinion. 238. McAlinon. 247. Nanany. 454 (b).	1111	LOCKHART. Lock. 523. Lockard. Lockart. Lockheart.
1065	LARMOUR. Laramer. Larimer. Larimor. Larmer. Lorimer. Lorimour. 197. Lormer. Lourimer.	1083	LEE. Leigh. 72. M'Lec. 72.			1112	LOFTUS. Loftis. [Loughnane]. 179, 262, 326.
1066	LATHAM. Leadam. 429. Leatham. Leathem. Leedham. Leedom. Leitham. Lethem.	1084	LEECH. Leache. Leetch. Leitch. Lovat. 329. Loogue. 329. Luogue. 329.	1098	LESLIE. Lastly. 396. Lussy. 396.	1113	LOGAN. Lagan. 433. [Loughan]. 307.
1067	LATIMER. Latimore. Latimour. Lattimer. Lattimore. Letimore. Lettimor.	1085	LEES. Alees.	1099	LESTER. Leicester. 429. Leycester. Lister. 429. Lyster. M'Alester. 429.	1114	LOGUE. Loag. Loague. [Molloy.] 259, 260.
1068	LAURENCE. Larens. Lawrance. Lawrence.	1086	LEFANU. Lefanu. Leffanue.	1100	LETSOME. Ledsome. Letsam. Moter. 104. Moton. 457. [Moreton]. 104.	1115	LOMAX. Lummacks. 72.
1069	LAVELLE. Lawell. 40.	1087	LEFEVRE. Lefebre.	1101	LEVEY. Leavy.	1116	LONERGAN. Ladrigan. 170. Landregan. Londregan. 117 Londrigan. 331. Lundergan. 354.
1070	LAVERTY. O'Laverty. 348.	1088	LEGGATT. Legat. Legate. (Ligget). 358. Legett. Leget. Leggott. Liggate. Liggot.	1102	LEWIS. Lewers. 137,175. Lowers. 411.	1117	LONG. Fodha. 488. Longley. 409.
1071	LAVERY. [Armstrong]. [197, 347. [Lowry]. [Rafferty]. 410.	1089	LEHANE. Leehane. Leyhane. Lihane. Lyhan. 228. Lyhane. 365. [Lyons]. 226, 325.	1103	LEYBOURNE. Layburn. Leburn. Lyburn.	1118	LONGHILL. Longill.
1072	LAVINS. Levins.	1090	LEIGHTON. Lighton.	1104	LINANE. Lane. 336. Linahan. 249. Linnane.	1119	LONICAN. Lunican.
1073	LAWDER. Lauder. Lawther. Louther. Lowther.	1091	LEMON. Lamont. 178 (b). Leeman. Leemon. Lemmon.	1105	LINDEN. Lindin. Lindon. [McAlinden]. 289, 429. M'Linden. 429.	1120	LONSDALE. Lownsdale. 381. Lownsel. 381.
1074	LAWLESS. [Lawson]. 333. Lillis. 180.	1092	LENANE. Lenahan. 420. [Leonard]. 352, 375. Linahan. 420.	1106	LINDSAY. Linchey. 175. Lindesay. Lindsy. Lyndsay.	1121	LOOBY. Luby. 329.
1075	LAWLOR. Lalor. Lawler.	1093	LENDRUM. Landrum.	1107	LITTLE. Begg, 124, 219, &c. Beggan 211, 383. Biggedon, 495. Liddel. 429. [Littleton]. 409. Lytle. 321. Lyttle. 223. [Petit]. 109. Pettit. 109.	1122	LOUGHAN. [Logan]. 307. Lohan. 307, 386. [Loughran]. 6.
1076	LAWRENSON. Laurison. Lawrenceson. Lawrinson. Lawrison.	1094	LENIHAN. Lane. 230. Lenaghan. Lenaghen. Lenahan. Leneghan. Lenehan. Lennihan. Linahan. Linighan. Linnahan. Linnehan.	1108	LITTLETON. Begane. 508. Biggane. 151, 609. [Little]. 409. Lyttleton.	1123	LOUGHEAD. Lougheed.
1077	LAWSON. [Lawless]. 333. Laws. 409.	1095	LENNON. Lannan. 67. Lanon. Lenon. [Leonard]. 239. Linnane. 318. Linnen. 120.	1109	LIVINGSTONE. Levenston. Leveson. 503. Levingstone. Levinson. Levinston. Leviston. 417. Livingstown.	1124	LOUGHLIN. [Gilchrist]. 216. Lachlin. Lacklan. Laghlin. Laughlin. Lochlin. Loghlin. Loghnan. 517. Loughlan. Loughlen. Loughnan. 295. M'Gloughlin. [M'Laughlin]. [O'Loughlin].
1078	LAYCOCK. Lacock. Leacock.	1096	LENNOX. Lenox. Linnox.	1110	LLOYD. Loyd.	1125	LOUGHNANE. [Loftus]. 179, 262, 386. [Loughan]. 6. Loughnan. Lucknawne. 190.
1079	LEAHY. Lahy. 117. 231. 393. &c. Leahey. Leehy. Lehy.					1126	LOUGHRAN. Early. 165. Laugheran. Lochrane. [Loughan]. 76. Lougheran. Loughren.
1080	LEARY. Lairy. Leery. [O'Leary].					1127	LOVETT. Lovat.
1081	LECKY. Lackey. Leaky. Leckie.					1128	LOWNDES. Loundes. Lownes.
						1129	LOWRY. [Lavery]. Loughry. 189. Lowery. 174. Lowroo. 189.
						1130	LUCAS. M'Lucas.

No.	Surnames, with Varieties and Synonymes.	No.	Surnames, with Varieties and Synonymes.	No.	Surnames, with Varieties and Synonymes.	No.	Surnames, with Varieties and Synonymes.
1131	LUKE. Lute. 7.	1148	MACK. [Mac]. Mackaleary. [M'Dermott]. [M'Donald]. [M'Enroe]. 417. [M'Evoy]. [M'Inerney]. [M'Namara]. 345. 430. [M'Namee]. 207. M'Sweeny. 304(a).	1159	MAGILL. MacGill. Mackel. 429. Maguil. 429. M'Gill. Mekill. 429.	1177	MALTSEED. Malseed. Molseed.
1132	LUNDY. Londy. 429. [M'Afinden]. 175.					1178	MANASSES. Manus. 140.
1133	LUNNY. Loney. Lonney. Loony. Luny.			1160	MAGINN. Maginnis. 409. [M'Ginn]. [M'Guinness].	1179	MANGAN. [Magan]. 305. Manghan. Manghen. Mangin. Manion. 63. [Manning]. 182. [Mannion]. 420. Mingane. 303.
1134	LUTTRELL. Lutteral. Lutterel.			1161	MAGNER. Magnier. Magnir. Magnor.		
1135	LYDEN. Liddane. 131, 419. Ludden. 119. Lydden. Lydon.	1149	MACKEATING. M'Ketian. 481.			1180	MANNERING. Mainwaring. Manron. 73.
		1150	MACKENZIE. M'Ilhoney. 59.	1162	MAGORLICK. [Golden]. 201.	1181	MANNING. [Mangan]. 182. [Mannion]. 215. Meenhan. 322.
1136	LYNAGH. Laney. 432. Linagh. [Lynam.] 286.	1151	MACKEY. Mackay. M'Cay. 19, 60. [M'Gee]. M'Hay. [M'Kay]. 19. [M'Kee]. 189. M'Key. M'Quay. 185.	1163	MAGRANE. Magahern. 46. Magreen. [M'Grane].		
1137	LYNAM. Lincham. Linham. [Lynagh]. 286. Lynap. 30. Lyncham. Lynham.			1164	MAGRATH. Cru. 67. See [M'Grath].	1182	MANNION. [Mangan]. 420. Manion. [Manning]. 215. Mongon. 38.
				1165	MAGUIRE. Macgivir. 40. MacGuire. [M'Guire]. 12.		
1138	LYNAS. Linass. Liness. Lynass. Lyness. M'Aleenan. 524.	1152	MACKINTOSH. Macintosh. M'Entosh. M'Intosh—M'Il-hose. 254. Tosh. 175, 197, &c.	1166	MAHAFFY. Mehaffy.	1183	MANNIX. Manix. [McNiece]. Minogue, 262, 509, &c. [Monaghan]. 469.
				1167	MAHER. Magher. Maher. 409. Mahier. 410. [Mara]. 514. [Meagher]. 354, 393.		
		1153	MACLISE. Macleese. Macleish. [M'Aleese]. M'Alish. M'Cleish. M'Gleish. M'Ileese. M'Lees. M'Leese. [M'Leish].			1184	MANSFIELD. Mansel. 393. [Maunsell]. 203.
1139	LYNCH. Lynchahan. 113. Lynchy. 515.			1168	MAHON. Maghan. [Mahony]. 57, 515. Mann. 84. Maughan. 269, 337. [M'Mahon]. [Mohun]. 269.	1185	MAPOTHER. Maypowder. 72.
1140	LYNE. [Lane]. 329. Leyne. 8.					1186	MARA. [Maher]. 514. [Meara]. 393. [O'Meara]. 393.
1141	LYNN. Lind. 87. Linn. 350.	1154	MADDEN. Maddigan. 367. [M'Avaddy]. 486. M'Evaddy. 119. MacBrady. McVady.	1169	MAHONY. Hallissey. 227. [Mahon]. 57, 515. Mahoney. 291. [M'Mahon]. 158, 291.	1187	MARK. [Markey]. 409. Marks.
1142	LYONS. [Lehane]. 226. 325. Leyhane. 325. Lines. Lion. 259. Lions. Lyne. 47. Lyns. [O'Lyons].	1155	MADDOCK. Maddocks. Maddox. Madox. Mayduck. 429.	1170	MAIRS. See [Meares].	1188	MARKEY [Mark]. 409. Rhyder. [Ryder]. 495.
				1171	MAJOR. Majur.	1189	MARKHAM. Marcom. Marcum.
		1156	MAGAN. Magahan. [Mangan]. 305. M'Cahan. [M'Cann]. M'Gahan. M'Gan. [M'Gann]. Megahan. Megan.	1172	MALCOLM. Maikim. 340. Malcom. Meek. 381.	1190	MARLEY. Marlay. Marrilly. 259.
1143	LYSAGHT. Lysat.			1173	MALCOLMSON. Malcomson.	1191	MARMION. Mermont. 310. Merriman. 274. Merryman. 98, 305, 310, &c.
				1174	MALLA. Mallew. 137. [Mailey]. 174, 312. [O'Malley]. 179.	1192	MARNANE. Marinane. Mournane. [Murnane]. [Warren]. 283.
1144	MAC. See Mack.	1157	MAGAURAN. Magawran. Maguran. Magurn. M'Cahern. M'Gaheran. M'Gahran. M'Gaughran. M'Gavern. M'Gouran. [M'Govern]. 82, 238, 270, &c. M'Gowran.	1175	MALLEY. Maley. 370. [Maha]. 174, 342. Malie. Mallagh. 210. Mealia. Mealley. 342. [Melia]. 249. 456. Mel'y. 208. [O'Malley]. 361, 370. O'Meally.	1193	MARRON. Moarn. 425.
1145	MACARTNEY. M'Arteney. M'Artney. M'Cartiney. [M'Cartney]. M'Caugherty.267. Mulhartagh. 69.					1194	MARSHALL. Marchal. Marshill.
1146	MACAULAY. [Cawley]. 300. Macauley. M'Alay. 60. [M'Auley]. 480. M'Caughley. 197. [M'Cauley]. M'Gawley. 410.	1158	MAGEE. [Gee]. [M'Gee]. M'Ghee. M'Ghie. 481. Wynn. 82. [Wynne]. 82.	1176	MALLON. Mallan. Mallen. Mallin. Mallyn. [Mullen]. 180.	1195	MARTIN. Marten. Martyn.
						1196	MATEER. Minteer. 175.
1147	MACETAVEY. Tavey. 137.					1197	MATHESON. Mathewson. Mathieson. Mathison. Matson. Mattheson. Matthewson. Matthieson. Mattison.

E

No.	Surnames, with Varieties and Synonymes.	No.	Surnames, with Varieties and Synonymes.	No.	Surnames, with Varieties and Synonymes.	No.	Surnames, with Varieties and Synonymes.
1198	MATHEWS. Mathers. 410. Matthew. Matthews. Mitty. 109.	1212	M'ALLISTER. Macalister. MacEllistram. 47. M'Alasher. 319. M'Alester.	1227	M'BEAN. M'Bin. 429.	1243	M'CANN. Macan. Mackin. 410. [Magan]. M'Kann. Mecan.
1199	MAUNSELL. Mansel. Mansell. [Mansfield]. 203. Mansill. Monsell. 333.		M'Allester. M'Callister. 358. M'Clester. M'Ellister. M'Lester. 410.	1228	M'BETH. Macbeth. 141. M'Beath. M'Beith. M'Bey. 480.		
		1213	M'ALONEY. M'Alunney. M'Luney.	1229	M'BIRNEY. M'Burney. (Burney). 86.	1244	M'CARROLL. [Carroll]. Mackarel. Mackerel. Mackrell. M'Carrell. M'Garrell. M'Garroll. M'Harroll. M'Kerel. M'Kerrall. Mekerrel.
1200	MAWHINNEY. [Buchanan]. 204. Mahunny. Mawhiney. [M Whinney]. Mewheney. Mewhenney.	1214	M'ALOON. M'Clune. M'Loone. M'Lune. Monday. 82, 350, 460. Munday. 247, 350. Mundy.	1230	M'BRATNEY. M'Breatney. M'Bretney.		
				1231	M'BREARTY. [Brady]. 259, 260. M'Brairty. M'Mearty. 432. M'Merty. 314.		
1201	MAXWELL. Maxel. 210.	1215	M'ALPIN. M'Calpin.	1232	M'BRIDE. Breedeth. 519. M'Gill Bride. 429. Mucklebreed. 97.	1245	M'CARSON. M'Carrison. M'Harrison.
1202	MAY. Mawe. 488. Mea. 40, 188.	1216	M'ARDLE. Macardle. M'Ardell. McCardle. 392.				
1203	MAYBERRY. Maberry. Maybury. 283. Meberry.	1217	M'AREAVY. M'Arevy. M'Gill Reavy. 429. [M'Greevy].	1233	M'BRIEN. Brien. [Bryan]. M'Brine. M'Bryan. M'Byrne. 163. [O'Brien]. 82, 308, &c. O'Brine. 270.	1246	M'CARTHY. Carthy. 100. [Carty]. 448. Cremeen. 79. Cremin. 79. Crimmeen. 79. Farshin. 227. [Fortune]. 227. Macarha or Carha. 397. MacCarthy. M'Arthy. M'Artie. 199. [M'Cagherty]. 210. [M'Cartney]. 410. M'Cartie. 288. M'Carty. M'Caugherty. 267. [Quirk]. 500.
1204	MAYNE. Main. Mains. Maynes. [M'Manus]. 238, 247.	1218	M'ARTHUR. M'Carter. M'Carthur.	1234	M'CABE. Macabe. Maccabe.		
		1219	M'ASEY. Macasey. Mackessy. M'Assie. M'Casey.	1235	M'CADDEN. Muckedan. 63.		
1205	MAZE. Maise. Maize. Mayes. Mays. Mayze. Mease. Meaze.	1220	M'ASKIE. Caskey. M'Caskie.	1236	M'CADDO. [Caddow]. M'Ado. M'Adoo. M'Cadoo.		
		1221	M'ATAMNEY. M'Ataminey. M'Atimeny. M'Atimney. M'Tamney.	1237	M'CAFFRY. [Beatty]. 247. [Betty]. 238. Cafferty. 82. Caffery. 82. M'Cafferty. 70. M'Caffery. 70. M'Caffray. M'Caffrey. 70. M'Cafry.		
1206	M ADAM. M'Adams. M Cadam. M'Caddam. M'Cudden. 492.	1222	M'ATEER. Mateer. M'Atear. M'Atier. M'Cateer. M'Entyre. 223. [M'Intyre]. 177, 223, 421. M'Teer. M'Tier.			1247	M'CARTNEY. Cartin. 159. [Macartney]. M'Carten. 381. [M'Carthy]. 410. M'Carton. 175. Mulhartagh. 41, 70.
1207	M'AFEE. Macfie. M'Affee. M'Affie. M'Fee. M'Haffy.			1238	M'CAGHERTY. M'Caharty. M'Caherty. M'Cagherty. [M'Carthy]. 210.		
1208	M'ALEE. M'Lee.	1223	M'AULEY. [Macaulay]. 480. MacAuly. MacAwly. M'Aulay. M'Aully. M'Awley. M'Calla. 411. M'Caulay. 71. [M'Cauley]. 208, 259. M'Caully. M'Cawley. 340. M'Cawly. M'Gaulay. M'Gauley. M'Gawlay. M'Gawley.	1239	M'CALL. M'All. 279. M'Calla. 372. M'Caul. 279. M'Cawell. M'Cawl. M'Gall. M'Hall. Megall.	1248	M'CAUGHEY. M'Aghy. 17. M'Caghey. M'Cahy. McCahon. 321. [M'Caughin]. 202. M'Coughey. [M'Gahey]. 256. M'Gahy. M'Gaughey. (McGaughy). 256.
1209	M'ALEESE. M'Aleece. (M'Lice). 363. [Maclise].						
1210	M'ALINDEN. [Linden]. 289, 429, 478. [Lundy]. 175. MacLinden. 478. M'Alindon. M'Clinton. M'Linden. 478. M'Lindon. M'Linton.			1240	M'CALLION. M'Kellan. 418. M'Killion. 417.	1249	M'CAUGHLEY. M'Cally. 348.
				1241	M'CALMONT. M'Cammon. M'Cammond. M'Colman. 429. M'Kemmin. 429.	1250	M'CAUL. M'Coll. 91.
						1251	M'CAULEY. [Macaulay]. M'Aulay. [M'Auley]. 208, 259. M'Camley. 381. M'Comley. 197.
1211	M'ALLEN. Macallon. M'Alen. M'Alin. M'Allion. M'Allon. M'Callion. M'Killiar.	1224	M'AVADDY. [Madden]. 486. M'Evaddy. 486.	1242	M'CANDLESS. M'Andless. 358. M'Anliss. M'Candlass. M'Candleish. M'Candliss. M'Canlis.		
		1225	M'AVEY. M'Ileboy. 175. M'Ilwee. 523.			1252	M'CAUSLAND. [Alexander]. 112. M'Caslan. 18. M'Casland.
		1226	M'AWEENY. M'Weeny.				

No.	Surnames, with Varieties and Synonymes.	No.	Surnames, with Varieties and Synonymes.	No.	Surnames, with Varieties and Synonymes.	No.	Surnames, with Varieties and Synonymes.
1253	M'CAVILL. [*Campbell*]. 216. M'Caufield. 480.	1268	M'CONKEY. Maconchie. McConohy. 265. M'Konkey.	1284	M'CREANOR. M'Crainor. M'Grenor. Trennor. 367.	1297	M'DERMOTT. [Darby]. 281, 282. Darmody. 117, 427, &c. De Ermot. 177. Deérmott. 343,482. [Dermody]. 214, 438, &c. Dermond. 161. [Dermott]. De Yermond. 344. Deyermott. 271, 356, 478, &c. Diarmid. 341,381, 432. Diarmod. 271. Diarmond. 344. Diermott. 240,260. Diurmagh. 391. Durmody. 295. Dyermott. 374. Macdermott. [Mack]. M'Diarmod. [Mulrooney]. 29, 125.
1254	M'CLAFFERTY. M'Cafferty. 259.	1269	M'CONN. M'Ilchon. 175.	1285	M'CREERY. M'Creary. M'Reery.		
1255	M'CLARY. M'Alary. 19. M'Lary. 19.	1270	M'CONNELL. [Connell]. M'Conell. M'Connon. 214. M'Conol. [M'Conville]. 461. [M'Donnell]. 276. M'Gonnell.	1296	M'CRORY. Macrory. M'Arory. McRoary. 95. McRory. 95. *Rodger* *Rodgers*. 18, 418, &c. [*Rogers*]. 97, 222, 423, &c.		
1256	M'CLEAN. Maclean. M'Alean. M'Clain. M'Clane. M'Laine. M'Lane. [M'Lean]. 420.						
1257	M'CLEARY. M'Aleery. M'Cleery. M'Eleary. M'Learey. M'Leary. M'Leery.	1271	M'CONNELLOGUE. Conlogue. 447.				
		1272	M,CONVILLE. [M'Connell]. 461.	1287	M'CRUM. M'Crumb. M'Rum. 489.		
1258	M'CLELLAND. M'Clellan. 494. M'Leland. M'Lellan. 83. M'Lelland.	1273	M'CORKELL. M'Corkill M'Corkle. M'Corrikle.	1288	M'CUE. [M'Hugh]. 259, 341, &c.	1298	M'DEVITT. MacDevettie. M'Dade. 434. [M'Daid]. 314,356, &c.
		1274	M'CORMACK. Cormac. 448. [Cormack]. 3. Cormick. MacCormack. M'Comick. 410. M'Cormac. M'Cormick. (Cormican). 6.	1289	M'CULLAGH. Boar. 124. Bower. 125. M'Collough. M'Cull. 16. M'Culla. M'Cullah. M'Culloch. 159. M'Cullogh. M'Cullough. M'Cullow. 423.		
1259	M'CLEMENT. M'Clements. M'Clemonts. M'Climent. M'Climond. 175. M'Climont. M'Clymon. 267. M'Lamond. 19. M'Lement. M'Limont.					1299	M'DONAGH. [Denison]. 179.* Donaghey. 159. [Donaghy]. 350 423, &c. Donogh. Macdona. MacDonagh. MacDonough. M'Dona. M'Donnagh. M'Donogh. M'Donough.
		1275	M'CORQUODALE. M'Corcadale. M'Corcodale. M'Quorcodale.	1290	M'CUMESKY. *Cumberford*. 289. M'Comiskey. M'Comoskey. M'Cumisky.		
1260	M'CLENAGHAN. Clenaghan. M'Clenahan. M'Cleneghan. M'Clenighan. M'Clennon. [M'Lenaghan].	1276	M'CORRY. [Curry]. 201, 350. M'Curry. M'Gorry. M'Gurry.	1291	M'CUNE. MacEwen. M'Ewan. M'Ewen. M'Keon. [M'Keown]. 429.		
		1277	M'COSKER. M'Coskar.			1300	M'DONALD. [Mack]. [M'Daniel]. 214, 472. [M'Donnell]. 214, 281, 410, &c.
1261	M'CLINTOCK. M Clyntock. M'Lintock. 321.	1278	M'COUBREY. Macoubrey. M'Cobrie. M'Covera. M'Cubrae. M'Oubery. M'Oubrey.	1292	M'CURDY. M'Kurdy.		
1262	M'CLOY. Maloy. 19.			1293	M'CUSKER. [Cosgrave]. 429. Cosgrove. 132, 153, 429, &c. Cuskern. 367. M'Cuskern. 429. M'Kuscar. M'Kusker. M'Oscar. 367, 429. M'Usker.	1301	M'DONNELL. Donald. 432. [Donnell]. MacDonald. MacDonnell. [M'Connell]. 276. [M'Daniel]. 214. 467, 472, &c. [M'Donald]. 214. 281, 410, &c. [O'Donnell]. 352,
1263	M'CLURE. M'Lure. 432.						
1264	M'CLUSKEY. Clusker. [Cluskey]. Macloskey. M'Closkey. M'Losky. 209, 240. M'Luskey. M'Trustry. 85.	1279	M'COWLEY. M'Cownley. 69.				
		1280	M'COY. Macoy. M'Cay. 216. [M'Kay]. 383, 410. M'Kie. 69. M'Koy.				
				1294	M'CUTCHEON. [Kitchen]. 429. M'Cutchan. M'Cutchon.	1302	M'DOWELL. [Dowell]. Macdowell. Madole. 381. Madowell. 461. Maydole. M'Dole. 95. M'Dool. M'Dougal. M'Dowall. M'Dugal. Medole. 197. [Muldoon]. 92.
1265	M'COLLUM. [Columb]. M'Calum. M'Collom. M'Colum. M'Cullum.	1281	M'CRANN. Rinn. [*Wrenn*]. 128.	1295	M'DAID. [*Davis*]. 165. [*Davison*]. M'Dade. M'David. M'Davitt. [M'Devitt]. 314, 356, &c. M'Divitt. 271.		
1266	M'COMBS. M'Comb. M'Combes.	1282	M'CREA. M'Cray. M'Rae. M'Ray. M'Wray.				
1267	M'CONAGHY. Conaty. 211. M'Conachie. M'Conaughty. 367. M'Connaghy. M'Connaughey. M'Connerty. 367. [*Quinn*]. 319.	1283	M'CREADY. Macready. M'Aready. 254. M'Conready. 254. M'Creedy. M'Ready. M'Reedy. Mecredy.	1296	M'DANIEL. M'Daniall. [M'Donald]. 214. 472. [M'Donnell]. 214, 467, 472, &c.	1303	M DWYER. M'Dire. 259.
						1304	M'ELDOWNEY. Ildowney. 429. M'Gill Downey. 429. M'Ildowney. 429.

No.	Surnames, with Varieties and Synonymes.	No.	Surnames, with Varieties and Synonymes.	No.	Surnames, with Varieties and Synonymes.	No.	Surnames, with Varieties and Synonymes.
1305	M'ELERNEY. M'Lerney. 137	1321	M'EWAN. MacEwan. 91. M'Ewen. 91.	1336	M'GEEHAN. Mageahan. Mageehan. Mageen. M'Gean. M'Geehin. M'Gehan. M'Gihen.	1354	M'GOLRICK. [Golden]. [Goodwin]. 417. Goulding. 175. Gouldrick. M'Goldrick. M'Golric. M'Gorlick. M'Gouldrick.
1306	M'ELHINNEY. Ilhinney. M'Elhenny. M'Elheny. M'Ilhenny.	1322	M'FADDEN. [Fagan]. 206. Faggy. 139, 206. M'Faddin. M'Faddon. M'Faden. M'Fadian. M'Fadzen. 13. M'Feddan. [M'Padden]. M'Phadden.	1337	M'GEOGHEGAN. M'Gaffigan. 169.	1355	M'GONIGLE. MacCongail. M'Gonagle. M'Gonegal. M'Gonegle. M'Gonigal. (Magon). 59. M'Gonnigle.
1307	M'ELMEEL. M'Meel. 256.			1338	M'GETTIGAN. Gaitens. 206. Gattins. 314.		
1308	M'ELREAVY. M'Ilravy. 19.			1339	M'GILLOWAY. [M'Elwee]. 483. M'Gilway.	1356	M'GOUGH. M'Geough. M'Goff.
1309	M'ELROY. M'Alroy. M'Gill Roy. 429. [M'Ilroy]. 59, 87, 410. M'Leroy. M'Lroy. 358. Roy. 154, 413.	1323	M'FALL. M'Falls.	1340	M'GILLYCUDDY. M'Elcuddy. M'Elhuddy. M'Ellecuddy. M'Gillicuddy. M'Illicuddy.	1357	M'GOVERN. [Magauran]. 82, 238, 270, &c. Magaurn. 264. Magawran. 246. Magovoran. Magoverin. Magovern. M'Gauran. 82, 238, 381, &c. M'Gaurn. 264. [M'Givern]. 381. M'Govran.
1310	M'ELWEE. Ilwee. Magillowy. 432. [M'Gilloway].483 M'Gillowy. 161. M'Gilway. 161. M'Ilwoo.	1324	M'FARLAND. M'Farlaine. M'Farlane. [M'Parland]. M'Parlin. M'Partland. 238. M'Pharland.				
1311	M'ENDOO. M'Indoo.	1325	M'FATE. M'Fcat.	1341	M'GIMPSEY. M'Jimpsey.		
1312	M'ENEANY. [Bird]. 319. MacEneany. MacNeney. M'Aneany. M'Aneeny. M'Aneny.	1326	M'FETRIDGE. M'Fatridge. M'Fattrick. M'Fattridge. M'Fetrick. M'Fetrish. M'Fettridge. M'Phettridge.	1342	M'GING. M'Cin. 119.		
				1343	M'GINITY. Gainer. 167. [Gaynor]. 167. Maginnetty. [M'Entee]. 319. M'Ginety. M'Ginnety. M'Ginnitty. M'Ginty. 137.	1358	M'GOWAN. [Gowan]. Mageown. Magowan. 370. Magovern. 35, 505. Magowen. Magurn. 201. M'Ghoon. 49. M'Gowen. M'Gown. Mecowan. Megowan. [Smith]. 165, 222, 515. [Smyth]. 165.
1313	M'ENERY. [Henry]. 429. [M'Eniry]. [M'Henry]. 117.	1327	M'GAFFIN. M'Guffin. 410.				
1314	M'ENIRV. MacEnerney. 235. Mac Eniry. [M'Enery].	1328	M'GAHEY. [M'Caughey]. 256. M'Gahy. M'Gaughey. 159, 256. M'Gaughy, 256.	1344	M'GINLEY. Maginley. 259. M'Ginly.		
				1345	M'GINN. Ginn. [Maginn]. [M'Glynn.] 434. Megginn.		
1315	M'ENROE. [Mack]. 416.	1329	M'GANN. [Magan]. Magann. 54. M'Gahan. Mugan.	1346	M'GIRR. M'Gerr. [Short]. 163,417, &c.	1359	M'GRANAHAN. M'Grenahan.
1316	M'ENTEE. M'Atee. 13. M'Enteer. M'Entire. 246. [M'Ginity]. 319. M'Intee. M'Kenty. M'Kinty.	1330	M'GARRAN. M'Gurn. 238.	1347	M'GIVERN. [Bickerstaff]. 429. Magiveran. Magiverin. 358. Magivern. M'Giveran. M'Giverin. [M'Govern]. 381. [Montgomery]. 175.	1360	M'GRANE. [Magrane].
		1331	M'GARRELL. M'Garroll. M'Girl. M'Gorl. M'Gurl.			1361	M'GRANN. M'Graun. M'Krann. M'Rann. 443.
1317	M'ENTEGART. MacEntaggert. M'Entagert. M'Entaggart. M'Intagert. M'Intaggart. M'Integart. [M'Intyre]. 42. M'Taggart. M'Teggart. Teg. 413. Teggarty. 42. Tiger. 305.	1332	M'GARRIGLE. M'Argle. M'Errigle. M'Garrignl.	1348	M'GIVNEY. M'Avinue. 308. M'Evinie. 92. M'Givena. 332. [Smith]. 212.	1362	M'GRATH. Magra. Magragh. [Magrath]. Magraw. 481. M'Craith. 235. M'Gra. 19. M'Gragh. M'Graw. 210. Megrath. Megraw. 175, 267.
		1333	M'GARRITY. M'Garaty. M'Garity. M'Gerety. M'Gerraghty. M'Gerrity. Megarrity. Megarty.	1349	M'GLADDERY. M'Glade. 409. M'Gladery. M'Glathery.		
				1350	M'GLASHAN. [Green]. 114, 314. M'Glashin.	1363	M'GREEVY. Magreavy. Magreevy. [M'Areavy]. M'Creavy. M'Creevy. M'Crevey. M'Grievy. M'Reavy.
1318	M'ERLANE. M'Erlain. M'Erlean. M'Erleen.	1334	M'GARRY. Garry. 323. Magarry. Maharry. M'Carrie. M'Geary. 38. M'Gherry. M'Harry. Megarry. 38, 347.	1351	M'GLEW. M'Cleod. 364. M'Cloud. 364.		
1319	M'EVINNEY. M'Eviniogh, 137.			1352	M'GLOIN. M'Glone. 124, 370.		
1320	M'EVOY. Bwee. 381. Evoy. MacAvoy. MacEvoy. [Mack]. Macken. 312. M'Avoy. 195. M'Ilboy. 55, 293. M'Ilbwee. 381.	1335	M'GEE. [Gee]. [Mackey]. [Magee]. Wynn. 82. [Wynne]. 82.	1353	M'GLYNN. Glan. 447. Glynn. 447 [M'Ginn]. 434. M'Glin.	1364	M'GREGOR. M'Gregar. M'Greggor. M'Grigor.

No.	Surnames, with Varieties and Synonymes.	No.	Surnames, with Varieties and Synonymes.	No.	Surnames, with Varieties and Synonymes.	No.	Surnames, with Varieties and Synonymes.
1365	M'GRILLAN. Magrillan. Migrillan.	1376	M'HUGH. Cue. 397. [Hewson]. 238, 506.	1389	M'INTYRE. Macantyre. M'Antire. 155.	1400	M'KENNA. Gennagh. 352. Ginna. 309.
1366	M'GRORY. Magrory. M'Rory, 374. Rodgers. 292. [Rogers]. 153, 238, 292.		Hue. Hueson. 506. [Huston]. 259. Machue. MacHugh. M'Coo.		[M'Ateer]. 177, 223, 421. M'Enteer. 26. [M'Entegart]. 42. M'Entire. M'Entyre.		Ginnane. Ginnaw. 51, 144 Gna. 8. Guina. 303. Guinna. 303. [Kenna].
1367	M'GUCKIAN. M'Gookin. M'Guokin. M'Gughian. M'Guickian. [M'Guigan].		[M'Cue]. 259, 341, &c. M'Hue. M'Hugo. 330. M'Kew. 332.	1390	M'Intee. 246. M'Inteer. 309. M'Intire. M'IVOR. Maciver. Mackiver.	1401	Kennah. 431. M'Hinny. [M'Kenny]. M'Kinney. 113. M'KENNY. [Kenny].
1368	M'GUIGAN. Fidgeon, 205. Gavigan. 429. [Geoghegan]. 429. Guigan. Maguigan. M'Googan. M'Gookin. 87. [M'Guckian]. M'Guiggan. M'Quiggan. M'Wiggan. M'Wiggin. Meguiggan. [Pidgeon]. 205. Wigan.	1377	M'ILDOWIE. M'Gill Dowie. 429.		M'Ever. M'Iver. M'Ivers.	1402	[M'Kenna]. [M'Kinny]. 19. M'KENZIE. Kinghan. 466. Mackenzie. Makenzy. M'Kensie. M'Kinney. 95. M'Kinnie. 86. M'Kinzie.
		1378	M'ILHARRY. M'Elharry. M'Gilharry. M'Harry.		[M'Keever]. 223, 367, 385, &c. M'Keevor. 410. M'Kevor. 42. M'Kiever.		
		1379	M'ILHATTON. Hatton. 367. Macklehattan. M'Clatton. M'Elhatton. M'Hatton. 367. M'Illhatton.	1391	M'KAY. Mackay. [Mackey]. 19. M'Cay. 19, 358. [M'Coy] 383, 410. [M'Kee]. 410. M'Key. 358. M'Quay. M'Quey.	1403	M'KEOGH. Keghan. 312. Kehoe. [Keogh]. M'Keo. M'Keough. M'Kough.
1369	M'GUINNESS. [Guinness]. Magenis. Magennis. Maginess. [Maginn]. Maginness. Maginnis. (M'Creesh). 248. Magreece. 276. Maguiness. Maguinis. Maguinness. M'Creech. 248. M'Creesh. 388, 414. M'Gennis. 370. M'Genniss. M'Giniss. M'Ginness. M'Ginnis. 370. Meginniss.	1380	M'ILHERRON. M'Klern.				
		1381	M'ILMOYLE. Macklemoyle M'Elmoyle. M'Ilmoil.	1392	M'KEAG. Keag. Keague. M'Aig. M'Cague. M'Caig. M'Caigue. M'Haig. M'Kage. M'Kague. M'Kaige. M'Kaigue. M'Keague. M'Keigue.	1404	M'KEOWN. [Caulfield]. 289. Geon. Johnson. 506. [Johnston]. 506. Mackeown. 512, 524. Magone. 524. [M'Cune]. 429. M'Ewen. 210, 429. M'Geown. 524. M'Keoan. M'Keon. M'Keowen. M'Kewen. M'Kewn. M'Koen. 332. M'Kone. 137. [M'Owen].
		1382	M'ILMURRAY. Kilmurry. M'Elmurray. M'Kilmurray.				
		1383	M'ILPATRICK. M'Elfatrick. M'Gilpatrick.	1393	M'KEAN. M'Cain. M'Kain. 358.— Muckian. 127 (a).		
		1384	M'ILROY. Ilroy. 137. Macelroi. MacElroy. MacIlroy. [M'Elroy]. 59, 87, 410. Roy. 137.			1405	M'KERNAN. M'Carnon. M'Harnon. M'Kiernan.
1370	M'GUIRE. Guare. 318. [Maguire]. 12.	1385	M'ILVEEN. M'Elvaine. M'Elveen. M'Kilveen.	1394	M'KEANY. Keany. 238.	1406	M'KIBBIN. M'Gibben. M'Gibbon.
1371	M'GURK. Maguirke. M'Guirk. M'Gurke. M'Quirk.	1386	M'ILWAINE. Mackelwaine. M'Elwain. M'Elwane. M'Elwean. M'Ilwain.	1395	M'KEE. Mackay. 189. [Mackey]. 189. [M'Kay]. 410.		M'Gibbon. M'Kibben. M'Kibbon.
1372	M'GURRAN. M'Kivirking. 524.			1396	M'KEEVER. Keevers. 214. Keeves. M'Iver. 254. [M'Ivor]. 223, 367, 385, &c. M'Keaver. M'Keiver.	1407	M'KILLEN. M'Callion. M'Kellan. M'Killian.
1373	M'HARG. M'Carg. M'Karg.	1387	M'ILWRATH. Macklewraith. M'Elreath. M'Elwreath. Rath. 254.			1408	M'KILLOP. [Killops]. M'Kellop. M'Killip. M'Killopps.
1374	M'HENRY. [Henry]. 429. MacHenry. M'Endry. [M'Enery]. 117. M'Hendry. M'Henery. [M'Kendry]. 367, 410, &c. M'Kenery. M'Kennery.	1388	M'INERNEY. Connerney. 21. Keverny. 469. Kinerney. 389. Kiniry. 431. Macinerney. [Mack]. M'Anern. M'Anerney. M'Enerny. M'Enery. 445. M'Innerney. M'Keniry.	1397	M'KEITH. Mackheath. M'Heath.	1409	M'KIMMON. Mackimmon. M'Keeman. M'Keemon.
				1398	M'KELVEY. Kilvey. M'Calvey. M'Celvey. M'Elvee. M'Elvie. M'Gilvie. M'Kilvie.	1410	M'KINLEY. M'Gindle. 154. M'Kinlay.
1375	M'HINCH. M'Aninch. M'Inch. M'Kinch.					1411	M'KINNY. [Kenny]. 429. [M'Kenny]. 19.
				1399	M'KENDRY. [M'Henry]. 367, 410, &c.	1412	M'KINSTRY. M'Kinestry, M'Nestry.

No.	Surnames, with Varieties and Synonymes.	No.	Surnames, with Varieties and Synonymes.	No.	Surnames, with Varieties and Synonymes.	No.	Surnames, with Varieties and Synonymes.
1413	M'KISSOCK. M'Kussack.	1426	M'MAHON. Maghan.	1438	M'MURRAY. M'Elmurray. 238.	1454	M'NEILLY. Maneely.
1414	M'KITTRICK. [Hanson]. 97. M'Ketterick. M'Kettrick. M'Kirtrick. M'Kitterick. Munkettrick. Munkittrick.		[Mahon]. [Mahony]. 158, 291. M'Machon. M'Maghen. M'Maghon. M'Maghone. M'Mahan. M'Mann. M'Mechan. 411.		M'Morray. M'Morrow. 370. M'Morry. M'Murry. [Murray].		Maneilly. 66. M'Nealey. M'Neally. [M'Neely]. M'Nielly. Meneely. Mineely.
1415	M'KNIGHT. [Knight]. M'Kneight. M'Naghten. 358. M'Naught. 432. M'Neight. 494. M'Night. 358. M'Nite. M'Ruddery, 483. Menautt. 347. Minett. 310. Minnitt. 429.	1427	M'MANUS. Manus. 457. [Mayne]. 238, 247. M'Manis. M'Mannus.	1439	M'MURTRY. M'Murtery. M'Murthry.	1455	M'NELIS. Manelis. 12, 259.
				1440	M'NABB. M'Anabb. M'Nabo. 275.	1456	M'NERLAND. M'Nerlin. 19.
				1441	M'NABOE. M'Nabo. (M'Nabb). 275. M'Nabow. Monaboe. 154. [Victory]. 154, 265, 470, &c.	1457	M'NERNEY. M'Nertney. M'Nirny.
		1428	M'MATH. M'Ma. 344. M'Magh. 19.			1458	M'NIECE. Manice. Mannice. [Mannix]. McNeece. 359. M'Neese. Meneese. 411. Meneiss. Miniece. 429. Minnis. 429.
1416	M'LARNEY. Larney. 282.	1429	M'MEEKIN. M'Machan. M'Meckan. M'Meckin. M'Meechan. M'Meekan. M'Meeken. M'Meichan. M'Michan. Mecmeckin.	1442	M'NABOOLA. Benbo. 464.		
1417	M'LARNON. M'Clarnon. M'Clearnon. M'Clernon. M'Larenon. M'Larinon. M'Learnon. M'Lernon. M'Lorinan. 433.			1443	M'NAIRN. M'Nern.		
				1444	M'NALLY. Canally. 312. Mackinaul. 72. Manally, 17. M'Anaily. 17, 87, 367, &c. M'Anaul. 364. M'Anilly. M'Anially. M'Anulla. 367. M'Enally. M'Inally. [Nally].	1459	M'NIFF. M'Kiniff. M'Kniff.
						1460	M'NISH. Minnish. 429.
		1430	M'MENAMIN. M'Manamon. M'Meenamon. M'Menamen. M'Menamon. M'Menemen. M'Menim. 418. M'Menimin. M'Vanamy. 48(a) Menemin.			1461	M'NUFF. M'Anuff.
1418	M'LAUGHLIN. [Loughlin]. MacLaughlin. 355. Macloghlin. MacLoughlin. M'Clachlin. M'Glauchlin. 358. M'Gloughlin. M'Lachlin. M'Laghlan. M'Lauchlin. M'Lochlin. M'Loghlen. M'Loghlin. M'Loughlan. M'Loughlen. [M'Loughlin]. Meglaughlin, 223.					1462	M'NULTY. M'Anulty. 91. McKnulty. [M'Nalty].
				1445	M'NALTY. M'Analty. [M'Nulty]. [Nalty].	1463	M'OWEN. M'Cone. M'Keon. [M'Keown].
		1431	M'MENEMY. M'Menamy. M'Menimey. M'Minamy.	1446	M'NAMA. M'Ma. 106.	1464	M'PADDEN. [M'Fadden]. M'Paddan. M'Paden. M'Padgen. M'Padian.
				1447	M'NAMANAMEE. 105.		
		1432	M'MICHAEL. M'Michalin. M'Michall. M'Mighael.	1448	M'NAMARA. Kilmary. 344. [Mack]. 345, 430, 380. M'Nama. 128, M'Namarra. M'Namorrow. 267. Morin. 380. [Sheedy]. 509.		
						1465	M'PARLAND. [M'Farland]. M'Partlan. 410.
1419	M'LEAN. MacLean. [M'Clean]. 420. Muckeen. 38.	1433	M'MILLAN. M'Millen. M'Millin. [M'Mullan]. 177, 350, 466.			1466	M'PEAKE. M'Pake.
						1467	M'PHELAN. M'Flinn. 385. [Phelan].
1420	M'LEISH. [Maclise]. M'Leesh.	1434	M'MONAGLE. M'Monegal. M'Monigal. M'Monigle. M'Munigal.	1449	M'NAMEE. [Mack]. 207. Mee. 248.		
						1468	M'PHERSON. Macpherson. M'Farson. M'Ferson. M'Pharson. Pherson.
1421	M'LENAGHAN. [M'Clenaghan]. M'Lenahan. M'Leneghan. M'Lenigan. M'Lennon.	1435	M'MORDIE. M'Murdy. 210. Murdy. 210.	1450	M'NAUGHTEN. MacNaughten. M'Naghton. M'Naghton. M'Naughton. M'Night. 433. [Naughton].		
		1436	M'MORRAN. [Moran]. M'Moran. M'Morin. M'Mouran. M'Murran. M'Murren. M'Murrin.			1469	M'QUADE. M'Aragh. 275. M'Quaid. 137. M'Quaide. M'Quoid. 254 M'Wade. 175 (a). Quaide. [Wade]. 215.
1422	M'LEOD. MacLeod. M'Cleod. M'Cloud. 72.			1451	M'NAY. M'Nen. M'Neagh. M'Nee. M'Neigh.		
1423	M'LINNEY. M'Aleney. M'Lehenny. M'Lehinney. M'Lhinney.			1452	M'NEELY. M'Avady. 119. [M'Neilly].		
		1437	M'MULLAN. MacMullen. [M'Millan]. 177, 350, 466. M'Millen. 350. M'Millin. 466. M'Mullen. M'Mullon. [Mullan]. [Mullen].			1470	M'QUESTON. M'Question. M'Quiston. M'Whiston.
1424	M'LOONE. M'Loon. Munday. 259, 260.			1453	M'NEILL. M'Nail. M'Nale. M'Neal. M'Neel. M'Neile.		
1425	M'LOUGHLIN. See [M'Laughlin].					1471	M'QUILKIN. M'Quilquane. M'Wilkin.

No.	Surnames, with Varieties and Synonymes.	No.	Surnames, with Varieties and Synonymes.	No.	Surnames, with Varieties and Synonymes.	No.	Surnames, with Varieties and Synonymes.
1472	M'QUILLAN. M'Cullen. 495, 515. M'Cullion. 351. M'Quilin. M'Quillen. 351. M'Quillian. M'Quillon. [M'Williams]. 410. [Quillan]. 137.	1491	M'VICKER. M'Vicar. M'Vickar.	1510	MELEADY. Malady. 332. Meledy. Melledy. Mulleady.	1530	MITCHELL. Michael. Michal. Michel. Mitchael. [Mulvihill]. 147
		1492	M'VITTY. Mavity. M'Veety. M'Veity. M'Vity.	1511	MELIA. [Malley]. 249, 456. Mealia. Meally. [O'Malley]. 72, 128, 506, &c.		528.
						1531	MITTEN. Mythen. 109.
		1493	M'WALTER. MacQualter. MacWalter. M'Qualter. Qualter. 506, 507.			1532	MOCKLER. Muckler. 108.
1473	M'QUINN. Maqueen. M'Queen. M'Quin. M'Whin.					1533	MOFFATT. Moffett. Moffitt.
		1494	M'WATTERS. M'Quatters.	1512	MELLETT. Mellet. 40. Mellitt. Mellot. Mellott. 40. Mylott. 174,179. Mylotte. 40.	1534	MOHAN. [Mahon]. 269. Moan. 42, 110. Moen. 42. Moghan. Moughan. Mowen.
1474	M'QUITTY. M'Whitty. M'Witty.	1495	M'WHA. M'Qua. M'Quagh. M'Waugh. M'Whaugh. Mewha.				
1475	M'RICHARD. Crickard. 175. Cricket. 175.			1513	MELVILLE. Bleheim. 36. [Melvin]. 175. Mulavill. 262. [Mulvihill]. 318.	1535	MOLES. Moulds. Mowlds. Mowles.
1476	M'ROBERTS. MacRoberts. M'Croberts.	1496	M'WHINNEY. [Mawhinney]. M'Quiney. M'Quinney. M'Weeny. M'Whinny. M'Winey. M'Winney.				
1477	M'ROBIN. [Cribbin]. [Gribben].			1514	MELVIN. Bleheen. 330. Bleheine. 298. [Melville]. 175.	1536	MOLLOY. [Logue]. 259, 260. Maloy. Meloy. Moloy. Mullee. 157 (a). Mullock. 249. [Mulloy]. Muloy. [Mulvihill]. 47. Sloey. 167. Slowey. 167.
1478	M'SHANE. [Johnston]. 18, 153, &c. M'Shan. Shane.	1497	M'WHIRTER. Mawhirter. M'Wherter. Mewherter. Mewhirter. 281.	1515	MENARY. Manary. Menairy. Menarry.		
1479	M'SHARRY. Feley. 371. [Foley]. 105, 153, &c.			1516	MENTON. Mintin.		
		1498	M'WILLIAMS. M'Collyums. 503. M'Cullyam. 55. [M'Quillan]. 410. M'Quilliams. 385. M'William.	1517	MERCER. Massa. 17.		
1480	M'SORLEY. M'Soreley. M'Sorely.			1518	MEREDITH. Merdiff. 401. Merdith. Merdy. 411. Meredyth.	1537	MOLONY. Malloney. Mallowney. 231. Mallowny. Malony. Malowny. Mollony. Mollowney. Mologhney. Moloney. 398. Molowny. Molumby. 354. Mulloney. Mullowney. 147, 337. Muloney.
1481	M'SPADDIN. M'Speddin. 358.	1499	M'WILLIE. M'Quilly.				
1482	M'SPARRAN. MacAsparran.	1500	MEADE. Maid. 410.				
1483	M'SWEENY. MacSweeny. M'Sweney. M'Swine. [M'Swiney]. 77, 366. [Sweeny]. 182, 304 (a), 309. [Swiney].	1501	MEAGHER. Magher. 104. [Maher]. 354, 393.	1519	METCALF. Medcalf. Metkiff.		
		1502	MEANY. Many.	1520	MEYRICK. Mayrick. Merrick.		
		1503	MEARA. [Mara]. 393. [O'Meara]. 393.	1521	MILFORD. Minford. 494.		
				1522	MILLEA. Melay. 316.		
1484	M'SWIGGAN. M'Swiggin. M'Swigin.	1504	MEARES. Maires. [Mairs]. Mares. Mayers. Mears. Meyers.	1523	MILLEN. Millan. 429. Milne. 429.		
1485	M'SWINEY. [M'Sweeny]. 77, 366. [Sweeny]. 283.			1524	MILLER. Millar. 159.		
1486	M'TAGHLIN. [Huston]. 482. M'A'Taghlin.	1505	MEBAN. Maybin. 112.	1525	MILLIGAN. Miligan. Millican. 254. Milligen. Millikan. Milliken. 90. Millikin. [Mulligan]. 18. 381, 410.	1538	MOLYNEUX. Moleyneux. Mollyneux. Molyneaux. Mullinex. Mullinix.
1487	M'TAGUE. M'Teague. M'Tegue. M'Teigue. M'Tigue. [Montague]. 381. [Tighe]. 46, 82.	1506	MEDLICOTT. Medlycott.				
		1507	MEEHAN. Mee. 409. Meeghan. Meegan. 137. Meehen. Meekin. 87. Meghan. Mehan. Meighan. 117, 316, 410. Myhan. 117. O'Meehon. 237.	1526	MILLING. Millin. 267.		
				1527	MISKELL. Mescel. Miskella.	1539	MONAGHAN. [Mannix]. 469. Menaght. 267. Minogue. 330, 469. Monaghan. Monehan. [Monks]. 364. [Moynihan]. 304 (a), 429.
1488	M'TERNAN. M'Tiernan. 217.			1528	MISKELLY. Miscella.		
1489	M'VEIGH. M'Avey. 477. M'Bay. M'Vay. M'Vea. M'Veagh. [M'Vey]. Vahy. 28. Veigh.			1529	MISSKIMMINS. [Cummins]. 19. M'Commings. 358. Maskimon. Meskimmon. Miskimmin. Miskimmon. Moskimmon.	1540	MONEYPENNY. Monypenny. Monypeny.
		1508	MEGAW. Magaw. McGaw.			1541	MONKS. [Monaghan]. 364. Monck. Monk.
		1509	MELDON. [Muldoon]. 19, 249.			1542	MONNELLY. Monley. 301.
1490	M'VEY. See [M'Veigh].					1543	MONTAGUE. [M'Tague]. 381. Tague. 97, 423. Teague. 163, 216. Teigue. 165.

No.	Surnames, with Varieties and Synonymes.	No.	Surnames, with Varieties and Synonymes.	No.	Surnames, with Varieties and Synonymes.	No.	Surnames, with Varieties and Synonymes.
1544	MONTEITH. Menteith. Minteith. Monteeth.	1558	MORRISSEY. Moresay. Morisey. Morissy. Morressy. Morresy. [Morris]. 142, 303 (b). Morrisey. [Morrison]. 488. Morrissee. Morrossey. 91.	1576	MULLAN. [M'Mullan]. Mollan. 410. [Mullen]. [Mulligan.] 409. Mullin. 48 (b).	1594	MUNNS. Monds. Munce. Munds. Muntz. Munze.
1545	MONTFORD. Minford. 112. Montfort. Mountiford. Mountifort. Munford.			1577	MULLARKEY. Malarky. Melarkey.	1595	MUNROE. Monroe. Munrow.
1546	MONTGOMERY. Gomory. Goonery. 274. Goonry. 505. Maglamery. 18. Maglammery. 429. [M'Givern]. 175. Meglamry. 429. Mongney. 467.	1559	MORROW. Morrogh. 72. Morrough. 72. Morrowson. Murrough. Murrow.	1578	MULLAVIN. Mallavin. 152. M'Lavin. 152.	1596	MURCHISON. Murchan. Murchisson. Murkin.
				1579	MULLBRIDE. Millbride.	1597	MURDOCK. Murdoch. 91, 494. Murdough. 91. Murdow. [Murtagh]. 210, 429.
		1560	MORTIMER. Mortagh. 40. Mortimor. Mortimore. Mortymer.	1580	MULLEN. [Mallon]. 180. [M'Mullen]. Mellon. 180. Millane. 253. Mulhane. [Mullan]. Mullane. Mullin. 159. [Mullins]. Mullon. 159.		
1547	MOONEY. Moany. 410. Money. 76. Moyney. 249.	1561	MOSS. Malmona. 276. Mulmona. 421.			1598	MURLAND. [Moreland]. 175, 267. Muirland. 267.
1548	MOORE. Moir. 91. More. Moreen. 304 (b). Morey. 134. Muir. 91.	1562	MOUNTAIN. Montane. 488. Montang. 488. Montangue. 488.			1599	MURNANE. [Marnane]. Marrinane. 80. Murnain. Murnan. Murney. [Warren]. 288.
		1563	MOWBRAY. Moabray. Moobray.	1581	MULLIGAN. [Milligan]. 18, 381, 410. Milligen. 18. Milliken. 433. Mulgan. Mullagan. [Mullan]. 409. Mullogan. [Mulqueen]. 131.		
1549	MOORHEAD. Moorehead. Mooreheed. Morehead. Muirhead.	1564	MOYERS. [Myers].			1600	MURPHY. Molphy. 484. Murricohu. 65. O'Muracha. 40.
		1565	MOYNIHAN. [Monaghan]. 304 (a), 429. Monahan. 186. Monehan. 186. Monohan. 304 (a). Moynahan. Moynan. 249.			1601	MURRANE. Merna. 440.
1550	MORAN. [M'Morran]. Moarn. Moeran. Moren. Morin. Morrin. 73, 209. Mourn. Muran. 400.			1582	MULLINS. De'Moleyns. 318. Mullane. 365. [Mullen]. O'Mullane. 189.	1602	MURRAY. Kilmurray. 238. M'Elmurray. 238, 418. [M'Murray]. Murrihy. 291. Murry.
		1566	MUCKADY. Moughty. 63.	1583	MULLOY. See [Molloy].	1603	MURRIN. Murn. Murren.
		1567	MUCKARAN. Magaharan. 308.	1584	MULLREAVY. Milreavy.	1604	MURTAGH. [Moriarty]. 125. Murdoch. 210,429. [Murdock]. 210, 429. Murt. 429. Murta. Murtaugh. Murtha.
1551	MORELAND. M'Murlan. 71. Merland. Mortland. [Murland]. 175, 267. Murtland.	1568	MULCAHY. Cahy. 429. Caughy. 429. M'Cahy. 429. Vulcougha. 488.	1585	MULQUEEN. [Mulligan]. 131.		
				1586	MULRENAN. Mulreany. 154. Mulrenin. Mulrennan. Mulrennin. Renan. 429.		
		1569	MULCREEVY. Creevey.			1605	MUSE. Muise. 91.
1552	MORETON. [Letsome]. 104. Morton.	1570	MULDOON. [M'Dowell]. 92. [Meldon]. 19, 249.	1587	MULROE. Melroy. 119. Monroe. 269. Mulrow. 174. [Mulroy]. 119.	1606	MUSGRAVE. Mosgrove. Musgrove.
1553	MORIARTY. Morey. 192. [Murtagh]. 125.					1607	MYALL. Miall. Myhill.
1554	MORLEY. Marley. 109. Morrolly. 50.	1571	MULDOWNEY. Dawney. 429.	1588	MULROONEY. [McDermott]. 29, 125. Mulrony. [Rooney].		
1555	MORONEY. Moroony. Morroney.	1572	MULGRAVE. Mulgroo. 279.			1608	MYERS. Meere. 509. Miers. [Moyers]. Myres.
		1573	MULHALL. Halley. 519.	1589	MULROY. Milroy. [Mulroe]. 119.		
1556	MORRIS. [Fitzmaurice]. 456. Maurice. 515. Morice. Moris. Moriss. 91. Morris-Roe. [Morrissey.] 142, 303 (b).	1574	MULHERN. Mulhearn. Mulheeran. Mulheran. Mulheren. Mulherrin. Mulherron. Mulkhearn.	1590	MULVANY. Mulvanny. [Mulvey]. 221.	1609	MYLES. Miles. Moyles. 31.
				1591	MULVEY. [Mulvany]. 221.		
				1592	MULVIHILL. [Melville]. 318. [Mitchell]. 147, 528. [Molloy]. 47. Mullvihill. Mulvehill. Mulvihil.	1610	NAGLE. Neagle.
		1575	MULHOLLAND. [Holland]. 19. Mahollum. 381. Maholm, 18, 429, 461. Mulhollum. 429. Mulholm. 83. Mulholn.			1611	NALLY. M'Inally. [M'Nally].
1557	MORRISON. [Begley].238, 247. [Bryson]. 271. Morison. Morisson. [Morrissey]. 488. Morrisson.					1612	NALTY. [M'Nalty]. Naulty. Nolty. Nulty.
				1593	MUMFORD. Mimnagh. 215.		

No.	Surnames, with Varieties and Synonymes.	No.	Surnames, with Varieties and Synonymes.	No.	Surnames, with Varieties and Synonymes.	No.	Surnames, with Varieties and Synonymes.
1613	NAPIER. Naper. 429. Neeper. 175,381, 429. Neiper. 76. Neper. 429,489.	1631	NICHOLL. Nichol. 91. Nicholds. Nicholls. Nichols. [Nicholson]. 489. Nickelson. Nickle. 421. Nickles. Nicol. 91. Nicoll. Nicolls. Nicols.	1645	O'CLOHESSY. O'Cloghessy. O'Clussey.	1668	O'HARE. Hair. 348. [Hare]. O'Garriga. 450. O'Haire. O'Hear. 76.
1614	NASH. Naish. 390.			1646	O'CONNELL. [Connell]. Connelly. 478.	1669	O'HEA. [Hayes]. 500.
1615	NAUGHTER. Naugher. Nocher. Nocter. 261. Nogher.			1647	O'CONNOR. [Connor]. 100. [Connors]. 2, 189, &c.	1670	O'KANE. [Gahan]. 206. [Kane]. 216, 240, 367. O'Cahan. 206, 254. O'Caughan. 19. O'Keane.
1616	NAUGHTON. Behane. 352. Connaughton. Knockton. McNaghten. 23. [M'Naughten]. Naghten. 23. Naghton. Naughtan. Naughten. 23. Nochtin. Nockton. Nocton. 307,419. Norton. 63,307, 351, &c. Noughton. 23.	1632	NICHOLSON. [Nicholl]. 489. Nichols. 409.	1648	O'DEA. Day. [Godwin]. 40,179, 506, &c.		
		1633	NIXON. Nickson.	1649	ODLUM. Adlum. 74.	1671	O'KEEFFE. [Keeffe]. O'Keefe.
		1634	NOLAN. Hoolihan. 54. Houlahan. 485. Hulahun. 82. Hultaghan. 238, 247, 350. Hultahan. 154. Noland. Nolans. Nowlan. 437,448.	1650	O'DEVINE. [Devine].	1672	O'KELLY. [Kelly]. 390.
				1651	O'DOHERTY. [Doherty]. 355. O'Dougherty.	1673	O'LEARY. [Leary].
				1652	O'DONNELL. [Daniel]. 171,328. [Donnell]. 112. MacDonnell. [M'Donnell]. 352.	1674	O'LOUGHLIN. Loughlan. 116. [Loughlin]. O'Loughlan.
1617	NAVIN. Neaphsey. 501. [Nevin].	1635	NOONAN. Neenan. 283. Newnan. Noonane. Nunan. 303. Nunun. 469.	1653	O'DONOVAN. [Donovan].	1675	O LYONS. Holian. 40. [Lyons].
1618	NAYLOR. Nailer. Nailor. Nealer.			1654	O'DOWD. Doud. 307. [Dowd]. 307,361. O'Doud.	1676	O'MALLEY. [Malia]. 179. Malie. 40. Mallia. Mallew. 137. [Malley]. 361,370. Mealia. 72,128. Mealy. 128. [Melia]. 72, 128, 506, &c. Millea. 120. O'Mealue. 128. O'Mealy. 398.
1619	NEALON. [Neilan]. 301.	1636	NORRIS. Northridge. 164. Noury. 19. Nowry. 19. Nurse. 142.	1655	O DRISCOLL. [Driscoll]. [Hyde]. 509.		
1620	NEARY. Nary. 485.	1637	NORTH. Ultagh. 312.	1656	O'DUFFY. [Duffy].		
1621	NEENAN. Neehan. 134.	1638	NORWOOD. Norrit. 55,411.	1657	O'DWYER. [Dwyer]. O'Dheer. 378.		
1622	NEILAN. [Nealon]. Nelan. Neylon. 455. Nilan. Nilon.	1639	NUGENT. Gilsenan. 214. [Gilshenan]. 214.	1658	O'FARRELL. [Farrell]. 390.	1677	O'MEARA. [Mara]. [Meara]. 393. O'Mara.
				1659	O'FLAHERTY. [Flaherty]. [Lafferty]. 480.	1678	O'NEILL. Neal. [Neill]. 16. O'Neal.
1623	NEILANDS. Kneeland. Knilans. Neiland. Neyland.	1640	OAKS. [Darragh]. McAdarra. 220. McAdarrah. 450. M'Dara. 450. Oak. Oakes.	1660	O'FLANAGAN. [Flanagan]. 390.	1679	ORCHARD. Auher. 135.
				1661	O'GILVIE. Gillbee. O'Gilbie. Ogilby.	1680	O'REILLY. O'Reiley. O'Rielly. [Reilly]. 17, 413.
1624	NEILL. Nail. 381. Neal. 457. Neale. Niell. [O'Neill]. 16.	1641	OATES. Oats. [Quirk]. 36, 386.	1662	O'GORMAN. [Gorman].	1681	O'RIORDAN. Reardon. [Riordan].
		1642	O'BRIEN. Brian. 468. Brien. 393,468. Briens. Brine. Brines. [Bryan]. 393. [Crossan]. 332. [M'Brien]. 82, 308, &c. M'Brine. 270,276. O'Brian. O'Bryan. O'Bryen.	1663	O'GRADY. [Grady]. 390. Gready. O'Gready.	1682	O'RORKE. O'Roarke. O'Rourke. Roragh. 383. Rorke. [Rourke]. 61. Rurk. 189
1625	NEILSON. Nealson. Nelson. 197,204. Nielson.			1664	O'HAGAN. [Hagan]. 17,348. Haghen. 185. Hegan. 185. [Higgins]. 178(b). O'Hegan.		
1626	NELIS. M'Grillish. 166.					1683	OSBORNE. Osborn. Osbourne.
1627	NESBITT. Nesbett. Nisbett. Nisbit.			1665	O'HALLORAN. [Halloran]. O'Hallaran. O'Halleran. O'Halleron.	1684	O'SHAUGHNESSY. O'Shanesy. O'Shoughnessy. Shanesy. [Shaughnessy].
1628	NEVIN. [Navin]. Neavin. Neven. Nevins. Nivin.	1643	O'CALLAGHAN. [Callaghan]. 390. O'Callahan.	1666	O'HANLON. [Hanlon].		
				1667	O'HARA. Haran. Haren. 238. [Harren]. 201. 238, 270. O'Harra. O'Hora.	1685	O'SHEA. Shay. [Shea]. 244,393. Shee. 393.
1629	NEWCOMEN. Newcomb. 72. Newcome. 72.	1644	O'CARTHY. [Carty]. 525. Charthy. 525.			1686	O'SULLIVAN. [Sullivan].
1630	NEWELL. Newells. Newill.						

F

No.	Surnames, with Varieties and Synonymes.	No.	Surnames, with Varieties and Synonymes.	No.	Surnames, with Varieties and Synonymes.	No.	Surnames, with Varieties and Synonymes.
1687	O'TOOLE. Toal. 222. [Toole]. 223. Tooley. 175.	1707	PENDER. Pendy. 203. [Prendergast]. 32, 207, 229, &c.	1725	PIDGEON. Fidgeon. 205. [M'Guigan]. 205. Pigeon.	1744	PURCELL. Purcill. Pursell. Purtill. 318.
1688	OTTLEY. Arkley. 435.	1708	PENDLETON. Pendelton. Penleton.	1726	PIGOTT. Pickett. Piggott.	1745	PURDON. Perdon. Purdy. 83.
1689	OVENDEN. Hovenden. Ovington.	1709	PENNYCOOK. Pennycuik. Penycook.	1727	PINDAR. Pindars. 249.	1746	PURFIELD. Purtle. 72.
1690	OWENS. [Hinds]. 175. Hoins. 71, 216. Hoynes. 238. [Hynes]. 82, 238. Oins. 429. Owen.	1710	PEPPER. Peppard. 72. [Piper]. 243.	1728	PINKERTON. Pinkey. 524. Pinky. 55.		
		1711	PERRIMAN. [Firman]. 249. Pherman. 249.	1729	PIPER. [Pepper]. 243. Pyper.	1747	QUAID. Coid. 91. Coyd. 91. Quade. 91. Quoid. 91.
1691	PAGE. Peg. 523.	1712	PERROTT. Parrette. Parrott.	1730	POGUE. Poag. [Pollock]. 10,175, 383, &c.	1748	QUAN. Quann. Whan.
1692	PAGET. Pagett. Patchet. 155.	1713	PERRY. Penny. 86. Pirie. 91. Pirrie. 91. 356.	1731	POLAND. M'Polin. 410. Polin. 410.	1749	QUEALE. Quaile. Qwail.
1693	PAISLEY. Pasley. Pazley. Peasley.	1714	PETERS. Peter. Petre. Petres.	1732	POLLOCK. Poag. 9, 411. [Pogue]. 10, 175, 383, &c. Poke. 234, 482. Polk. 254. Pollick.	1750	QUEENAN. Cuinane. 138. [Cunnane]. 147. Cunnaim. 105.
1694	PAKENHAM. Packenham. Pagnam. 217. Pegnam. 238. Pegnim. 247.	1715	PETIT. [Little]. 109. Petite. Pettitt. Petty.	1733	POMFRET. Pumfrey.	1751	QUIGLEY. Cogley. 243, 245. Kegley. 383. Twigley. 87, 433.
1695	PARK. Parkes.	1716	PETTIGREW. Peticrew. Petticrew. Pettycrew.	1734	PONSONBY. Punch. 483.	1752	QUILLAN. [Cullen]. 154, 194, 246. [Holly]. [M'Quillan]. 137.
1696	PARKINSON. Parkenson. Parkison. Perkinson.	1717	PEYTON. Paten. Paton. [Patton]. 429. Payton. Peton.	1735	POWELL. [Guilfoyle]. 509. Pole. 253. Poole. 429.	1753	QUINLAN. Quinlivan. 131, 193.
1697	PARLE. Parill. 245.	1718	PHAIR. Fair. 350. Fare. Fayre. Phayer. Phayre.	1736	POWER. Poer. 109, 473. Poor. 316.	1754	QUINLISK. Cunlick. Quinlish.
1698	PARNELL. Parlon. 458.	1719	PHELAN. Fealan. 443. Felan. Fylan. [Fyland]. 511. [M'Phelan]. Phelon. Philan. 511. Phylan. [Whelan]. 40, 101, 117, &c.	1737	PRENDERGAST. [Pender]. 32, 207, 229, &c. Pendergast. Pendergrass. 273. Penders. 373. Pendy. 65, 511. Pinder. 120, 274. Pinders. 249. Pindy. 142. Prender. 67, 229, 242, &c. Prindergast. Shearhoon. 144.	1755	QUINN. Cunnea. 126, 259. Cunny. 5. [M'Conaghy]. 319. Queen. 383. Quenn. 17. Whin. 292. Whinn. 461.
1699	PATTERSON. Cussane. 157(b), 229, 528. Paterson. 90. Patison. 429. Pattersen. Patteson. Pattison.	1720	PHIBBS. Hipps. 436.	1738	PRENDEVILLE. Pendy. 151, 352. Pindy. 304(a). Prenderville. Prendible. 443. Prendivill. Prendiville. Prendy. 249, 352. Prindeville. Prindiville.	1756	QUINTON. Quintin. Winton.
1700	PATTON. Paten. Paton. Patten. Pattin. Patty. 381. [Peyton]. 429.	1721	PHILBIN. Filbin. 40. MacPhilbin. O'Filbin. 40. Philban. [Phillips]. 507. [Whelan]. 252.	1739	PRICE. Pryce. Pryse.	1757	QUIRK. Kirk. 431, 482. [M'Carthy]. 500. [Oats]. 36, 386. Querk. Quick, 325.
1701	PAULETT. Pollett. Powlett.	1722	PHILEMON. Philomy. 55.	1740	PRIESTLEY. Pressly. 175.		
1702	PEARSE. Pearce. Peirce. Percy. 249. Pierce. 47. Pierse. 47. Piersse.	1723	PHILIPSON. Filson. Phillippson. Phillipson. Philson.	1741	PRIOR. Friary. 470.	1758	RABBIT. Conheeny. 386. Cuneen. 136, 189, 307. Cunnane. 38. [Cunneen]. 237, 297, &c. Cunneeny. 386. Cunnion. 132. Kinneen. 360. Rabbett. Rabbitt.
1703	PEARSON. Person. Pierson. 333.	1724	PHILLIPS. [Philbin]. 507. Philipin. 276. Philips. Phillipin. 233.	1742	PRUNTY. Brunty. 359.		
1704	PEAVEY. Pavy.			1743	PRYALL. Priall. 301.	1759	RADCLIFFE. Ratcliffe. Ratliff. Ratty. 368.
1705	PEDEN. Paden. Padon. Paiden. Pedian.						
1706	PEEL. Peile.						

No.	Surnames, with Varieties and Synonymes.	No.	Surnames, with Varieties and Synonymes.	No.	Surnames, with Varieties and Synonymes.	No.	Surnames, with Varieties and Synonymes.
1760	RAFFERTY. [Lavery]. 410. O'Rafferty. Raferty. Raftery. 63. Raverty. 348. Ravery.	1781	REDMOND. Redmon. Re mont. Redmun. Rodman. 177,433. Rodmont. 177.	1795	RIORDAN. [O'Riordan]. Reardan. Rearden. [Reardon]. 303. Reirdon. Reordan. Reordon. Rierdan. Rierdon. Riorden.	1809	RONAYNE. Ronane. Roughneen. Roynane.
1761	RAFTER. Raftiss. 117. Wrafter.	1782	REDPATH. Reppet. 429. Rippet. 76,429, 489.			1810	ROONEY. [Mulrooney]. Rhoney. Roney. 71. Roohan. 334. Rooneen. 371. Roonoo. 189. Rowney. 410. Ruineen. 370. Runey. Runian. 41.
1762	RAHILL. Rall. 154	1783	REID. Mulderg. 259,260. Read. Reede. Ridd. 58.	1796	RITCHIE. Richey. 348.		
1763	RAINEY. Raney. Reany. Reiny. Rennie. 410. Reyney.	1784	REIGHILL. Rekle. 351.	1797	ROBERTS. [Robertson].	1811	ROSEINGRAVE. Rosey. 262.
1764	RAINSFORD. Ransford.	1785	REILLY. [O'Reilly]. 17,413. Reily. Rieley. Rielly. Riley. 435. Rilly. Ryely. 1. Ryley.	1798	ROBERTSON. [Roberts]. [Robinson]. 136, 276,338.	1812	ROSSBOROUGH. Rosborough. Rosbrow. Rosebery. 254. Rosebrough. 240. Rosmond. 128. Rossboro. 91. Rossburrow. Roxberry. 254. Roxborough (Rosebrough). 254 Russboro.
1765	RALEIGH. Rahlly. Rally. 394. Rawleigh.			1799	ROBINSON. MacRoberts. 338. MacRubs. 338. M'Crub. 60. Robbinson. [Robertson]. 136, 276,338. Robins. 409. Robison. Robisson. Robson. 87,267, 385.		
1766	RALPH. Rafe. Rolfe. Rolph.	1786	REINHARDT. Raynard. Renard. Reynard Rheynard. Rhynhart. Rynard.			1813	ROSSBOTHAM. Robotham. Rosbottom. Rossbottam.
1767	RANKIN. Renken. Renkin.	1787	RENAHAN. Ranaghan. 196. Renaghan. Renehan (Ferns). 96. Renihan. Rhuneon. Rinaghan. Rinahan. Ronaghan. 196.	1800	ROCHE. Roache. Rostig.	1814	ROSSITER. Rositer. Rosseter. Rossitor Rosster.
1768	RATHBORNE. Rathbone. Rathburne.			1801	ROCHFORD. Rashford. 133, 526. Rochefort. Rochfort. Rochneen. 327. Roughneen. 486. Rushford. 173.	1815	ROTHERAM. Rotherham. Rotherum.
1769	RATIGAN. Ratecan. Ratican. Rattigan. Rhategan. Rhatigan.	1788	RENNICKS. Rennick. Rennix. Rennox. Renwicks. Reynick. Reynicks.			1816	ROTHWELL. Radwill. 468. Rathwell. 468.
1770	RAWLINSON. Rallinson. Rowlendson.	1789	REYNOLDS. Gronel. 40. M'Gronan. 18,97. M'Ranald. 254. M'Rannal. 429. M'Reynold. 429. Randalson. 185. Rannals. Ranolds. Renolds. 91. Reynalds. Reynoldson. 185. Ronaldson. 185.	1802	ROCK. [Carrick]. Cregg.	1817	ROULSTON. Rolestone. Rollestone. Rollstone. Rolston. Rowlston.
1771	REA. Craigh. 97. Rae. Ray. 417. Reigh. 109. [Wray]. 417.			1803	RODDY. [Reddy]. Reidy. Rhoddy. Roddie. Rody. Ruddy.	1818	ROUGHAN. Rohan. 469.
1772	REAMSBOTHAM. Ramsbottom. 249. Reams. 249. Reamsbottom.			1804	RODEN. M'Crudden. 429. Rodan. Rodin. [Rudden]. 46. Ruddon. 429.	1819	ROUNTREE. Roantree. Roundtree. 332. Rowantree.
1773	REARDON. See [Riordan].	1790	RIALL. Rile. Ryall. Ryle.	1805	ROE. M'Enroe. Rowe.	1820	ROURKE. [O'Rorke]. 61. O'Rourke. 61. Roark. Roarke, 61. Roorke. Rorke. 61,370 Ruirk. Ruarke. 61. Ruorke.
1774	REAVENY. Ravy. 485.	1791	RICE. Roice. 109.	1806	ROGERS. Macrory. 153. Magrory. 153. [M'Crory.] 97,222. 423, &c., [M'Grory]. 153, 238, 292. M'Rory. 165,209. Rodger. Rodgers. 509. Roger.		
1775	REBURN. Rayburn. Reyburn. Wrayburn.	1792	RICHARDS. Richard. [Rickards].			1821	ROWAN. Rewan. Roan. Roane. 30. Roon. Rowen. Ruan.
1776	REDDING. Riding. Ryding.	1793	RICKARDS. Racards. 526. Ricards. [Richards]. Rickard.	1807	ROGERSON. Rorison. 59.		
1777	REDDINGTON. Mulderrig. 300.			1808	ROLANDS. Rawlings. Rawlins. Rollins. Rowlandson. Rowlins.	1822	ROYCROFT. Raycraft. Raycroft. Roycroft. Roycraft. Rycroft.
1778	REDDY. Readdy. Ready. 518. Redy. Rheady. [Roddy].	1794	RING. Reen. 100,199. Wren. 186. [Wrenn]. 186.			1823	ROYSE. Roice. Royce.
1779	REDEHAN. Redahan. Rodaughan. 484. Rudican. 484.						
1780	REDERY. Edery. 431. Hedery. 431.						

No.	Surnames, with Varieties and Synonymes.	No.	Surnames, with Varieties and Synonymes.	No.	Surnames, with Varieties and Synonymes.	No.	Surnames, with Varieties and Synonymes.
1824	ROYSTON. Roy. 409.	1846	SCANLON. Scandlon. [Scanlan]. Scanlen. Scanlin.	1863	SHAUGHNESSY. [O'Shaughnessy] Shanessy. Shaughness. 232, 435. Shaughnesy. Shaunessy. Shocknesy. Shoughnesey. Shoughnessy.	1879	SHOEMAKER. Schumacker. 287.
1825	RUANE. [Ryan]. 38, 337.					1880	SHORT. M'Gerr. 18, 97. [M'Girr]. 163, 417, &c. Shorten. 397.
1826	RUDDEN. Roddon. [Roden]. 46. Ruddan. Ruddin.	1847	SCHOALES. Scholes. Schoules. Scoales. Scoles.				
1827	RUSSELL. Russle.	1848	SCHOFIELD. Scholefield. Scofield. Scolefield.			1881	SHORTALL. Shortell. Shorthall. Shortle. 526. Surtill.
1828	RUTH. Roth. Rothe. Routh.			1864	SHEA. See [O'Shea].		
1829	RUTHVEN. Reven. 498.	1849	SCOULLION. Skoolin. 58.	1865	SHEEDY. [M'Namara]. 509. Silk. 262.	1882	SHOLDICE. Sholdies. Sholdise. Shouldice.
1830	RUTLEDGE. Routledge. Rutlege. Ruttledge. Ruttlege.	1850	SEARIGHT. Seawright.	1866	SHEEHAN. Shane. Sheahan. Shean. Sheean. Sheen. Shehan. Shine. 329.	1883	SIMCOX. Simcocks. Symcox.
1831	RYAN. Mulryan. 380. O'Ryan. Rouane. 502. Royan. 147. Ruan. 3. [Ruane]. 38, 337.	1851	SEGRAVE. Seagrave. Seagrove. Segre. 332. [Sugrue].			1884	SIMMONS. [Fitzsimons]. 436. Simmonds. Simonds. Simons. Symonds.
		1852	SEMPLE. Sample. Simple.	1867	SHELLY. Shelloe. 438.		
				1868	SHEPPARD. Shephard. 333. Shepherd. 333. Shepperd.	1885	SIMMS. [Simpson]. 409. Sims. Symes. Symms. Syms.
1832	RYDER. [Markey]. 495. Rhyder.	1853	SERGISON. Sarges-on. Sargisson. Sergerson. Sergeson. Sergesson. Sergisson. Surgesson.	1869	SHERA. Sheera. Shirra.		
				1870	SHERIDAN. Sheirdan. Sherden. Sherdian. 35. Sherdon. Sheredan. Shereden. Sheriden. Sherodan. Sherridan. [Shilliday]. 175. Shirdan. Shurden. 319.	1886	SIMPSON. [Simms]. 409. Simson. Sympson.
						1887	SINCLAIR. Cairdie. 191. Sinclare. Sincler. St. Clair.
		1854	SERRAGE. Serridge.				
1833	SALISBURY. Salisberry. Salisbry. Saulisbury. Solesbury. Solisberry. Sollsbury.	1855	SEWELL. Shuell. Suel.			1888	SINNOTT. Sinott. Synnott.
		1856	SEXTON. Tackney. 515.			1889	SKIFFINGTON. Skeffington. Skifenton. Skiffington. Skivington.
1834	SALMON. Sammon.	1857	SEYMOUR. Emo. 94, 153. Seaver. 184. Semore. Semour. Seymore.	1871	SHERLOCK. Scurlock. 474. Shearlock. Shirlock.		
1835	SANDS. Sandes. Sandys.					1890	SKILLET. Skellet.
1836	SARGENT. Sargeant. Sargint. Sergeant. Sergent.	1858	SHACKLETON. Shakleton. Sheckleton. Shekelton. Shekleton.	1872	SHERRARD. Shearer. 204, 240. Sherard. Sherra. 343. Sherrar. 343. Sherrerd.	1891	SLATOR. Slater. Sleater. Sleator.
				1873	SHERWIN. Sharvin. 72.	1892	SLEVIN. Slamon. 249. Slavin. 249, 319. Sleavin. Sleevin. Slevan.
1837	SARSFIELD. Archfield. 224. Sarseil. 40. Sausheil. 40.	1859	SHANAHAN. [Fox]. 152, 153, 506. Shanaghan. Shanahen. Shanan. 408. Shanihan. Shannahan. Shamnihan. [Shannon]. 408.	1874	SHIELDS. Shails. 59. Shales. Sheales. Sheals. 358. Sheil. Sheils. Sheles. Shiel. 420. Shiells. Shiels. Shiles.		
1838	SAULTERS. Salters. 91.					1893	SLOAN. Slane. 483. Sloane. Slone. Slown.
1839	SAUNDERSON. Sanderson. Saunders.						
1840	SAURIN. [Soden]. 281. Sodin. 281.	1860	SHANNON. Giltenane. 318, 323. [Giltinane]. 299, 318, 323. [Shanahan]. 408. Shannagh. Shanny. Shanon. Sheenan. 168.			1894	SLOWEY. Sloy. 211.
1841	SAVAGE. Sage. 94, 219, 474.			1875	SHILLIDAY. Shelliday. [Sheridan]. 175. Shillady. 71. Shilliady. 279. Shillidy.	1895	SLY. Sleigh. Sligh.
1842	SAWAY. Sawey. Sie, 71. Soy. 71.						
1843	SAWYER. Sawer. Sawier. Sawyers.			1876	SHILLITOE. Sillitoe.	1896	SMALL. Gilkie. 53. Keeltagh. 175. Keiltogh. 175. Kielt. 254. Kielty. 180, 181, 289. Kilkey. 234. O'Kielt. 254. Smalls.
		1861	SHARKEY. Sharket.	1877	SHIRE. Sheir. Shier.		
1844	SCALLY. Skally. Skelly. 57, 394.	1862	SHARPE. Gearn, 260 Gearns. 259. Shairp.	1878	SHOEBOTTOM. Shubottom.		
1845	SCANLAN. See [Scanlon].						

No.	Surnames, with Varieties and Synonymes.	No.	Surnames, with Varieties and Synonymes.	No.	Surnames. with Varieties and Synonymes.	No.	Surnames, with Varieties and Synonymes.
1897	SMITH. Goan. 97, 238, &c. Going. Gow. 416, 515. [Gowan]. 319. Magough. 40. M'Cona. 271. [M'Giveney]. 212. [M'Gowan]. 165, 222, 515. O'Gowan. 221. Smeeth. [Smyth]. 494. Smythe. 494.	1914	SPROULE. Sprool. 91. Sprowle.	1930	STRAHAN. Strachan. Straghan. Strain. 429.	1947	SWORDS. Claveen. 179.
1898	SMOLLEN. Smallen. Smollan. Smullen.	1915	STACKPOOLE. Stacpole.	1931	STRAYHORN. Streahorn.	1948	TAAFFE. Taff.
		1916	STAFFORD. M'Astocker. 433.	1932	STRETTON. Stratten. Stratton. Streaton. Streatton. 429. Streeten. 429.	1949	TAGGART. M'Ateggart. 478. M'Integgart. M'Taggart. 201. M'Teggart. Tagart. Tagert. Taggert. Tegart. Teggart. 201.
1899	SMYLIE. Smiley. Smillie. Smily.	1917	STAPLETON. Stapelton. Stapylton.				
1900	SMYRL. Smerle. Smirell. Smurell. Smyrrell.	1918	STARRET. Staratt. Starrat. Starrett. 91. Starritt. Steritt. Sterritt. Stirratt. 91. Stirrett. 91. Stirrit.	1933	STUART. See [Stewart].		
				1934	STUDDERT. [Stoddart]. 410. Studdart.	1950	TARPEY. Torpy.
1901	SMYTH. See [Smith].			1935	SUGRUE. [Segrave]. Sughrue. Sugrew.	1951	TATE. Tait. Taite.
1902	SNODDEN. Snoddon. Snoden. Snodon. Snowden (Snedden). 9.	1919	STAUNTON. M'Evely. 501. Stanton. Stenton. Stinton.	1936	SULLIVAN. Guilavan. 397. [O'Sullivan]. Shorelahan. 480. Soolivan. 109. [Soraghan]. 92, 383. Sulavan. Sulevan. Sulivan. Sullavan. Sullevan.	1952	TAYLOR. Tayler. Taylour. Tyler. 29.
						1953	TEAGUE. Tague. 350.
		1920	STAVELY. Steavely. Stevely. Stively.			1954	TEASE. Taise. Teaze.
1903	SODEN. [Saurin]. 281. Sodan. Sodin.	1921	STEAD. Steads. Steed. Steid.			1955	TEMPLETON. Templetown.
1904	SOMERS. Hourican. 264. Sommers. Sonahaun. 329. Sumahean. 329. [Summers]. 72.	1922	STEPHENS. [Stephenson].185. Stevens. 333.	1937	SUMMERLY. O'Summachan. 40.	1956	THOMPSON. McAvish. 191. M'Cavish. 60. M'Tavish. 60. Thomson. 494. Tompson. Tomson. Tonson. 65.
		1923	STEPHENSON. Steamson. Steen. 489, 515. Steenson. 185,489, &c. Steinson. 58. Stenson. 63, 515. Stepenson. [Stephens]. 185. Steven. Stevenson. Stevinson. Stinson. 97, 494, &c.	1938	SUMMERS. Hourican. 470. [Somers]. 72.		
1905	SOMERSET. Sommersett. Summersett.			1939	SURGENOR. Surgener. Surgeoner. Surgeonor. Surginer. Surginor.	1957	THORNBERRY. Thornburgh. 511.
1906	SOMERVILLE. Simvil. 233. Sommerville. Sumeril. 489. Sumerly. 174. Summerville.			1940	SURPLICE. Serplice. Serplus.	1958	THORNTON. Dreinan. 40. [Drinan]. 763. Drinane. 419. M'Sheaghan. 319. M'Skean. 383. Meenagh. 40. Skehan. 13. Tarrant. 100, 199. Thorn. 72.
				1941	SUTCLIFFE. Sitcliff. Sitliff. Sutcliffe.		
1907	SORAGHAN. Sorahan. Soran. [Sullivan]. 92, 383.	1924	STERLING. Stirling. (Stern). 91.	1942	SUTHERLAND. Southerland. Sunderland. 472. Surley. 197. Suthern. 311.		
		1925	STEWART. Steuart. 374. Steward. [Stuart]. 454 (b,	1943	SWANWICK. Swanick.	1959	TIERNAN. Ternan. 72. Terney. Tierney. 390.
1908	SOUGHLEY. Suckley.	1926	ST. JOHN. Cingen. 117. Singen. 315,393, 498. Singin. 25. Sinjohn. Sinjun. 316.	1944	SWEENY. MacSweeny. 309 (a). [M'Sweeny]. 182, 304, 309. M'Swine. 114, 374, &c. [M'Swiney]. 283. O'Sevnagh. 40. Sweny. [Swiney]. 314, 374.	1960	TIGHE. Kangley. 211. [M'Tague]. 46,82. M'Teague. 46. M'Teigue. 82. Tee. 183. Tye. Tyghe. 183.
1909	SOUTTAR. Shuiter. Shuter. Suter. Sutor.						
1910	SPEERS. Spear. Spears. Speer.	1927	ST. LEGER. Lyster. 273. Sallanger. 508. Sallenger. 273. Sallinger. 472, 497, 509. Selenger. 473. Sellinger. St. Ledger.	1945	SWIFT. Fodaghan. 413. [Fogarty]. 185. Fogaton. 185. Foody. 138, 528. O'Foothy. 40.	1961	TIMMONS. Tummon. 413. Tymmins. Tymmons.
1911	SPELMAN. Spellman. Spollen. 455.					1962	TIMOTHY. [Tumelty]. 528.
1912	SPENCE. Spense. Spince.	1928	STODDART. Stothart. Stotherg. 410. Stothers. [Studdert]. 410.	1946	SWINEY. [M'Sweeny]. M'Swine. [Sweeny]. 314, 374. Swine. 349.	1963	TINCKLER. Tinkler. 435.
1913	SPILLANE. Spalane. Spelessy. 8. Spellane. Spilane. Spillessy. 142. Splaine. 77.	1929	STOKES. Stoakes.			1964	TITTERINGTON. Titterton. 381.
						1965	TOAL. Toale. Tohall. 97. [Toole]. 97, 223.

No.	Surnames, with Varieties and Synonymes.	No.	Surnames, with Varieties and Synonymes.	No.	Surnames, with Varieties and Synonymes.	No.	Surnames, with Varieties and Synonymes.
1966	TOBIN. Tobyn.	1989	TULLY. Tally. 215.	2008	URQUHART. Urkuhart. Urquahart. Urquehart.	2027	WALSH. *Branagh.* 174. *Brannagh.* 40. [*Brannick*]. 506. *Brannock.* 51. *Brawnick.* 179. *Brennagh.* 483. *Coan.* 50. [*Wallace*]. 118, 253. Wallsh. Welch. 91. Welsh. 91, 259.
1967	TODD. Shinnahan. 191.	1990	TUMELTY. [Timothy]. 528. Tomilty. Tumalti. Tumblety. Tumiltey. Tumilty.	2009	USSHER. [Hession]. 298. Ushart. 254. Usher. 254.		
1968	TOGHILL. Toal. 97. Tohill. Tohull. 97. Toughill.	1991	TUOHIG. Toohig. Towhig. Twohig.				
1969	TOLAN. Toland. 432.	1992	TUOHY. Tooey. Toohy. Touhy. Tuhy. Twohy. Twoohy.	2010	VAIL. M'Phail. 422.	2028	WARD. M'Award. M'Ward.
1970	TOMKINS. Tomkin. Toompane. 131.			2011	VAKINS. Veakins. 335.	2029	WARREN. [Marnane]. 283. Mournane. [Murnane]. 288. Waring. 513. Warrenne. Warrin. Warring.
1971	TOMLINSON. Tumblinson. 59.	1993	TURKINGTON. Torkington. 333. Turk. 83, 204, &c. Turkinton.	2012	VALENTINE. Vallantine. Vallentine.		
1972	TOOLE. [O'Toole]. 223. [Toal]. 97, 223. Tuhill. 189.	1994	TURNER. Turnor. Turnour.	2013	VALLELY. Vally. 344. [Varrilly]. 160.	2030	WARWICK. Warick. Warreck. 429. Warrick. 429.
1973	TOPPING. Tipping. 58.	1995	TUTHILL. Tothill. Tuttell. Tuttil. Tuttle. Tutty. 333.	2014	VANDELEUR. Vandaleur. Vandelleur.	2031	WATERS. *Toorish.* 482. *Tourisk.* 419. *Turish.* 161, 483. *Uiske.* 40. Waterson. 52, 522. Watters (Whoriskey). 504.
1974	TORLEY. Turley.	1996	TWAMLEY. Twomley.	2015	VARRILLY. [Vallely]. 160. Valily. 362. Varily. 160. Varley. 39, 160, 174, &c.		
1975	TORRENS. Teerry. 254. Terry. 254. Terrance. Torrans. Torrence. Torrins. Torry. 254.	1997	TWEEDY. Tweedie.	2016	VAUGHAN. Moghan. 316. Moughan. 117.	2032	WATSON. Watch. 329.
		1998	TWIGG. Quigg. 88.	2017	VESEY. Veasy. Vessey. Vezey.	2033	WATTERSON. Waterson. Winterson.
1976	TOWNSEND. Townshend. [Townsley]. 89.	1999	TWINAM. Twinem. Twinim. Twynam. Twynem. Twynim.	2018	VICKERS. Vicars. Vickars. Vikers.	2034	WAUCHOPE. Wachop. Wauchob. Wauhope.
1977	TOWNSLEY. Tinsley. 76. [Townsend]. 89.	2000	TWOHILL. Toohill. Toomey. 91. Toughall. Towell. Towill. Tuohill.	2019	VICTORY. *M'Nabo.* 26, 153, &c. [*M'Naboe*]. 154, 265, 470, &c. *Monahoe.* 154.	2035	WAUGH. Vaugh. 128.
1978	TRACY. Treacy. Tracey. 174. Tressy.					2036	WEADICK. Waddick. Waddock. 16. Wadick. Wadock. 16. Weadock. 16.
1979	TRAVERS. Travors. Trevors. Trower. 370.	2001	TWOMEY. Toomey. Towmey. Tuomy. Twoomy.	2020	VINCENT. M'Avinchy. 385.		
1980	TRAYNOR. Trainor. 256. Tranor. Trayner. Treanor. 256. Trenor. 429.	2002	TYMMANY. Timmin. 397.			2037	WEATHERHEAD. Wethered.
		2003	TYNAN. Tinin. 211. Tynnan. 32.	2021	WADDEN. Wadding. 526, 527.	2038	WEBBER. Weber. Wiber. Wyber. 249.
1981	TROUSDALE. Troosel. Trousdell. Truesdall. Trusdale. Trusdell. Trusdill. Trusill.	2004	TYNDALL. Tindal. Tyndell.	2022	WADE. [M'Quade]. 215. Waid. Waide.	2039	WEEKES. Weaks. Weeks. Wicks.
1982	TROUTON. Troughton. Trouten. Trowtan.			2023	WADSWORTH. Wadworth. Wodsworth.	2040	WEIR. *Corra.* Wear. Weere. Were. Wier. Wire. 146. Wyer. 146.
1983	TROWLAND. Troland. 367. Trolen. 367.	2005	UBANK. Eubank. Ewbank.	2024	WAITE. Waites. Waytes. Whaite.		
1984	TROY. Trehy. 457.			2025	WALLACE. Wallice. Wallis. 244, 389. [Walsh]. 118, 253.	2041	WELDON. Veldon. 72, 364.
1985	TUBMAN. Tugman.	2006	UNCLES. Unckles. Unkles.			2042	WELLESLEY. Welsley. Wesley.
1986	TUBRIDY. Tubrit. 509.	2007	UPRICHARD. Bridget. 381, 523. Prichard. 6, 381, Pritchard, 381, 413.	2026	WALMSLEY. Wamsley.	2043	WELLWOOD. Walwood. Welwood.
1987	TUITE. Chute.					2044	WHALLEY. Whaley. Whealy.
1988	TUKE. Chooke. Took. Tooke.						

No.	Surnames, with Varieties and Synonymes.	No.	Surnames, with Varieties and Synonymes.	No.	Surnames, with Varieties and Synonymes.	No.	Surnames, with Varieties and Synonymes.
2045	WHARTON. Faughton. 303(*b*). Warton. Werton. Wherton.	2054	WHITTAKER. Whitaker. 333. Whiteacre. Whiteaker. Whitegar. Whittacre. Whittegar.	2068	WINTER. *M'Alivery.* 216. Winters. Wintour. Wynter.	2078	WREFORD. Rayford. Reford. Reyford. Wrayford.
2046	WHEATLY. Whately. Wheately. Whitly. Whittley.	2055	WHOLY. Holey.	2069	WISEHEART. Wisehart. Wishart.,	2079	WRENN. *M'Crann.* 128. Reen. 280. [Ring]. 186. Rynn. 48 (*a*). Wrynn. 465.
2047	WHELAN,· [Hyland]. 40. Peelan. Pelan. 306. [Phelan]. 40, 101. 117, &c. [Philbin]. 252. Whalan. Whalen. Whealan. Whealon. Wheelahan. Wheelan. Whelahan. 172, 249, 291. Wheleghan. 312. Whelehan. 136. Whelen. Whelon.	2056	WHORISKEY. Horisky.	2070	WOGAN. Ogan. 495. Oogan. 364, 495. Ougan. 72, 178(*a*).	2080	WRIGHT. *Kincart.* 301.
		2057	WHYTE. *See* [White].	2071	WOLFE. Nix. 11, 404. Wolff. Woulfe-Nix. 405.	2081	WRIGLEY. Rigley.
		2058	WIDDICOMB. Widdecombe. Withecomb.			2082	WRIXON. Rixon.
		2059	WIGHTMAN. Whiteman.	2072	WOLSELEY. Wolsey. Wolsley. Woolsey.	2083	WYBRANTS. Whybron.
		2060	WILDE. Wild. Wildes. Wyld. Wylde.	2073	WOODROOFFE. Woodroofe. Woodruff.	2084	WYLIE. Wiley. 95, 250, 494. Wilie. Wily.
2048	WHIGHAM. Whigam. Wiggam.	2061	WILKINSON. M'Quilkan. 43. M'Quilkin. 44. Wilkie. 55. Wilkison. Wilkisson.	2074	WOODROW. Wither. 254.	2085	WYMBS. Wimbs. 125.
2049	WHITE. *Banane.* 501. *Baun.* 488. *Baun.* 76, 136, 210. [Galligan]. 153. Whight. [Whyte]. 393.	2062	WILLIAMS. [Williamson].	2075	WOODS. Ellwood. 381. [Elwood]. 381. *Killmith.* 152. *Kilmet.* 152. M'Elhill. 216. M'Ihone. 60. M'Ilhone. 60, 97. M'Ilhun. 59. Smallwoods. 53.	2086	WYNNE. *Guiheen.* 128. [*Guihen*]. 278, 371. [Magee]. 82. [M'Gee]. 82. M'Guiehan. 212. Wiun. Wyn.
		2063	WILLIAMSON. [Williams].				
		2064	WILLOUGHBY. Wilby. 102.			2087	WYSE. Wise. Wize.
2050	WHITEHEAD. [*Canavan*].	2065	WILMOT. Willmott. Wilmitt. Wilmont. 177.	2076	WORRALL. Warrell. Worald. World. Worrell.	2088	YEATES. Yates. Yeats.
2051	WHITELY. Whitla. 112. Whitley. 346.	2066	WILSON. Willison. Willson.			2089	YIELDING. Yeilding.
				2077	WRAY. Rae. Ray. 417. [Rea]. 417. Reay. Reigh.	2090	YOUNG. Yonge.
2052	WHITESIDE. Whitsitt. 429.	2067	WINGFIELD. Winfield. Winnfield. Wynfield. Wynnfield.			2091	YOURELL. Eurell. Urrell. 152.
2053	WHITFIELD. Whiffle. 249.						

KEY TO REFERENCE NUMBERS IN ALPHABETICAL LIST OF NAMES.

N.B.—Where the Union name only appears, the variety has been reported by the Superintendent Registrar or Registrar of Marriages (7 & 8 Vic., cap. 81).

Reference Numbers.	Names of Registrars' Districts.	Unions in which situated.	Reference Numbers.	Names of Registrars' Districts.	Unions in which situated.
1	Abbey, ...	Tuam.	57	Ballymahon, ..	Ballymahon.
2	Abbeyfeale. ...	Newcastle.	58	— ...	Ballymena.
3	Abbeyshrule, ...	Ballymahon.	59	Ballymoney, ...	Ballymoney.
4	Achill, ...	Westport.	60	—	"
5	Aclare, ...	Tobercurry.	61	Ballymore, ...	Ballymahon.
6	Aghalee, ...	Lurgan.	62	Ballymote, ...	Sligo.
7	Ahoghill, ...	Ballymena.	63	Ballynacargy, ...	Mullingar.
8	Anascall, ...	Dingle.	64	Ballynahinch, ...	Downpatrick.
9	Annahilt, ...	Lisburn.	65	Ballynoe, ...	Fermoy.
10	— ...	Antrim.	66	Ballynure, ...	Larne.
11	Ardagh, ...	Newcastle.	67	Ballyragget, ...	Castlecomer.
12	Ardara, ...	Glenties.	68	Ballyroan. ...	Abbeyleix.
13	— ...	Ardee.	69	— ...	Ballyshannon.
14	Ardee, ...		70	Ballyshannon, ...	"
15	Ardmore, ...	Youghal.	71	Ballyward, ...	Banbridge.
16	Arklow, ...	Rathdrum.	72	— ...	Balrothery.
17	Armagh, ...	Armagh.	73	— ...	Baltinglass.
18	— ...	Armagh.	74	Banagher, ...	Birr.
19	Articlave, ..	Coleraine.	75	— ...	Banbridge.
20	Arvagh, ...	Cavan.	76	Banbridge, ...	"
21	Athenry, ...	Loughrea.	77	Bandon, ...	Bandon.
22	Athleague, ...	Roscommon.	78	Bannow, ...	Wexford.
23	Athlone, No. 2, ...	Athlone	79	— ...	Bantry.
24	— ...		80	Bantry, ...	"
25	— ...	Athy.	81	Barronstown, ...	Dundalk.
26	— ...	Baileborough.	82	— ...	Bawnboy.
			83	Belfast, No. 1, ...	Belfast.
			84	" No. 2, ...	"
			85	" No. 3, ...	"
			86	Belfast Rural, No. 4,	"
27	Balbriggan, ...	Balrothery.	87	Belfast, No. 6,...	"
28	Balla, ...	Castlebar.	88	" No. 7,...	"
29	Ballaghaderreen,	Castlerea.	89	" No. 9,...	"
30	Ballickmoyler and Newtown,	Carlow.	90	" No. 11, ...	"
31	Ballina, ...	Ballina.	91	— ...	
32	Ballinakill, ...	Abbeyleix.	92	Bellananagh, ...	Cavan.
33	Ballinalee, ...	Granard.	93	Bellarena, ...	Limavady.
34	Ballinameen, ...	Boyle.	94	Belturbet, ...	Cavan.
35	Ballinamore, ...	Bawnboy.	95	Benburb, ...	Dungannon.
36	— ...	Ballinasloe.	96	Birr, ...	Birr.
37	Ballincollig, ...	Cork.	97	Blackwatertown,	Armagh.
38	Ballindine, ...	Claremorris.	98	Blanchardstown and Castleknock,	Dublin, North.
39	— ...	Ballinrobe.	99	Blarney, ..	Cork.
40	Ballinrobe, ...	"	100	Boherboy, ...	Kanturk.
41	Ballintra, ...	Ballyshannon.	101	Borris, ...	Carlow.
42	Ballybay, ...	Castleblayney.	102	Borris-in-Ossory,	Roscrea.
43	— ...	Ballycastle.	103	— ...	Borrisokane.
44	Ballycastle, ...	Killala.	104	Bourney, ...	Roscrea.
45	Ballyclough, ...	Mallow.	105	— ...	Boyle.
46	Ballyconnell, ...	Bawnboy.	106	Boyle. ...	"
47	Ballyduff, ...	Listowel.	107	Bridgetown, ...	Wexford.
48(a)	Ballyfarnon, No. 1,	Boyle.	108	Broadford, ...	Newcastle.
48(b)	Ballygawley, ...	Clogher.	109	Broadway, ...	Wexford.
49	Ballyhaise. ...	Cavan.	110	Brookeborough,	Lisnaskea.
50	Ballyhaunis, ...	Claremorris.	111	Brosna, No. 2, ...	Tralee.
51	Ballyhorgan, ...	Listowel.	112	Broughshane, ...	Ballymena.
52	Ballyjamesduff, ...	Oldcastle.	113	Buncrana, ...	Inishowen.
53	Ballykelly, ...	Limavady.	114	Burt, ...	Londonderry.
54	Ballyleague, ...	Roscommon.	115	Bushmills, ...	Ballymoney.
55	Ballylesson, ...	Lisburn.			
56	— ...	Ballymahon.			

Reference Numbers.	Names of Registrars' Districts.	Unions in which situated.	Reference Numbers.	Names of Registrars' Districts.	Unions in which situated.
116	Caher, ...	Clogheen.	190	Creagh, ...	Ballinasloe.
117	— ...	Callan.	191	Croagh, ...	Ballycastle.
118	Callan, ...		192	Croom, ...	Croom.
119	Cappaghduff, ...	Ballinrobe.	193	— ...	
120	Cappoquin, ...	Lismore.	194	Crossakeel, ...	Oldcastle.
121	Carbury, ...	Edenderry.	195	Crossgar, ...	Banbridge.
122	Carlow. ...	Carlow.	196	Crossmaglen, ...	Castleblayney.
123	Carndonagh. ...	Inishowen.	197	Crumlin, ...	Antrim.
124	Carney, No. 1, ...	Sligo.	198	Crusheen, ...	Ennis.
125	„ No. 2, ...		199	Cullen, ...	Millstreet.
126	Carrick, „	Glenties.			
127(a)	— ...	Carrickmacross.			
127(b)	Carrickmacross,				
128	— ...	Carrick-on-Shannon	200	Delvin, ...	Delvin.
			201	Derrylin, ...	Lisnaskea.
129	Carrick-on-Suir,	Carrick-on-Suir.	202	Dervock, ...	Ballymoney.
130	— ...	„	203	— ...	Dingle.
131	Carrigaholt, ...	Kilrush.	204	Doagh, ...	Antrim.
132	Carrigallen, ...	Mohill.	205	Donaghmoyne,...	Carrickmacross.
133	Carrigbyrne, ...	New Ross.	206	Donegal, ...	Donegal.
134	Carrignavar, No. 1	Cork.	207	Donnybrook, ...	Dublin, South.
135	— ...	Cashel.	208	Doocharry, ...	Glenties.
136	— ...	Castlebar.	209	Draperstown, ...	Magherafelt.
137	Castleblayney, ...	Castleblayney.	210	Dromore, ...	Banbridge.
138	Castleconor, ...	Dromore West.	211	Drum, ...	Cootehill.
139	— ...	Castlederg.	212	Drumahaire, ...	Manorhamilton.
140	Castlederg and Killeter, No. 1,....	„	213	Drumbeg, ...	Lisburn.
			214	Drumconrath, ...	Ardee.
141	Castlefin, ...	Strabane.	215	Drumlish, ...	Longford.
142	Castlegregory, ...	Dingle.	216	Drumquin. ...	Castlederg.
143	Castleisland, ...	Tralee.	217	Drumshambo, ...	Carrick-on-Shannon.
144	Castlemaine, ...				
145	Castlemartyr, ...	Midleton.	218	Dublin, North, No. 1, W.	Dublin, North.
146	Castlepollard, ...	Delvin.			
147	Castlerea, ...	Castlerea.	219	Dublin, North, No. 3.	
148	Castlereagh, No. 2,	Belfast.			
149	Castletown, ...	Abbeyleix.	220	— ...	Dundalk.
150	„ ...	Castletown.	221	Dundrum and Glencullen,No.2,	Rathdown.
151	...	Croom.			
152	Castletown Geoghegan, ...	Mullingar.	222	— ...	Dungannon.
153	— ...	Cavan.	223	Dungannon, ...	
154	Cavan, ...	„	224	— ...	Dungarvan.
155	...	Celbridge.	225	Dungloe, No. 1,...	Glenties.
156	Church Hill, ...	Ballyshannon.	226	Dunkineely, ...	Donegal.
157(a)	— ...	Claremorris.	227	— ...	Dunmanway.
157(b)	Claremorris, ...	„	228	Dunmanway, ,...	
158	Clarina, ...	Limerick.	229	Dunmore, ...	Glenamaddy.
159	Claudy, ...	Londonderry.	230	Dunnamanagh,...	Strabane.
160	— ...	Clifden.			
161	Cloghan, ...	Stranorlar.			
162	— ...	Clogheen.	231	Easky, ...	Dromore, West.
163	Clogher, ...	Clogher.	232	Edenderry, ...	Edenderry.
164	Clonakilty, ...	Clonakilty.	233	Ederney, ...	Irvinestown.
165	Clonavaddy, ...	Dungannon.	234	Eglinton, ...	Londonderry.
166	Clonelly, ...	Irvinestown.	235	Emly, ...	Tipperary.
167	--- ...	Clones.	236	Ennis, No. 1, ...	Ennis.
168	Clones, ...	„	237	— ...	
169	Clonmany, ...	Inishowen.	238	— ...	Enniskillen.
170	— ...	Clonmel.			
171	Clonmel, ...				
172	Clonmellon, ...	Delvin.	239	Feakle, ...	Scarriff.
173	Clonroche, ...	Enniscorthy.	240	Feeny, ...	Limavady.
174	Cloonbur, No. 1,	Oughterard.	241	Fenagh and Myshall, ..	Carlow.
175	Clough, ...	Downpatrick.			
176	— ...	Coleraine.	242	— ...	Fermoy.
177	Coleraine, ...		243	Ferns, ...	Enniscorthy.
178(a)	Collon, No. 1, ...	Ardee.	244	Fethard, No. 1,...	New Ross.
178(b)	Comber, ...	Newtownards.	245	Fethard, No. 2,...	„
179	Cong, ...	Ballinrobe.	246	Finnea, ...	Granard.
180	— ...	Cookstown.	247	Florencecourt, ...	Enniskillen.
181	Cookstown, ...	„	248	Forkhill, ...	Newry.
182	Coolacasey, ...	Limerick.	249	Frankford, ...	Parsonstown.
183	Coolgreany, ...	Gorey.			
184	Coolrain, ...	Mountmellick.			
185	— ...	Cootehill.	250	Galgorm, ...	Ballymena.
186	Coom, ...	Killarney.	251	— ...	Galway.
187	Cork, Urban, No. 2,	Cork.	252	Galway, No. 1, ...	„
188	Cork, Urban, No. 7,	„	253	Galway, No. 3,...	„
189	Corrofin, ...	Corrofin.			

G

Reference Numbers.	Names of Registrars' Districts.	Unions in which situated.	Reference Numbers.	Names of Registrars' Districts.	Unions in which situated.
254	Garvagh, ...	Coleraine.	322	Kilrush, ...	Kilrush.
255	Glassan, ...	Athlone.	323	— ...	„
256	Glasslough, ...	Monaghan.	324	Kilsallaghan, ...	Balrothery.
257	Glenavy. ...	Lisburn.	325	Kilshannig, ...	Mallow.
258	Glennamaddy, ...	Glenamaddy.	326	Kilsheelan, ...	Clonmel.
259	— ...	Glenties.	327	Kiltimagh, ...	Swineford.
260	Glenties, ...	„	328	Kiltinan, ...	Clonmel.
261	Gorey, ..	Gorey.	329	Kiltoom, ...	Athlone.
262	— ...	Gort.	330	Kiltormer, ...	Ballinasloe.
263	Gowran, ...	Kilkenny.	331	Kilworth, ...	Fermoy.
264	— ...	Granard	332	Kingscourt, ...	Bailieborough
265	Granard, ...	Granard.	333	Kingstown, No. 2.	Rathdown.
266	Grean, ...	Tipperary.	334	Kinlough, ...	Ballyshannon.
267	Grey Abbey, ...	Newtownards.	335	Kinsale, ...	Kinsale.
268	Gurteen, ...	Boyle.	336	Kinvarra, ...	Gort.
			337	Knocknalower,...	Belmullet.
269	Hollymount. ...	Ballinrobe.			
270	Holywell, ...	Enniskillen.	338	Larne, ...	Larne.
271	— ...	Inishowen.	339	Leitrim, ...	Car.-on-Shannon.
			340	— ...	Letterkenny.
			341	Letterkenny, ...	
272	Inishbofin, ...	Clifden.	342	Lettermore, ...	Oughterard.
273	Inistioge, ...	Thomastown.	343	— ...	Limavady.
274	Innfield, ...	Trim.	344	Limavady, ...	
275	Irvinestown, ...	Irvinestown.	345	Limerick, No. 2.	Limerick.
276	— ...	„	346	Lisbellaw, ...	Enniskillen.
			347	— ...	Lisburn.
277	Kanturk, ...	Kanturk.	348	Lisburn, ...	„
278	Keadue, ...	Boyle.	349	Lismore, ...	Lismore.
279	Keady, ...	Armagh.	350	— ...	Lisnaskea.
280	Kealkill, ...	Bantry.	351	Lisnaskea, ...	„
281	— ...	Kells.	352	— ...	Listowel.
282	Kells, ...	„	353	Listowel, ...	„
283	— ...	Kenmare.	354	Littleton, ...	Thurles.
284	Kilbeggan, ...	Tullamore.	355	Londonderry Urban, No. 2.	Londonderry.
285	Kilcatherine, ...	Castletown.	356	— ...	Londonderry.
286	Kilcock, ...	Celbridge.	357	— ...	Longford.
287	Kilfinane, ...	Kilmallock.	358	Loughbrickland, ...	Banbridge.
288	Kilgarvan, ..	Kenmare.	359	Loughgall, ...	Armagh.
289	— ...	Kilkeel.	360	— ...	Loughrea.
290	Kilgobban, ...	Tralee.	361	Louisburgh, No. 1,	Westport.
291	Kilkee, ...	Kilrush.	362	„ No. 2,	„
292	Kilkeel, No. 1, ...	Kilkeel.	363	Lurgan, No. 2. ...	Lurgan.
293	„ No. 2, ...	„	364	Lusk, ...	Balrothery.
294	Kilkelly, ...	Swineford.			
295	— ...	Kilkenny.			
296	Kilkenny, No. 2,	Kilkenny.	365	Macroom, ...	Macroom.
297	Kilkishen, ...	Tulla.	366	— ...	Magherafelt.
298	Killaan, ...	Ballinasloe.	367	Maghera, ...	Magherafelt.
299	— ...	Killadysert.	368	Malahide, ...	Balrothery.
300	Killala, ...	Killala.	369	Malin, ...	Inishowen.
301	— ...	Killala.	370	Manorhamilton, ...	Manorhamilton.
302	Killanniv, ...	Ennis.	371	— ...	Manorhamilton.
303(a)	— ...	Killarney.	372	Markethill, ...	Armagh.
303(b)	Killarney, No. 1...	Killarney.	373	Maryborough, ...	Mountmellick.
304	Killeagh, ...	Youghal.	374	— ...	Milford.
305	Killeen, ...	Dunshaughlin.	375	Milford, ...	Kanturk.
306	Killenagh and Wells.	Gorey.	376	— ...	Millstreet.
307	Killeroran, ...	Mountbellew.	377	Milltown. ...	Killarney.
308	Killeshandra, ...	Cavan.	378	— ...	Mitchelstown.
309	Killorglin, ...	Killarney.	379	— ...	Mohill.
310	Killough, ...	Downpatrick.	380	Mohill, ...	„
311	Killoughy, ...	Tullamore.	381	Moira, ...	Lurgan.
312	Killucan, ...	Mullingar.	382	Molahiffe, ...	Killarney.
313	Killygordon, ...	Stranorlar.	383	— ...	Monaghan.
314	Kilmacrenan and Milford.	Milford.	384	Monasterevan,...	Athy.
			385	Moneymore, ...	Magherafelt.
315	— ...	Kilmacthomas.	386	— ...	Mountbellew.
316	Kilmaganny, ...	Callan.	387	Mountmellick,...	Mountmellick.
317	Kilmallock, ...	Kilmallock.	388	Mountnorris, ...	Newry
318	Kilmihil, ...	Kilrush.	389	Mountrath, ...	Mountmellick.
319	Kilmore, ...	Monaghan.	390	Mountshannon. ...	Scarriff.
320	Kilpatrick, ...	Cashel.	391	Moville, ...	Inishowen.
321	Kilrea, ...	Coleraine	392	Mullaghglass, ...	Newry.
			393	Mullinahone, ...	Callan.

Reference Numbers.	Names of Registrars' Districts.	Unions in which situated.	Reference Numbers.	Names of Registrars' Districts.	Unions in which situated.
394	Mullingar, ...	Mullingar.	462	Roundstone, No. 1,	Clifden.
395	— ...	,,	463	,, No. 2.	
396	Multyfarnham,	,,	464	Rowan, ...	Mohill.
397	Murragh, ...	Bandon.	465	Rynn, ...	,,
398	Murroe, ...	Limerick.			
			466	Saintfield, ...	Lisburn.
399	Naas & Carragh,	Naas.	467	St. Mary's, ...	Drogheda.
400	— ...	,,	468	St. Mullin's, ...	New Ross.
401	— ...	Navan.	469	— ...	Scarriff.
402	Navan, ...	,,	470	Scrabby, ...	Granard.
403	Nenagh, ...	Nenagh.	471	Shercock, ...	Bailieborough.
404	— ...	Newcastle.	472	— ...	Shillelagh.
405	Newcastle, ...	Rathdrum.	473	Shinrone, ...	Roscrea.
406	Newport, ...	Nenagh.	474	Silvermines, ...	Nenagh.
407	,, ...	Westport.	475	Skreen, ...	Dromore West.
408	New Ross, ...	New Ross.	476	— ...	Sligo.
409	Newry, No. 1, ...	Newry.	477	Sligo, No. 2, ...	,,
410	,, No. 2, ...	,,	478	Stewartstown, ...	Cookstown.
411	Newtownards, ...	Newtownards.	479	— ...	Strabane.
412	Newtownbarry,	Enniscorthy.	480	Strabane, ...	Strabane.
413	Newtownbutler,	Clones.	481	Strangford, ...	Downpatrick.
414	Newtownhamilton.	Castleblayney.	482	— ...	Stranorlar.
			483	Stranorlar, ...	,,
415	Newtownstewart,	Strabane.	484	Street, No. 1, ...	Granard.
			485	— ...	Strokestown.
			486	— ...	Swineford.
416	Oldcastle,, ...	Oldcastle.	487	Swords, ...	Balrothery.
417	— ...	Omagh.			
418	Omagh, No. 2, ...	,,			
419	— ...	Oughterard.	488	Tallow, ...	Lismore.
420	— ...	Parsonstown.	489	Tanderagee, ...	Banbridge.
			490	Tarbert, No. 1, ...	Listowel.
			491	,, No. 2, ...	,,
421	Pettigoe, ...	Donegal.	492	Tartaraghan, ...	Lurgan.
422	Pilltown, ...	Carrick-on-Suir.	493	Templemore, ...	Thurles.
423	Plumb Bridge, ...	Strabane.	494	Templepatrick,...	Antrim.
424	Pomeroy, ...	Cookstown.	495	Termonfeckin, ...	Drogheda.
425	Portaferry, ...	Downpatrick.	496	Terryglass, ...	Borrisokane.
426	Portglenone, ...	Ballymena.	497	— ...	Thomastown.
427	Portlaw, ...	Carrick-on-Suir.	498	— ...	Thurles.
428	Portrush, ...	Coleraine.	499	Thurles, ...	,,
429	Poyntzpass, ...	Newry.	500	Timoleague, ...	Clonakilty.
			501	— ...	Tobercurry.
			502	Tobercurry, ...	,,
430	Quin, ...	Tulla.	503	Toome, ...	Ballymena.
			504	Tory Island, ...	Dunfanaghy.
			505	Trim, ...	Trim.
431	Rahan, ...	Mallow.	506	Tuam, No. 1, ...	Tuam.
432	Ramelton, ...	Milford.	507	,, No. 2, ...	,,
433	Randalstown, ...	Antrim.	508	Tulla, ...	Tulla.
434	Raphoe, ...	Strabane.	509	— ...	,,
435	Rathangan, ...	Edenderry.	510	Tullamain, ...	Cashel.
436	Rathcoole, ...	Celbridge.	511	— ...	Tullamore.
437	Rathcormack, ,,	Fermoy.	512	Tullamore, ...	,,
438	Rathdowney, ...	Abbeyleix.	513	Tullaroan, ...	Kilkenny.
439	— ...	Rathdrum.	514	Tullow, ...	Carlow.
440	Rathdrum, ...	,,	515	Tullyvin, ...	Cootehill.
441	Rathfriland, ...	Newry.	516	Turloughmore,...	Galway.
442	Rathgormuck, ...	Carrick-on-Suir.	517	— ...	Urlingford.
443	— ...	Rathkeale.			
444	Rathkeale, No. 1,	,,	518	Ullid, ...	Waterford.
445	,, No. 2,	,,	519	Urlingford, ...	Urlingford.
446	Rathmore, ...	Naas.			
447	Rathmullan, ...	Milford.			
448	Rathvilly, ...	Baltinglass.	520	Valencia, ...	Caherciveen.
449	Ratoath, ...	Dunshaughlin.	521	Ventry, ...	Dingle.
450	Ravensdale, ...	Dundalk.	522	Virginia, ...	Oldcastle.
451	Rhode, ...	Edenderry.			
452	Ringville, ...	Dungarvan.			
453	Riverstown, ...	Parsonstown.	523	Waringstown, ...	Lurgan.
454(a)	Riverstown, ...	Sligo.	524	Warrenpoint, ...	Newry.
454(b)	Roosky, ...	Strokestown.	525	— ...	Waterford.
455	Roscommon, ...	Roscommon.	526	— ...	,,Wexford.
456	— ...		527	Wexford, ...	,,
457	Roscrea, No. 1, ...	Roscrea.	528	Williamstown, ...	Glennamaddy.
458	,, No. 2. ...	,,	529	Woodstown, ...	Waterford.
459	Rosguill, ...	Milford.			
460	Rosslea, ...	Clones.			
461	Rostrevor, ...	Kilkeel.	530	Youghal, ...	Youghal.

INDEX TO ALPHABETICAL LIST OF SURNAMES, WITH THEIR VARIETIES AND SYNONYMES.

N.B.—The number following each name refers to the number of the principal name under which it will be found in the Alphabetical List.

Surname and Reference No.	Surname and Reference No.	Surname and Reference No.	Surname and Reference No.
Abercrombie, 1, 376.	Aldridge, 17.	Armitage, 37.	Bagnall, 52.
Abernathy, 2.	Alees, 1085.	Armstrong, 38, 1071.	Bagnell, 52.
Aberneathy, 2.	Alexander, 18, 1252.	Armytage, 37.	Bagot, 53.
Abernethy, 2.	Algeo, 19.	Asken, 39.	Bagster, 70.
Abraham, 3.	Algie, 19.	Askew, 16.	Bailey, 71, 82.
Abram, 3.	Alison, 21.	Askin, 39.	Bailie, 71.
Acheson, 4, 42.	Allan, 20.	Askins, 39, 564.	Baillie, 71.
Achinlec, 44.	Allardice, 17.	Aspel, 35, 40.	Baily, 71, 316.
Achinleck, 44.	Alldred. 550.	Aspell, 35.	Bain, 54.
Achison, 4.	Allen, 20, 792.	Aspig, 103.	Baines, 54.
Achmuty, 5.	Allerdice, 17.	Aspill, 35.	Baird, 55.
Acres, 6.	Alleson, 21.	Aspol, 103.	Baith, 68.
Adam, 7.	Alleyne, 20.	Astin, 47.	Baldin, 56.
Adams, 7, 8, 538.	Allin, 20.	Aston, 47.	Baldoon, 56.
Adamson, 7, 8.	Allison, 21, 554.	Atcheson, 4.	Baldwin, 56.
Addi, 9.	Allisson, 21.	Atchieson, 4.	Ballantine, 57.
Addy. 9.	Alpin, 788, 794.	Atchison, 4.	Ballantyne, 57.
Adger, 544.	Altimes, 22.	Atherage, 43.	Ballentine, 57.
Adlum. 1649.	Alton, 22.	Atheridge, 43.	Ballintine, 57.
Adorian. 494.	Alyward, 49.	Atkins, 41, 42.	Ballyntyne, 57.
Adrian, 10.	Amberson, 557.	Atkinson, 4, 41, 42.	Balton, 127.
Adrien, 10.	Amooty, 5.	Atteridge. 43.	Banan, 60.
Ady, 9.	Anboro, 23.	Attridge, 43.	Banane, 188, 2049.
Affinck. 624.	Anborough, 23.	Auchinlec, 44.	Banatyne, 59.
Affleck. 624.	Ancketell, 26.	Auchinleck, 44.	Banfell, 58.
Agar, 11. 539.	Ancketill, 26.	Auchmuty, 5.	Banfield, 58.
Agarty. 783.	Anderson, 24.	Aughmuty, 5.	Banin, 60.
Aghinlec, 44.	Andrewson, 24.	Auher, 1679.	Bannan, 60.
Aghinleck, 44.	Anglesea, 25.	Aul, 45.	Bannatyne, 59.
Aglish, 12.	Anglesey, 25.	Aungier, 46.	Bannen, 60.
Agnew, 13.	Anketell, 26.	Aurachaun, 812.	Bannin, 69.
Ahearn, 859.	Ankethill, 26.	Austen. 47.	Bannon, 60.
Ahearne, 14, 859, 878.	Ankland. 27.	Austin, 47.	Bannytine, 59.
Aheran. 14.	Ankle. 27.	Auston. 47.	Banon, 60.
Aherin. 14.	Annesley, 28.	Auwll, 45.	Barbage. 189.
Aherne, 14, 878.	Annsley, 28.	Ayers, 570.	Barclay, 61.
Aheron, 14.	Anscough, 50.	Aylmer. 48.	Barcley, 61.
Ahessy, 784.	Ansla. 58.	Aylward. 49.	Bardon, 63.
Ahmuty, 5.	Ansley, 28.	Aynscough, 50.	Bariskill, 131.
Aicken, 15, 547.	Anthony. 29.	Ayre, 570.	Barkley, 61.
Aidy, 7.	Antony, 29.	Ayres, 570.	Barklie, 61, 87.
Aigar, 11.	Antwhistle. 562.	Ayrington, 563, 827.	Barklimore, 66.
Aignew, 13.	Appelbe. 30.	Ayscough, 50.	Barley, 62.
Aiken, 15.	Appelbey. 30.	Ayscue, 16.	Barlow, 62.
Aikens, 547.	Applebee. 30.	Ayton, 540.	Barnacle, 353, 1047.
Aikin, 15.	Appleby, 30.	Aytoun, 540.	Barnane, 90.
Aikins. 15.	Arbuckle. 31, 179.		Barnard, 90.
Ailward, 49.	Arbuthnot, 32.		Barnes, 63, 207.
Ainscough, 50.	Archabald, 35.		Barnett, 64.
Ainsley, 28.	Archabold, 35.		Barnidge, 67.
Airington. 827.	Archbald, 35.		Barratt, 64.
Aiskew, 16.	Archbold, 35, 40.		Barrett, 64.
Aitchison, 4.	Archdale, 33.		Barrie, 65.
Aitckin, 15.	Archdeacon. 34, 296.	Bachal, 385.	Barry, 65.
Aitken, 15.	Archfield, 1837.	Bachus, 51.	Bartholomew, 66.
Aitkin, 15.	Archibald, 35, 40.	Backas, 51.	Bartley, 61.
Aitkins, 41.	Archibold, 35.	Backhouse, 51.	Bartnett, 64, 67.
Aken, 15.	Ardell, 36.	Backis, 51.	Bartrem, 93.
Akers, 6.	Ardhill, 36.	Bagenall, 52.	Bates, 68.
Alderdice, 17.	Ardill, 36.	Baggett, 53.	Batter, 69.
Alderdise. 17.	Arkeson, 42.	Baggot, 53.	Batterberry, 69.
Aldred, 550.	Arkley. 1688.	Baggs, 78.	Baulman, 185.
		Bagley, 79.	

Surname and Reference No.	Surname and Reference No.	Surname and Reference No.	Surname and Reference No.
Baun, 2049.	Bex, 75.	Blessing, 115.	Bourke. 192.
Bawn, 2049.	Bicker, 96.	Bligh, 117.	Bourn, 206.
Baxter, 70.	Bickers, 96.	Blong, 111.	Bourne, 206.
Bayly, 71.	Bickerstaff, 96, 1347.	Bloomer, 738.	Bovenizer, 135.
Bayne, 54.	Bickerstay, 96.	Blouk, 108.	Bovenizor, 135.
Beaghan, 80.	Bickett, 76.	Blowick, 108.	Bovinizer. 135.
Beahan, 80.	Biern, 206.	Bloxham. 116.	Bowden, 133, 136.
Bean, 80.	Bierne, 206.	Bloxsom. 116.	Bowen, 137.
Beard, 55.	Bigam, 97.	Bly, 117.	Bower, 1289.
Bearkery, 88.	Biggam, 97.	Blyth, 117.	Bowland, 125.
Bearkin, 80.	Biggane, 1108.	Blythe, 117.	Bowle, 138.
Bearnas, 63.	Biggedon, 1107.	Boag, 123.	Bowles, 138.
Beatagh, 72.	Bigger, 96.	Boake, 118.	Bowls. 138.
Beattie, 72.	Biggerstaff, 96.	Boakes, 118.	Bowman. 139.
Beatty, 72, 94, 1237.	Biggerstaffe, 96.	Boal, 138, 143.	Bownes, 129.
Beaty, 72.	Biggs, 78.	Boale, 138.	Boxhill, 140.
Beauchamp, 73.	Bigham, 97.	Boales. 138.	Boxwell, 140.
Beaumont, 139.	Bigly, 79.	Boar, 1289.	Boyce, 141.
Becher, 74.	Bignel, 52.	Boardman, 119.	Boyes, 124, 141.
Beck, 75.	Billigam, 83.	Boas, 120.	Boyl, 142.
Beckett, 76.	Binane, 188.	Boaz, 120.	Boylan, 142, 143.
Bedloe, 77.	Bingham, 97.	Bockocan, 178.	Boyle, 142, 143.
Bedlow, 77.	Biracrea, 88.	Boddle, 122.	Boyne, 144.
Beecham, 73.	Biracree, 88.	Bodel, 122, 133.	Boyse, 141.
Beecher, 74.	Birch, 98.	Bodell, 133.	Bradden, 614.
Beewick, 95.	Birchill, 190.	Boden, 136.	Bradley, 145.
Begane, 1108.	Bird, 99, 856, 1312.	Bodill, 122.	Bradly, 145.
Begg, 78, 1107.	Birkett, 193.	Bodkin. 121.	Bradshaw, 146.
Beggan, 1107.	Birkey, 100.	Bodle, 122, 133.	Brady, 147, 1231.
Beggs, 78.	Birkitt, 193.	Bog, 143.	Braidon, 152.
Beglan, 52.	Birkmyre, 100.	Bogue, 123.	Branagan, 150.
Begley, 79, 1557.	Birmingham, 89.	Bogues, 123.	Branagh, 2027.
Begnall, 52.	Birminghan, 89.	Bohan, 137.	Branan, 155.
Begnell, 52.	Birne, 206.	Bohanan, 178.	Brandon, 148.
Begney, 52.	Birnell, 195.	Bohane, 137.	Brangan, 150.
Behan, 80.	Birnes, 206.	Bohanna, 137, 178.	Braniff, 155.
Behane. 80, 1616.	Birney, 101.	Bohannon, 178.	Branigan, 150.
Beird, 55.	Birrane, 102, 206, 207.	Bohill, 124.	Brankin. 150.
Beirne, 206.	Birt, 201.	Bohunnan, 178.	Braunagh, 2027.
Beirnes, 206.	Birthistle, 132.	Boice, 141.	Brannan, 155.
Belcher, 81.	Birtwistle, 132.	Boil, 143.	Brannen, 155.
Bellew, 82.	Bishop, 103.	Bolan, 125.	Brannick, 149, 2027
Bellingham, 83.	Bissett. 84.	Boland, 125.	Brannie, 155.
Belsher, 81.	Bisshop, 103.	Bole, 138, 143.	Brannigan, 150.
Benathy, 2.	Blacagh, 108.	Boles, 138.	Brannock, 2027.
Benbo, 1442.	Black, 104, 519.	Boleyn, 183.	Brannon, 155.
Benison, 85, 700.	Blackadder, 105.	Bolger, 126.	Branon. 155.
Bennett, 84.	Blackbourne, 106.	Bolton, 127.	Brassil, 151.
Bennison. 85.	Blackburne, 106.	Bonar, 128, 357.	Bratty, 146.
Benson. 85.	Blackely, 109.	Boner, 128, 357.	Brauders, 163.
Bera, 91.	Blackender, 105.	Bones, 129.	Brawnick, 2027.
Berachry, 88.	Blackham, 104.	Boness, 129.	Brawnlee. 172.
Bergan, 86.	Blackley, 109.	Bonison, 196.	Brazel, 151.
Bergen, 86.	Blacquiere, 107.	Bonnar, 128.	Brazil, 151.
Bergin, 86.	Blacquire, 107.	Bonner, 128, 357.	Breadin. 152.
Bergman, 92.	Blacre, 107.	Bonny, 144.	Breadon, 152.
Berigan, 206.	Blainey. 113.	Bookle, 179.	Breanon, 155.
Berkeley, 61, 87.	Blake, 108.	Boordman, 119.	Brearton, 156.
Berkerry, 88.	Blakely, 109.	Borbidge, 189.	Bredin, 152.
Berkery, 88.	Blakeney. 110.	Borbridge, 189.	Bredon, 152.
Berkly, 87.	Blakes, 108.	Bordman, 119.	Breedeth, 1232.
Berkry, 88.	Blakney. 110.	Boreland. 130, 142.	Breen. 153.
Bermingham. 89.	Blanc, 111.	Borland, 130.	Brehany, 154.
Bernard, 90.	Blanch. 112.	Borman, 119.	Breheny, 154, 968.
Borne, 206.	Blanchfield, 112.	Bornell, 195.	Brehony, 154, 968.
Berney, 101.	Blaney, 113.	Borris, 200.	Bremigam, 89.
Berocry, 88.	Blayney 113.	Borriskill, 131.	Brenan, 155.
Berrall, 198.	Bleach, 108.	Borroughs, 200.	Brendley, 160.
Berrane, 63, 206, 207.	Bleak, 110.	Borrowes, 200.	Brendon, 148.
Berridge, 199, 206, 207.	Bleakley, 109.	Borthistle. 132.	Brenagh, 2027.
Berrigan, 86.	Bleakney. 110.	Bothwell, 122, 133, 136.	Brennan, 155.
Berry, 91.	Bleaney, 113.	Boucher, 134.	Brennen, 155.
Berryman, 92.	Bleckley, 109.	Bouchier, 134.	Brennigan, 160.
Berthistle, 132.	Bleeks, 109.	Boughal. 180.	Brennon, 155.
Berton. 202.	Bleheen, 1514.	Boughan, 137.	Brenon, 155.
Bertram, 93.	Blehein, 1513.	Boughla, 180.	Brereton. 156.
Beryin, 206.	Bleheine, 1514.	Boulger, 126.	Brerton. 156.
Bettie, 94.	Blekley, 109.	Bouls, 138.	Bresland, 157.
Betty, 72, 94, 1237.	Bleney, 113.	Bourchier, 134.	Breslane, 157.
Bewick, 95.	Blennerhasset, 114.	Bourchill, 190.	Breslaun, 157.

Surname and Reference No.	Surname and Reference No.	Surname and Reference No.	Surname and Reference No.
Breslawn, 157.	Brudher, 163.	Burrows, 200.	Callahan, 220.
Breslin, 157.	Bruen, 175.	Burt, 201.	Callan, 222, 223, 305.
Bresnahan, 168.	Brugham, 170.	Burtchaell, 190.	Callanan, 222, 223.
Bresnane, 168.	Bruin, 175.	Burtchell, 190.	Callanane, 223.
Bresnehan, 168.	Brumagem. 89.	Burthistle, 132.	Callaughan, 220.
Bresnihan, 168.	Brumigem, 89,	Burthnot, 32.	Calleghan, 220.
Brett, 158.	Brumiger, 89.	Burton, 202.	Callehan. 220.
Bretton, 161.	Brummagem. 89.	Bushell, 203.	Callen, 222.
Brewster, 174.	Brummagen, 89.	Bussell, 203.	Calligan, 220.
Breydon, 152.	Brunty, 165, 1742.	Butler, 204.	Callighan, 220.
Brian, 176, 1642.	Brusnahan, 168.	Buttler, 204.	Callin, 222.
Brice, 157.	Brusnehan 168.	Button, 32.	Callinan, 223.
Briceson, 177.	Brusnihan, 168.	Bwee, 141, 1320.	Callnan, 223.
Bridget, 2007.	Bruton, 156.	Byars, 205.	Calnan, 223, 394.
Brien, 153, 176, 1233.	Bryan, 176, 1233, 1642.	Byers, 205.	Calwell, 219.
1642.	Bryans, 176.	Byngham, 97.	Camac, 224.
Briene, 153.	Bryen, 176.	Byran, 207.	Camack, 224.
Briens, 176, 1642.	Bryne, 176.	Byrane, 102, 207.	Cambell, 226.
Briery, 159.	Brynes, 176.	Byrce, 157.	Camble, 226.
Brimage, 89.	Bryney, 176.	Byrne, 102, 197, 206, 207.	Camblin,225.
Brimagum, 89.	Bryry, 159.	Byrnell, 195.	Camelin, 225.
Brimley, 173.	Bryson, 177, 1557.	Byrnes, 197, 206.	Camill, 226.
Brimmagem, 89.	Buchanan, 178, 1200.	Byrney, 101.	Camlin, 225.
Brimmajen, 89.	Buchanen, 178.	Byrns, 206.	Cammack, 224.
Brimmigan, 89.	Buchannan, 178.	Byron, 63, 102, 206. 207.	Cammelin, 225.
Brinane, 155.	Buchannon, 178.	Byrrane, 207.	Camp, 226.
Brindley, 160.	Buck, 182.	Byrt, 201.	Campbell, 226, 1253.
Brine, 176, 1642,	Buckely, 180.	Bywater, 208.	Campble, 226.
Brines, 176, 1642.	Buckle, 31, 179, 180.		Campell, 226.
Briody, 147.	Buckles, 31, 179.		Camphill, 226.
Brion, 176.	Buckley, 179, 180.		Cample, 226.
Brislan, 157.	Buckmaster, 181.		Canaan, 229, 1030.
Brislane, 157.	Bueg, 78.		Canally, 1444.
Brislaun, 157.	Buhilly, 180.		Canavan, 227, 1001.
Brislin, 157.	Buick, 182.	Caddell, 209.	2050.
Britain, 161.	Buie, 141.	Caddle, 209.	Canaway, 325.
Briton, 161.	Bulger, 126.	Caddoo, 210.	Cane, 971.
Britt, 158.	Bulkeley, 180.	Caddow, 210, 1236.	Caning. 228.
Brittain, 161.	Bulkely, 180.	Cadell, 209.	Cannan, 229, 1030.
Brittan, 161.	Bulla, 184.	Cadigan, 211.	Cannavan. 227.
Britton, 161.	Bullen, 183.	Cadogan, 211.	Cannaway, 299.
Broadhuist, 162.	Bullens, 183.	Cadoo, 210.	Canning, 228, 229, 308.
Brodders, 163.	Buller, 184.	Caffary, 212.	Cannon, 228, 229, 308,
Broder, 163.	Bullion, 125, 142.	Cafferty, 1237.	1030.
Broderic, 163.	Bullman, 185.	Caffery, 212, 1237.	Canon, 228.
Broderick, 163.	Bulloch, 186.	Caffray, 212.	Cantillon, 230.
Brodie, 164.	Bullock, 186.	Caffrey, 212, 261.	Cantlin, 230.
Brodrick, 163.	Bunting, 187.	Cahalan, 213.	Cantlon, 230.
Brody, 164.	Bunton, 187.	Cahalin, 213.	Cantly, 231.
Brofie, 167.	Bunyan, 188.	Cahallane, 213.	Canty, 232.
Broham, 170.	Burage, 199.	Cahan, 971, 995.	Caorish, 89.
Bronte, 165.	Burbage, 189.	Cahane, 214, 996.	Capel, 233, 997.
Brontie, 165.	Burbidge, 189.	Caheerin, 215.	Caples, 233.
Brooder, 163.	Burch, 93.	Cahelan, 213.	Cappack. 235.
Brooke, 166.	Burchell, 190.	Cahelin, 213.	Capples, 234.
Brookes, 166.	Burchill, 190.	Cahillane, 213.	Capplis, 234.
Brookins, 166.	Burdge, 98.	Cahir, 216.	Cappock, 235.
Brooks, 166.	Burge, 199.	Cahoon, 305.	Cappuck, 235.
Broom, 170.	Burges, 191.	Cahy, 1568.	Caragher, 247.
Broothers, 163.	Burgess, 191.	Caicey, 254.	Caraher, 247.
Brophy, 167.	Burgiss, 191.	Cain, 971,974.	Caraway, 236.
Broslin, 157.	Burgoyne, 86.	Cainan, 983.	Carberry, 237.
Brosnahan, 168.	Burke. 192.	Cairdie, 1887.	Carbery, 237.
Brosnahen, 168.	Burkett, 193.	Cairn, 217.	Carbry, 237.
Brosnahin. 168.	Burkitt. 193.	Cairnes, 217.	Cardell, 238.
Brosnan, 168.	Burland, 130.	Cairns, 217, 976.	Cardle, 238.
Brosnihan, 168.	Burleigh, 194.	Calaghan, 220.	Cardwell, 238, 250.
Brothers, 162.	Burley. 172, 194.	Calahan, 220.	Carew, 239.
Broughall, 169.	Burn, 206.	Calderwood, 218.	Carey, 239, 402, 403.
Brougham. 170.	Burnell, 195.	Caldwell, 219.	Carha, 1246.
Broughill. 169.	Burnes, 206.	Calhoun, 305.	Carigan, 1003.
Broune, 171.	Burney, 1229.	Calinan, 223.	Carlan, 245.
Browder, 163.	Burniston, 196.	Callaghan, 220, 988,	Carland, 245.
Brown. 171.	Burns, 197, 206.	1643.	Carlaton. 240.
Browne. 171.	Burrage, 199.	Callaghanan. 223.	Carleton, 240.
Brownlee, 172, 173.	Burrell, 198.	Callaghen, 220.	Carley, 241.
Brownlow, 172, 173.	Burridge, 199.	Callagher, 220, 665.	Carlile, 241.
Browster, 174.	Burriss, 200.	Callaghin, 220.	Carlin, 245.
Bruce, 174.	Burroughs, 200.	Callagy, 221.	Carlisle, 241.
Bruder, 163.	Burrowes, 200.		Carlon, 245.

Surname and Reference No.	Surname and Reference No.	Surname and Reference No.	Surname and Reference No.
Carlton, 240.	Cavanagh, 261, 262, 972.	Clemens, 281.	Cohoon, 305.
Carlyle, 241.	Cavenagh, 972.	Clement, 281.	Cohoun, 305.
Carmody, 242.	Cavish, 909.	Clements, 281.	Coid, 1747.
Carnagie, 244.	Cawfield, 261.	Clenaghan, 1260.	Coiles, 352.
Carnahan, 1001.	Cawldwell, 219.	Clendenan, 282.	Coin, 353.
Carnduff, 243.	Cawley, 263, 1116.	Clendennin, 282.	Cokeley, 292.
Carneagy, 244.	Cawlin, 222.	Clendenning, 282.	Cokely, 292.
Carnegie, 244.	Cearnes, 976.	Clendining, 282.	Colavin, 219.
Carney, 975.	Ceary, 239.	Clendinning, 282.	Colborne, 294.
Carnohan, 1001.	Ceevney, 978.	Clerke. 275.	Colbourne, 294.
Carns, 976.	Chaddick, 264.	Clerkin, 275.	Colburne, 294.
Carny, 975.	Chadwick, 264.	Clery,. 277	Colclough, 292.
Carolan, 245.	Chalmers, 265.	Clibborn, 283.	Colcloughan, 299.
Carolin, 245.	Chambers, 265.	Clidesdale, 290.	Coldrick, 733.
Caroll, 250.	Chamley, 271.	Clifford, 284.	Coldwell, 219.
Carollan, 245.	Charthy, 253, 1644.	Climents, 281.	Cole, 301.
Carothers, 251.	Chaytor, 266.	Climons, 281.	Coleman, 302.
Carr, 246, 1002.	Cheator, 266.	Clinch, 285.	Coles, 301.
Carragher, 247.	Chesnaye, 267.	Clinchey, 285.	Colfield, 261.
Carraher, 247.	Chesney, 267.	Clindenning, 282.	Colgan, 303.
Carre, 246.	Chesnutt, 268.	Clindinnen, 282.	Colhoon, 305.
Carrick, 248, 355, 1802.	Chessnut, 268.	Cline, 1012.	Colhoun, 305.
Carrigan, 338, 1003.	Chestnutt, 268.	Clisdale, 290.	Coligan, 303.
Carrigee, 249.	Cheyne, 965.	Clitterdy, 287.	Colin, 299.
Carrigy, 249.	Chiddick, 264.	Cloney, 286.	Colins, 304, 392.
Carrinduff, 243.	Chisel, 270.	Clooney, 286.	Collagan, 303.
Carrithers, 251.	Chisham, 269.	Clotworthy, 287.	Collen, 392.
Carrolan, 245.	Chishem, 269.	Cloughry, 1029.	Collery, 275.
Carrolin, 245.	Chisholm. 269.	Clovan, 302.	Colleton, 393.
Carroll, 238, 250, 1244.	Chism, 269.	Cloven, 302.	Colligan, 303.
Carrolly, 250.	Chisom, 269.	Clowney, 286.	Collins, 304, 390, 392.
Carrothers, 251.	Chissell, 270.	Clowny, 286.	Collom, 299.
Carruthers, 251.	Choiseuil, 270.	Clugston, 288.	Colloton, 393.
Cartan, 252.	Choiseul, 270.	Clune, 286.	Collum, 306.
Carten, 252.	Cholmondeley, 271.	Cluney, 286.	Collumb, 306.
Carthy, 253, 1246.	Chomley, 271.	Clusby, 707.	Collwell, 219.
Cartin, 252, 1247.	Chooke, 1988.	Clusker, 289. 340, 1264.	Colman, 302.
Carton, 252, 253.	Choun, 305.	Cluskey, 289, 340, 1264.	Colnan, 314.
Carty, 252, 253, 1246, 1644.	Christian, 272.	Cluvane, 281.	Colomb, 306.
Caruthers, 251.	Christie, 272.	Cluxton, 288.	Colothan, 394.
Carvey, 296.	Christy, 272.	Clydesdale, 290.	Colovin, 219.
Carvin, 1035.	Chrysty, 272.	Clymens, 281.	Colquhoun, 222, 305, 392.
Carway, 677.	Chumley, 271.	Clymonds, 281.	Colquohoun. 305.
Casaday, 258.	Church. 12.	Clynch, 285.	Colreavy, 752.
Casey. 254.	Chute. 1987.	Clynes, 291.	Colter, 343.
Casheen, 255.	Cinamon. 273.	Clyns, 291.	Colum, 306.
Cashen, 255.	Cinamond, 273.	Clysdale, 290.	Columb, 306, 1265.
Cashin, 255.	Cingen, 1926.	Coade, 295.	Colvan, 307.
Cashion, 255.	Cinnamon, 273.	Coady, 296.	Colvil. 307.
Cashman. 1037.	Cinnamond, 273.	Coaghlan, 299.	Colville, 307.
Cashon, 255.	Clahane, 390.	Coakeley, 292.	Colvin. 307.
Casidy, 258.	Clairke, 275.	Coakley, 292.	Colwell. 219.
Caskey, 1220.	Clancly, 274.	Coall, 301.	Coman, 311.
Casley, 258.	Clancy. 274.	Coalter, 343.	Comaskey. 309.
Cass, 256.	Clandinning, 282.	Coan, 300. 347, 2027.	Comba, 333.
Cassedy, 258.	Clarey, 277.	Cobourn, 294.	Comber, 1003.
Cassell, 257.	Clark, 275.	Cobram, 294.	Combes, 909.
Cassells, 257.	Clarke, 275, 277.	Coburn, 294.	Comer, 1003.
Cassian, 255.	Clarkins. 275.	Cochrane, 293. 334.	Comerford, 308, 309.
Cassiday, 258.	Classan, 276.	Cockbourne. 294.	Comerton, 308.
Cassidi, 258.	Classon, 276.	Cockburne. 294.	Comesky, 309.
Cassidy. 258.	Claussen, 276.	Cockrane, 293.	Comford, 308.
Cassin, 255.	Clausson. 276.	Codd, 295.	Comfort, 308.
Cassle, 257.	Claveen. 1947.	Code, 295.	Comiskey, 308, 309.
Cassles, 257.	Clawson, 276.	Cody, 34, 296, 388, 389.	Comjean, 397.
Cassy, 254.	Clayborne, 283.	Coe, 349.	Conjeens. 397.
Castle, 257.	Clayburn, 283.	Coen, 300.	Commane, 310, 311, 397, 937.
Castles, 257.	Clayton, 977.	Coffee, 297.	Commaskey. 308. 309.
Caterson. 260.	Cleary, 275, 277.	Coffey, 297.	Commefort, 308.
Cathcart, 259.	Cleaver, 278.	Cogan, 298, 727.	Commerford. 309.
Catherwood, 218.	Clebburn, 283.	Coghlan, 299.	Commins, 311, 397.
Catterson, 260.	Cleburne, 283.	Coghlen, 299.	Common. 311. 397.
Caughran. 293	Cleeland. 279. 280.	Coghlin, 299.	Commons, 310, 311, 396, 397.
Caughy, 1568.	Cleery, 277.	Coghran. 293.	Comyns, 397.
Cauldwell, 219.	Cleever. 278.	Cogley, 1751.	Conaghty. 312.
Caulfield, 212, 261. 262, 1404.	Clehane, 390.	Cohalane, 299.	Conall. 316.
Caulin, 222.	Cleland. 279. 280.	Colane, 214, 996.	Conally, 319.
Cavan, 972.	Clelland, 280.	Cohen, 300, 347.	
	Clellond, 280.	Coholane, 299.	

Surname and Reference No.	Surname and Reference No.	Surname and Reference No.	Surname and Reference No.
Conary, 323.	Coonoon. 313.	Coursey, 434.	Creilly, 371.
Conaty, 312, 1267.	Cooper, 329. 350.	Courtayne, 406.	Creiton, 368.
Conderick. 993.	Copeland, 330.	Courtenay, 345.	Crelly, 371.
Condon, 313.	Copelton, 330.	Courteney, 344, 345.	Cremeen, 1246.
Condrick, 993.	Copland, 330.	Courtnay, 345.	Cremen, 369.
Condron. 313, 322.	Copleton, 330, 332.	Courtney, 344, 345.	Cremin, 369. 1246.
Coneely, 319.	Copperthwaite. 331.	Cousin, 346.	Cremor, 356.
Conelly, 319.	Copplestone, 332.	Cousine, 346.	Cribbin, 370. 762.
Coner, 320.	Corathers. 251.	Cousins, 346.	1477.
Conheeny. 1758.	Corban, 333.	Couvane, 972.	Cribbon, 370.
Conier, 320.	Corbett, 333.	Couzeens, 346.	Crichton, 368.
Conla, 314.	Corbin, 333.	Couzins, 346.	Crickard, 1475.
Conlan. 314, 317, 319.	Corbitt, 333.	Cowan, 300. 347, 995.	Crickenham, 400.
Conland, 314.	Corcoran, 293, 334.	Cowden, 348.	Cricket, 1475.
Conley, 317, 319.	Corcorin, 334.	Cowdie, 348.	Crigley, 372.
Conlin, 314, 317.	Cordan. 337,	Cowely, 263.	Crilly, 371.
Conlogue, 1271.	Corey. 339.	Cowen, 347, 995.	Crimmeen, 1246.
Conlon, 314, 317, 319.	Coribeen, 333.	Cowey. 349.	Cristy, 272.
Conly. 319.	Corish, 89.	Cowie, 349.	Critchley, 372.
Conmee, 325.	Corken, 334.	Cowley, 263.	Croake. 374.
Connaghton, 315.	Corkeran, 334.	Cowman, 311, 397.	Croan, 373.
Connally, 319.	Corkerry, 334.	Cowper, 329, 350.	Croghan, 373.
Connaly. 319.	Corkoran, 334.	Cowperthwaite, 331.	Crohan. 373.
Connaughton, 315. 1616.	Corkran. 334.	Cox. 351.	Croke, 374, 383.
Conneally, 319.	Corley. 401.	Coxe, 351.	Crolly, 375.
Connealy, 319.	Cormac, 1274.	Coyd, 1747.	Croly, 363, 375, 384.
Conneelly, 319.	Cormack, 335. 1274.	Coyle, 352.	Crombie, 1, 376.
Conneely. 319.	Cormican. 1274.	Coyne. 353, 1047.	Cromie, 1, 376.
Conneff, 318.	Cormick, 335. 1274.	Cra, 1164.	Crommie, 376.
Connell, 316, 317, 319.	Cormocan, 335.	Craan, 354.	Cromwell, 377.
1270, 1646.	Corn, 402.	Craford, 362.	Cronan, 378.
Connellan, 314. 316,	Corneen, 336.	Crage, 355.	Cronin, 378.
317, 319.	Corr, 404.	Cragh, 364.	Cronouge, 384.
Connelly, 316. 319,	Corra. 404, 2040.	Crahan. 354, 402.	Cronvy, 376.
1646.	Corran, 402.	Craig, 248. 355.	Cronyn, 378.
Connely. 319.	Corree, 404.	Craigan, 367.	Crook, 379.
Conner. 320.	Corridon, 337.	Craigh, 364, 1771.	Crookes, 379.
Connerney, 1388.	Corrie, 404.	Crain, 365.	Crooks, 379, 385.
Connerton. 315.	Corrigan, 338, 1003.	Cramer, 356.	Crookshanks, 380.
Connery. 324.	Corry, 339, 404.	Cramp, 358.	Crooks-Shanks, 380.
Conniff, 318, 320.	Cory, 323, 404.	Crampsey, 128, 357.	Crosbie, 381.
Connollan. 317.	Coscor, 340.	Crampsie, 128, 357.	Crosert, 385.
Connolly, 314, 316,	Cosgrave. 289, 340.	Crampsy, 128.	Crosgrave, 340.
317. 319.	1293.	Crampton, 358.	Crossan, 382, 1642.
Connoly, 319.	Cosgreave. 340.	Cramsie, 357.	Crossbie, 381.
Connor, 318, 320, 321,	Cosgreve, 340.	Cranay. 359.	Crossen, 382.
1647.	Cosgriff. 340.	Crane. 365, 402, 403.	Crossin, 382.
Connors, 320, 321.	Cosgrive. 340.	Cranny, 359.	Crosson, 382.
1647.	Cosgroove, 340.	Cransen, 360.	Crothers, 251.
Connorton. 315.	Cosgrove, 340. 1293.	Cranson. 360.	Crough, 374, 383.
Connoway. 325.	Cushman, 1037.	Cranston, 360.	Croughan, 373.
Conole. 319.	Cosker. 340.	Crany. 359.	Crowe, 374, 383.
Conolly. 319.	Coskeran. 340.	Crauford. 362.	Crowley, 363, 375, 334.
Conoly. 319.	Coskery, 340.	Craven, 361.	Crozert, 385.
Conoo. 325.	Coskerry, 340.	Cravin, 361.	Crozier, 379, 385.
Conors, 320.	Coss, 256.	Crawford. 362.	Cruice, 386.
Conotty. 312.	Cossgrove, 340.	Crawley, 363, 375, 384.	Cruickshanks, 380.
Conrahy. 323.	Costello, 341.	Crayford, 362.	Cruiks, 379.
Conran, 322.	Costellow. 341.	Creagh, 364.	Cruikshanks, 380.
Conree, 323.	Costelo. 341.	Creaghan, 365.	Cruise, 336.
Conroy, 323, 324. 1026.	Costillo, 341.	Creamer, 356.	Crully, 371.
Conry, 323, 324. 1026.	Costily, 341.	Crean, 365.	Crumley, 387.
Conway, 325.	Costley. 341.	Creane, 354.	Crumlish, 387.
Conwell, 219.	Costolloe, 341.	Creaney, 359.	Crummell, 377.
Conyeen. 983.	Costoloe. 341.	Creaton, 368.	Crummy, 376.
Conyer. 320.	Cotter. 342.	Creaven, 361.	Cudahey, 388.
Conyers, 320.	Coughlan, 299.	Creed, 366.	Cuddehy, 388.
Conyngham, 400.	Coughlen, 299.	Creedon, 366.	Cuddihy, 296, 388, 389
Coogan, 298.	Coughlin, 299.	Creegan, 367.	Cuddy, 296, 388, 389.
Cook. 326.	Coulehan 327.,	Creeland, 279.	Cudihy, 388.
Cooke, 326.	Coulihan, 327.	Creely, 371.	Cue, 1376.
Cooken, 298.	Coulter, 343.	Creen, 365	Cuggeen, 980.
Coolahan, 327.	Coumey, 328.	Creevey, 1569.	Cuhy, 994.
Coole, 352.	Counihan. 328. 400.	Cregan. 367.	Cuinane, 1750.
Coon, 400.	County, 232.	Cregg, 355, 1802.	Culbert, 411.
Coonaghan, 400.	Courcey, 434.	Creggan, 367.	Culgan, 303.
Coonahan, 328.	Courigan, 338.	Creghan, 367.	Culgin, 303.
Coonan, 328.	Courn, 402.	Crehan, 365.	Culhan, 392
Cooney, 328.	Cournane. 344, 345.	Creigan, 367.	Culhane, 304, 390.
Coonihan. 328.	Courneen, 345.	Creighton, 368.	Culhoun, 305, 392.

Surname and Reference No.	Surname and Reference No.	Surname and Reference No.	Surname and Reference No.
Culkin, 391.	Curnane, 345.	Darling. 422. 423.	Delmege,443.
Cullan, 392.	Curneen, 336.	Darmody.456,457.1297.	Delmer, 440.
Cullanan, 394.	Curneene, 345.	Darra, 424.	Delohery, 444.
Cullane, 304.	Curnin. 336.	Darragh, 424, 1640.	Deloohery, 437, 444,
Culle, 301.	Currain, 402.	Darrah, 424.	468.
Culleeny, 392.	Curran, 239, 354, 402,	Darrock, 424.	Deloorey, 444, 468.
Cullen. 304. 305, 392,	403.	Daugherty. 479.	Deloughery, 444.
394, 395, 1752.	Currane. 239, 402, 403.	Davane, 461.	Deloughry, 468.
Culleton, 393.	Curreen, 402.	Davenport, 425.	Delouhery, 444.
Cullian, 304.	Curren, 402.	Daveson, 427.	Delouri, 444, 468.
Culligan, 303.	Currie, 404.	Davidson, 426, 427.	Delury, 444.
Cullin, 392.	Currigan, 338. 1003.	Davies, 426.	DeMoleyns, 1582.
Cullina, 304.	Currin, 402.	Davin, 461.	Dempsey, 445, 446.
Cullinan, 394.	Curry. 339, 401, 1278.	Davine, 461.	Dempster, 445, 446.
Cullinane, 392.	Curtan, 406, 1276.	Davis, 426, 427, 429,	Demster, 446.
Cullington, 393.	Curtayne, 405, 406.	1295.	Denahy, 451.
Culliny, 392.	Curteis, 407.	Davison, 426, 427,	Denanny, 450.
Cullion, 392.	Curten, 406.	1295.	Denehan, 447.
Culliton, 393.	Curties, 407.	Davisson, 427.	Deneher, 447.
Cullivan, 219.	Curtin. 405, 406.	Davits, 428.	Denehy. 451, 453.
Culloon, 392.	Curtis, 407.	Davitt, 428, 462.	Deney, 454.
Cully, 392, 395.	Cusac, 408.	Davy, 426, 429.	Deniffe, 448.
Culnane, 394.	Cusack, 403.	Davys, 426.	Dening, 452.
Culreavy, 752.	Cusco, 340.	Dawley, 414.	Denis, 453.
Cumaskey, 309.	Cushanan. 410.	Dawlin, 505.	Denison, 449, 453,
Cumberford, 1290.	Cushen, 409.	Dawly, 414.	1299.
Cumesky, 309.	Cushing, 409.	Dawney, 478, 506,	Dennahy, 451.
Cumin, 397.	Cushion, 409.	1571.	Dennan, 450.
Cuming, 396, 397.	Cushlane, 257.	Dawson, 430.	Dennany, 450.
Cumings, 397.	Cushley, 341.	Dawtin, 413.	Dennehy, 416, 451,
Cumins, 397.	Cushnahan, 410.	Day, 431, 1648.	454.
Cumisk, 309.	Cusic. 408.	Dayley, 414.	Denning, 452, 467.
Cumisky. 309.	Cusick, 403.	D'Aylmer, 48.	Dennis, 449, 453.
Cummane, 310, 311.	Cusker, 340.	D'Courcy, 434.	Dennismore, 470.
Cummens, 397.	Cuskern, 1293.	Dea. 431.	Denny, 451, 454.
Cummerford, 308.	Cuskery, 310.	Dealy, 414.	Denroche, 455.
Cummin, 396.	Cuskor, 340.	Dean, 432.	Densmore, 470.
Cumming, 311, 396,	Cussac, 408.	Deane, 432.	Densmuir, 470.
397,	Cussack, 408.	Deanie, 454.	Denson, 453.
Cummings, 311, 396,	Cussane. 1699.	Deans, 432.	Denys, 453.
397.	Cussen, 346, 409.	De Blacquiere, 107.	Derbyshire, 419.
Cummins, 310, 311,	Cussok, 408.	Debois, 433.	Dergan, 421.
396, 397. 1529.	Cutbert, 411.	Debouerdieu, 518.	Derham, 535.
Cummiskey, 309.	Cuthbert, 411.	Deboys, 433.	Dermid, 457.
Cunagum, 400.	Cuthbertson, 411.	De Courcy, 434.	Dermody, 456, 457,
Cuneen, 399. 1758.		Deegan, 435, 522.	1297.
Cuniam, 400.		Deehan, 465.	Dermond, 1297.
Cuniff, 318.		Deely, 414.	Dermoody, 456.
Cunihan, 399.	Daily. 414.	Deemster, 446.	Dermott, 456, 457, 1297'
Cuningham, 400.	Dalhouse, 412.	Deen, 432.	D'Ermott, 457.
Cunion, 399.	Dallas, 412.	Deens, 432.	Dermoty, 457.
Cunlick, 1754.	Dalton. 413.	DeErmot, 1297.	Derow, 442.
Cunnagher. 967.	Daly, 414.	Deërmott. 1297.	Devane, 458, 461.
Cunnahan. 400.	Dalzell 415.	Deevey, 436, 459.	Devann, 458.
Cunnaim, 1750.	Dalziell, 415.	Deffely, 466.	Devanny, 458.
Cunnane. 228, 229, 398,	Danagher, 416.	Deheny. 478.	Devanport, 425.
399, 1750. 1758.	Danaher, 416, 451.	Dehorty, 479.	Devany, 458, 461.
Cunnea. 1755.	Danahy. 451.	Deighan, 435, 465.	Deveen, 461.
Cunnean. 399.	Dane, 432.	Deignan, 524.	Develin, 463.
Cunneely, 319.	Danger, 46.	Delacherois, 437, 444.	D'Evelyn, 463.
Cunneen, 398, 399.	Daniel, 417, 485, 1652.	Delahide. 438.	Deven, 461.
1758.	Daniells, 417.	Delahoyde, 438.	Devenny, 458.
Cunneeny. 399, 1758.	Daniels, 417.	Delahunt, 439.	Deveny, 458.
Cunniam. 400, 1642.	Daniher, 416.	Delahunty, 439.	Devereux, 436, 459.
Cunnien, 399.	Danihy. 451.	Delamar, 440.	Deverill, 436, 459.
Cunniffe, 318.	Danly, 485.	Delamere, 440.	Devers, 460.
Cunnigan, 400.	Dannaher, 416.	Delamore, 440.	Devery, 436, 459.
Cunnighan, 400.	Dannahy, 451.	Delane, 441.	Devett, 428.
Cunningham, 400.	Dannelly, 487.	Delaney, 441.	Devin, 461.
Cunnion, 399. 1758.	Danniel, 417.	Delap, 529.	Devine, 458, 461, 1650.
Cunnoo, 325.	Danniell, 417.	Delaroe. 442.	Devinney, 458.
Cunny, 1755.	Daragh, 424.	Delay, 527.	Devitt, 428, 462.
Cunnyer, 320.	Darah, 424.	Delea, 527.	Devlin, 463.
Cunnyngham, 400.	Darbishire, 419.	Deleany, 441.	Devon, 461.
Cunree. 323.	Darby, 418, 1297.	Delemar. 440.	Devonport. 425.
Cunreen. 1026.	Darbyshire, 419.	Deleney, 441.	Dewane. 517.
Cunvane. 1750.	Darcy, 420.	Delhunty, 439.	De Yermond, 1297.
Cuolohan, 327.	D'Arcy, 420.	D'Ell. 415.	Deyermott. 1297.
Curby, 411.	Dargan,421.	Dellunty, 439.	Diamond. 464.
Curley, 401.	Darley, 422, 423.	Delmage, 443.	Diarmid, 457, 1297.

H

Surname and Reference No.	Surname and Reference No.	Surname and Reference No.	Surname and Reference No.
Eaken, 15.	Entwisle, 562.	Faragher, 583.	Fenaughty, 611.
Eakin, 15, 547.	Entwissle, 562.	Faraher, 583.	Fendlon, 595.
Eakins, 15.	Entwistle, 562.	Faran, 586.	Fenelly, 597.
Early, 1126.	Enwright, 561.	Fare, 1718.	Fenelon, 595.
Easdale, 953.	Erought, 827.	Farelly, 585.	Fenley, 597, 607.
Easping, 103.	Errington, 563, 827.	Faren, 586, 590.	Fenlon, 595.
Eaton, 540.	Erskin, 39.	Farghar, 582.	Fennell, 596.
Eccles, 541.	Erskine, 564.	Farguson, 599.	Fennelly, 597, 607.
Eccleson, 542.	Ervine, 950.	Fargy, 599.	Fenning, 578.
Eccleston, 542.	Erwin, 950, 951.	Farin, 586.	Fenoughty, 598.
Eckles, 541.	Esbal, 35.	Faris, 601.	Fenton, 598.
Eden, 543.	Esbald, 35.	Farker, 582.	Feoghney, 598.
Edens, 543.	Esball, 35.	Farley, 579, 585.	Feran, 590.
Edery, 1780.	Esbel, 35.	Farmer, 580.	Fergie, 599.
Edgar, 544.	Esbil, 35.	Farnan, 581.	Fergison, 599.
Edgerton, 548.	Esble, 35.	Farnand, 581.	Fergisson, 599.
Edimson, 8.	Esdale, 33, 953.	Farnham, 581.	Ferguison, 599.
Edmond, 545.	Esdel, 953.	Farnon, 586.	Fergus, 599.
Edmonds, 545.	Esmonde, 545.	Farquehar, 582.	Ferguson, 599.
Edmondson, 546.	Esnor, 18.	Farquer, 582.	Fergusson, 599.
Edmonson, 546.	Eubank, 2005.	Facquhar, 582.	Feris, 601.
Edmonston, 546.	Eurell, 2091.	Farquharson, 582.	Ferly, 579, 585.
Edmunds, 545.	Eustace, 565.	Farquher, 582.	Fern, 590.
Edmundson, 546.	Eustice, 565.	Farragher, 583.	Ferns, 1787.
Edmunson, 546.	Evans, 566.	Farraher, 583.	Feron, 590.
Edmunstone, 546.	Evanson, 567.	Farrahill, 583.	Ferrall, 584, 585.
Edy, 9.	Evart, 569.	Farrally, 585.	Ferran, 586.
Edye, 9.	Evens, 566.	Farran, 586.	Ferrar, 587.
Egan, 547, 782, 980.	Evenson, 567.	Farrell, 584, 585, 1658.	Ferrer, 587.
Egar, 539.	Everard, 568.	Farrelly, 579, 584, 585.	Ferrers, 587.
Egerton, 548.	Everett, 568.	Farrely, 585.	Ferrier, 600.
Eggleston, 542.	Everitt, 568.	Farren, 586.	Ferris, 601, 655.
Egglinton, 549.	Evers, 954.	Farrer, 587.	Ferry, 601.
Egleson, 542.	Evins, 566.	Farris, 601.	Ferryar, 600.
Egleston, 542.	Evoy, 1320.	Farron, 586.	Ferryer, 600.
Eglington, 549.	Ewart, 569.	Farshin, 642, 1246.	Fetherston, 602.
Eglinton, 549.	Ewbank, 2005.	Faucet, 588.	Fetherston H., 602.
Eglintoun, 549.	Eykin, 15.	Faughton, 2045.	Fetherstonhaugh,
Egnew, 13.	Eyre, 570.	Faulkener, 574.	602.
Eirons, 949.		Faulkner, 574.	Fey, 589.
Eivers, 954.		Faulkney, 574.	Ffennell, 596.
Ekin, 15.		Fausit, 588.	Ffinch, 606.
Elchinder, 18.		Fausset, 588.	Ffolliott, 603.
Elderdice, 17.		Faux, 643.	Ffrench, 652.
Eldred, 550.		Fawcet, 588.	Fidgeon, 1368, 1725.
Elfred, 556.		Fawcett, 588.	Fie, 589.
Eliot, 552.	Fagan, 571, 1322.	Fay, 589.	Field, 604.
Ellard, 49.	Faggy, 1322.	Fayly, 591.	Fields, 604.
Ellies, 553.	Faghy, 572.	Fayre, 1718.	Fife, 605.
Elliffe, 551.	Fagin, 571.	Feagan, 571.	Fihily, 591.
Elliott, 552.	Faherty, 626.	Feagon, 571.	Filbin, 1721.
Ellis, 553.	Fahy, 572.	Fealan, 1719.	Filcher, 614.
Ellison, 21, 554.	Fair, 1718.	Fealey, 591.	Filson, 1723.
Ellot, 552.	Faircloth, 573.	Fealy, 574, 591.	Finalay, 607.
Ellsmere, 555.	Fairclough, 573.	Fearen, 590.	Finamore, 609.
Ellsmoor, 555.	Fairis, 601.	Fearn, 590.	Finch, 606.
Ellsmore, 555.	Fairleigh, 579.	Fearon, 590.	Findlay, 607.
Ellwood, 556, 2075.	Fairley, 579.	Feary, 593.	Findley, 607.
Ellyett, 552.	Fairtclough, 573.	Featherston, 602.	Finelly, 597.
Elmer, 48.	Fairtlough, 573.	Fee, 589.	Finerty, 611.
Elshander, 18.	Fairy, 601.	Feeharry, 619.	Finigan, 610.
Elshinder, 18.	Falchenor, 574.	Feehely, 591.	Finlay, 597, 607.
Elshner, 18.	Falconder, 574.	Feehery, 593.	Finley, 607.
Elward, 49.	Falconer, 574.	Feehily, 591.	Finn, 608.
Elwood, 556, 2075.	Falkender, 574.	Feeley, 591.	Finnally, 607.
Elyot, 552.	Falkener, 574.	Feely, 591.	Finnamore, 609.
Emberson, 557.	Falkiner, 574.	Feeney, 592.	Finnamure, 609.
Emerson, 557..	Falkner, 574.	Fegan, 571.	Finne, 608.
Emmerson, 557.	Fallaher, 577.	Feghan, 571.	Finnegan, 610.
Emmett, 558.	Fallen, 575.	Feghany, 594, 935.	Finnell, 596.
Emmit, 558.	Fallin, 575.	Fehely, 591.	Finnelly, 597, 607.
Emo, 1857.	Fallon, 575, 576.	Fehily, 591.	Finnemor, 609.
English, 559, 729, 947.	Falloon, 575, 576.	Fehoney, 935.	Finnerty, 611.
Englishby, 948.	Faloon, 576.	Feighan, 571, 593.	Finnigan, 610.
Ennes, 560.	Faloona, 576.	Feighery, 593, 594, 935.	Finning, 578.
Ennis, 560.	Falvey, 577.	Feighney, 593, 594, 935.	Finnucane, 612.
Enniss, 560.	Fannin, 578.	Feighry, 594, 935.	Finny, 592.
Enraght, 561.	Fanning, 578.	Felan, 1719.	Firman, 613, 1711.
Enright, 561.	Fannon, 578.	Feley, 1479.	Firmin, 613.
Entwhistle, 562.	Faraday, 599.	Fenaghty, 598.	Fisher, 614.

Surname and Reference No.	Surname and Reference No.	Surname and Reference No.	Surname and Reference No.
Fitch, 622, 623.	Forbish. 638.	Fullerton, 659.	Garveagh, 677.
Fitchpatrick. 622.	Ford-M'Anare, 639.	Furey, 660.	Garven, 677. 678, 718.
Fitsimmons, 623.	Forde, 639.	Fury, 660.	Garvey, 677, 678.
Fitsimons, 623.	Forehan, 637.	Fylan. 1719.	Garvin, 677, 678.
Fitsommons, 623.	Forehane. 637.	Fyland, 661, 1719.	Garwin, 678.
Fitsummons, 623.	Forgay, 599.	Fye, 589.	Gasson, 681.
Fitz, 617, 622, 623.	Forgey, 599.	Fyfee, 605.	Gath. 679.
Fitzallen, 615.	Forgie, 599.		Gattins, 1338.
Fitzalleyn, 615.	Forgy. 599.		Gaughan, 690.
Fitzallwyn, 615.	Forhan, 637.		Gaughney, 662.
Fitzalwyn, 615.	Forhane. 639.		Gault, 680.
Fitzell. 616.	Forker. 582.		Gaussen, 681.
Fitzerald, 617.	Forkin, 732.	Gaddiss, 686.	Gausslin, 740.
Fitzgerald, 617.	Forrester, 640.	Gaff. 679.	Gaut, 680.
Fitzgerrald, 617.	Forsayeth, 641.	Gaffkan, 682.	Gavacan, 682.
Fitzgibbon, 618, 695.	Forsithe. 641.	Gaffikin. 682.	Gavagan. 682.
Fitzharris, 619, 620.	Forster. 640.	Gaffiny, 662.	Gavahan. 683.
Fitzhenry, 619, 620.	Forsythe. 611.	Gaffney, 662.	Gavan, 683.
Fitzimmons, 623.	Fortune, 642, 1246.	Gaffney, 662.	Gaven, 683.
Fitzmaurice, 621, 1556.	Fossitt, 588.	Gafney, 662.	Gavigan, 682, 690, 1368.
Fitzmorice, 621.	Foster, 640.	Gagan, 690.	Gavin, 667, 683.
Fitzmorris, 621.	Foulkard, 574.	Gahagan. 690.	Gay, 700.
Fitzpatrick, 622.	Fourhane, 637.	Gahan, 663, 1670.	Gaynard, 684.
Fitzsimmons, 623.	Fourker. 582.	Gainer, 684, 1343.	Gaynor, 684, 1343.
Fitzsimon, 623.	Foursides, 641.	Gairlan, 674.	Geagan, 690.
Fitzsimons, 623, 1884.	Fox, 643. 1859.	Gaitens, 1338.	Geanor, 684.
Fitzsummons, 623.	Foxe, 643.	Galagher, 665.	Gearn. 1862.
Fitzsumons, 623.	Foy, 572. 589.	Galavan, 667.	Gearns, 1862.
Fizell. 616.	Frackletin, 644.	Galavin, 667.	Gearon, 768.
Flack, 624.	Frackleton, 644.	Galbraith, 664.	Gearty, 692.
Fladger. 631.	Frain, 647.	Galbreath, 664.	Geary, 685.
Flagherty, 626.	Frainy, 651.	Galesby, 707.	Geddes, 686.
Flahavan, 625.	Fraisor, 648.	Gallagher, 665.	Geddis, 686.
Flahavin, 625.	Fraizer, 648.	Gallaher. 665.	Gee, 687. 1158, 1335.
Flaherty, 626, 1659.	Fraizor. 648.	Gallaugher, 665.	Geehan, 663.
Flahevan, 625.	Frakleton, 644.	Galletlie, 688.	Geffeken. 682.
Flahy, 627, 1052.	Frane. 647.	Galligan, 666, 690, 708, 2049.	Gegan, 690.
Flanagan. 628, 1660.	Franklin, 645.	Galliher, 665.	Geghan. 690.
Flang, 628.	Franklyn. 645.	Gallihur, 665.	Gehegan. 690.
Flanigan, 628.	Frany, 651.	Gallivan, 667.	Gelaspy. 707.
Flannagan, 628.	Fraser, 648.	Gallogher, 665.	Gelland, 709.
Flannigan, 628.	Frawley, 646.	Gallogly, 948.	Gellespey. 707.
Flatholy, 629.	Frayne, 647.	Gallougher, 665.	Gelletlie, 688.
Flattley, 629.	Frazer, 648.	Galloway, 668.	Gelshinan. 713.
Flavahan, 625.	Frazor, 648.	Gallway, 668.	Gelson, 689.
Flavin. 625.	Freal, 653.	Galston, 689.	Gelston, 689.
Fleck, 624.	Freckleton, 644.	Galt, 680.	Gennagh, 1400.
Fleens, 633.	Free. 650.	Galvan, 667.	Geogan, 690.
Fleming, 630.	Freebairn, 649.	Galven, 667.	Geoghan, 690.
Flemming, 630.	Freebern, 649.	Galvin, 667, 683.	Geoghegan, 666, 690, 1368.
Flemmyng, 630.	Freebirn, 649.	Galway, 668.	
Flemon, 630.	Freeburn, 649.	Galwey. 668.	Geoghery, 691.
Flemyng, 630.	Freel, 653.	Gambell, 669.	Geon, 1404.
Fletcher, 631.	Freeman. 650.	Gamble, 669.	Geraghty, 692.
Fleury. 660.	Freeny, 651.	Gamel. 669.	Gerard, 693.
Flinn, 633.	Frehily, 646.	Gammel, 669.	Gerarty, 692, 872.
Flood, 632.	Frein. 647.	Ganly, 670.	Gerathy, 692.
Floody, 632.	Frekleton. 644.	Gannon, 229.	Geraty, 692.
Floyd, 632.	French, 652.	Gantly, 670.	Geraughty, 692.
Flyng, 633.	Freny, 651.	Gaphney, 662.	Gerdan, 966.
Flynn, 633.	Friar, 656.	Gara, 671, 677.	Gerety, 692.
Foard, 639.	Friary, 1741.	Garahan, 675.	Gerity, 692.
Fodaghan, 1945.	Frickelton, 644.	Garahy, 692.	Geroughty, 692.
Fodha, 1117.	Frickleton, 644.	Gardiner, 672.	Gerraghty, 692.
Fogarty, 634, 1945.	Friel, 653.	Gardner, 672.	Gerrard, 693.
Fogaton, 634, 1945.	Frier. 656.	Gargan, 673.	Gerret, 693.
Fogerty, 634.	Frisell, 654.	Garity, 692.	Gertey, 692.
Foley, 635. 1479.	Frizell, 654.	Garland, 674.	Gerty, 692.
Folliett, 603.	Frizelle, 654.	Garner, 672.	Gervais, 694.
Folliott. 603.	Frizzel, 654.	Garraghan, 675.	Gervaise. 963.
Foody, 1945.	Frizzell, 654.	Garratt, 676.	Gervase, 963.
Fooley, 635.	Frizzle. 648, 654.	Garrett, 676.	Gervis. 694, 963.
Fooluiah, 635.	Fry, 601, 655.	Garrigan, 673.	Gery, 685.
Foorde, 639.	Fryarr, 656.	Garrity, 692.	Ghagan, 690.
Foot, 636.	Fryer, 656.	Garron, 716.	Ghee, 687.
Foote, 636.	Fudge, 657.	Garry, 1334.	Ghegan, 690.
Foots, 636.	Fuge, 657.	Gartlan, 674.	Ghelson, 689.
Foran, 637.	Fulham, 658.	Gartland, 674.	Gheraty, 692.
Forbes, 638.	Fullam, 658.	Gartlin, 674.	Gibben, 695.
Forbis, 638.	Fullarton, 659.		Gibbings, 695.

Surname and Reference No.	Surname and Reference No.	Surname and Reference No.	Surname and Reference No.
Gibbins, 695.	Ginnel, 684.	Goonan, 776.	Gribbin, 762.
Gibbon, 618, 695.	Girvin, 716.	Goonane, 776.	Gribbon, 762.
Gibbons, 618, 695.	Gissane, 1037.	Goonery, 1546.	Grier, 757.
Gibney, 696.	Gittings, 717.	Gooney, 776.	Grieves, 751.
Giboney, 696.	Gittons, 717.	Goonry, 1546.	Griffen, 763.
Gibsey, 697.	Givan, 718.	Gordon, 737.	Griffeth, 764.
Gibson, 697.	Giveen, 718.	Gorey, 777.	Griffey, 763.
Gibulawn. 697.	Given, 678, 718.	Gorman, 738, 739, 1662.	Griflin. 762, 763, 764.
Gifford, 958.	Givin, 718.	Gormley, 738, 739. 765.	Griffins, 763.
Gifney, 662.	Glan, 719, 1353	Gorry, 777.	Griffith, 763, 764.
Gilbey, 698.	Glancy, 274.	Goslin, 740.	Griffiths, 764.
Gilbraith, 664.	Glanders, 1059.	Gossan, 681.	Griffy, 763.
Gilbreath, 664.	Glanfield, 719.	Gosselin, 740.	Grimes, 739, 747, 759,
Gilchreest, 699.	Glanny, 722.	Gosson, 681.	765.
Gilchriest, 699.	Glanville, 719.	Gostlin, 740.	Grimley, 766.
Gilchrist, 699, 1124.	Glashby, 707.	Goudy, 745.	Grinlaw, 755.
Gilcrest, 699.	Glaspy, 707.	Gough, 741.	Grinlee, 756.
Gilcriest, 699.	Glavin, 667.	Gould, 742.	Grinlees, 756.
Gilcrist, 699.	Glazier, 720.	Goulding, 730, 732,	Grism, 760.
Gildea, 700.	Gleason, 721.	1354.	Grissam, 760.
Gildowny, 506.	Gleasure, 720.	Gouldrick, 733, 1354.	Grissom, 760.
Gilelin, 709.	Gleazer, 720.	Gouldsberry, 743.	Grogan, 767.
Giles, 701.	Gleeson, 721.	Gouldsbury, 743.	Groggan, 767.
Gilfillan, 702.	Glendinning, 282.	Gouldy, 731.	Gronel, 1789.
Gilfilland, 702.	Glenn, 723.	Goulrick, 733.	Groogan, 767.
Gilfoye, 771.	Glennon, 723.	Gow. 1897.	Grozet, 385.
Gilfoyle, 771.	Glenny, 722.	Gowan, 744, 1358, 1897.	Grumley, 766.
Gilgan, 708.	Glessane. 721.	Gowdy, 745.	Grummell, 377.
Gilgunn, 775.	Glinn, 723.	Gowen, 728, 744.	Guare, 1370.
Gilhool, 703.	Glissane, 721.	Gowing, 728.	Gubby, 473.
Gilhooley, 703	Glissawn, 721.	Graddy, 746.	Guckian, 780.
Gilis, 710.	Glynn, 723, 1353.	Grady, 746, 1663.	Guerin, 753, 768.
Gilkeson, 704.	Gna, 1400.	Graeme, 747.	Guicken, 780.
Gilkie, 1896.	Goan, 1897.	Graham, 747, 765.	Guider, 769.
Gilkieson, 704.	Gobin, 695.	Grame, 747.	Guidera, 769.
Gilkinson, 704.	Godsil, 724.	Grames, 747.	Guidra, 769.
Gilkison, 704.	Godson, 724, 734.	Grandfield, 749.	Guigan, 1368.
Gilkisson, 704.	Godwin, 725, 1648.	Granfill, 749.	Guighan, 770.
Gill. 705.	Goff, 741.	Granny, 748.	Guihan, 770.
Gillan, 709.	Gogan. 727.	Grant, 748.	Guiheen, 770, 2086.
Gilland, 709.	Gogarty, 726.	Granville, 749.	Guihen, 770, 2086.
Gillas, 710.	Gogerty, 726.	Grattan, 750.	Guiken, 770.
Gillaspy, 707.	Goggan, 727.	Gratten, 750.	Guilavan, 1936.
Gillbee, 1661.	Goggin, 298, 727.	Grattin, 750.	Guilchrist, 699.
Gilleland, 709.	Goggins, 727.	Gravell, 761.	Guilfoyle, 771, 1735.
Gillen, 706, 1017.	Gogin, 727.	Graves, 751.	Guilliland, 709.
Gilles, 710.	Gohary, 691.	Gray, 752.	Guilmartin, 711, 1020.
Gillesby, 707.	Going, 728. 1897.	Gready, 1663.	Guina, 1400.
Gillespie, 707.	Golagley. 559, 729.	Greaham, 747.	Guinan, 772.
Gilletlie. 688.	Golden, 730, 732, 733,	Greames, 747.	Guinane, 772, 1030.
Gillgan, 666.	1162, 1354.	Greaves. 751.	Guinea, 773.
Gilliard, 705.	Goldie. 731, 732.	Green, 753, 754, 768,	Guinevan, 227.
Gilligan, 666, 708.	Golding, 730, 731, 732.	1350.	Guiney, 773.
Gillilan, 709.	Goldrick. 730, 733.	Greenan, 753.	Guinna, 1400.
Gilliland, 709.	Goldsberry, 743.	Greenaway, 753, 754.	Guinnaty, 715.
Gillis, 710.	Goldsbury, 743.	Greene, 753.	Guinness, 774, 1369.
Gillispie, 707.	Golesbery. 743.	Greenhaigh, 754.	Guiny, 773.
Gillmore, 712.	Goligher, 665.	Greenhay, 754.	Guiry, 685.
Gillooly, 703.	Gollagher, 665.	Greenlaw, 755.	Gullion, 706.
Gillowly, 703.	Golliher, 665.	Greenlee. 756.	Guning, 776.
Gillpatrick, 1021.	Gollocher, 665.	Greenlees, 736.	Gunn, 775.
Gilmartin, 711, 1020.	Gollogher, 665.	Greenvil, 749.	Gunner, 775.
Gilmer, 712.	Golloher, 665.	Greenway, 754.	Gunning, 776
Gilmore. 712.	Golloway. 668.	Greer. 757.	Gunshinan. 713.
Gilmour, 712.	Gology, 559.	Gregg, 752.	Gurdan, 966.
Gilooly, 703.	Goloher, 665.	Greham, 747.	Gurry, 777.
Gilroy, 1022.	Golsberry. 743.	Grehan, 759, 765.	Gutherie, 778.
Gilsenan, 713, 1639.	Gomory, 1546.	Greig, 758.	Guthrie, 778, 1052.
Gilsenon, 713.	Gonoude, 325.	Greir, 757.	Guttery, 778.
Gilshenan, 713, 1639.	Goodison, 734.	Grene. 753.	Gwyn, 779.
Gilshenon, 713.	Goodisson, 734.	Grenlaw, 755.	Gwynne, 779.
Gilson, 701.	Goodman, 735.	Grenvil, 749.	Gyles, 701.
Giltenane, 714, 1860.	Goodson, 734.	Grenville, 749.	
Giltinane, 714, 1860.	Goodwin, 736, 1354.	Gresham, 760.	
Ginaty, 715.	Googan, 727.	Gressam, 760.	
Ginity, 715.	Googarty, 726.	Greville, 761.	
Ginn, 1345.	Goold. 742.	Grey, 752.	
Ginna, 1400.	Goolden, 732.	Greyhan, 759.	Habbagan, 913.
Ginnane, 772, 1400.	Gooley. 731.	Gribben, 370, 762, 763,	Habbert, 896.
Ginnaw, 1400.	Gooly, 709.	1477.	Habernathy, 2.
			Habernethy, 2.

78

Surname and Reference No.	Surname and Reference No.	Surname and Reference No.	Surname and Reference No.
Hackett, 780.	Handlon, 808.	Hartford, 831.	Headen, 347.
Haden, 847.	Handly, 807.	Hartican, 832.	Heagan, 782.
Hadian, 847.	Handrahan, 812.	Hartigan, 832.	Heally, 855.
Hadnet, 898.	Handrick, 804.	Hartin, 833.	Healy, 855.
Hadskeath, 781.	Handridge, 800.	Hartnane, 864.	Heanen, 863.
Hadskiss, 781.	Handsbery, 805.	Hartnett, 822.	Heany, 99. 856.
Hafferon, 864.	Handy, 802.	Hartney, 864.	Heard, 858.
Haffey, 839.	Haneen, 811.	Harton, 833.	Hearde, 858.
Hafford, 831.	Hanephy, 806.	Hartry, 834.	Heare, 821.
Haffron, 864.	Hanify, 806.	Harty, 827, 834.	Hearn, 14, 859, 878.
Hagan, 547, 782, 901, 1664.	Hanily, 807.	Harvessy, 835.	Hearne, 859.
Hagans, 886, 782.	Hanlan, 792, 808.	Harvey, 835.	Hearon, 14.
Hagarty, 783, 865.	Hanley, 807.	Harvison, 815.	Hearst, 938.
Hagerty, 783, 865.	Hanlin, 808.	Harwood, 830, 836.	Heary, 860.
Haggarty, 783.	Hanlon, 792, 808, 1666.	Haselden, 851.	Heaslett, 852.
Haggens, 886.	Hanly, 807.	Haskett, 879.	Heasley, 852.
Haggerty, 783.	Hanna, 809.	Haskins, 39, 918.	Heaslip, 861.
Haghen, 1664.	Hannagh, 809.	Haskis, 781.	Heasting, 838.
Haghey, 839.	Hannah, 809.	Haslegrove. 850.	Heaphy, 867.
Hagin, 782.	Hannan, 799, 811.	Hasleton, 851.	Heathcock, 854.
Hahasy, 784.	Hannaway, 810.	Haslett, 852.	Heazlewood, 853.
Hahessy, 784.	Hannen, 799, 811.	Haslewood. 853.	Heazley, 852.
Haigan, 782.	Hannin, 799, 811.	Hassan, 837.	Heden, 847.
Hailes, 787.	Hannon, 799, 811.	Hasscott, 114.	Hederton, 881.
Hainen, 799.	Hanon, 799.	Hasson, 837.	Hedery, 1780.
Haines, 785, 945.	Hanrahan, 812.	Hastie, 838.	Hedivan, 862.
Hainey, 856.	Hanratty, 813.	Hasting, 838.	Hednan, 862.
Hair, 821, 1668.	Hanrick, 804.	Hastings, 838.	Heduvan, 862.
Haire, 821.	Hansbury, 805.	Hasty, 838.	Heel, 888.
Halbrook, 902.	Hanson, 814, 1414.	Hathorn, 846.	Heelan, 944.
Halckett, 780.	Hanton, 893.	Hatton, 1379.	Heenan, 799, 863.
Haldane, 786.	Hanvidge, 800.	Haughan, 839.	Heeny, 856.
Hales, 787.	Hanway, 810.	Haughean, 782.	Heery, 860.
Halfpenny, 788, 794.	Haran, 825, 914, 1667.	Haughey, 839.	Hefferan, 864.
Hall, 789.	Harbert, 873.	Haughian, 839, 843.	Heffernan, 841, 864, 876
Halladay, 790.	Harbinson, 815, 873.	Haughran, 914.	Heffernin, 864.
Hallanan, 792.	Harbison, 815.	Haughton, 840, 942.	Heffernon, 864.
Hallaron, 793.	Harcourt, 816.	Haveren, 841.	Hefferon, 864.
Halley, 1573.	Harden, 817.	Havern, 841, 864.	Heffron, 841, 864.
Halliday, 790.	Hardford, 831.	Haveron, 841, 864.	Hefron, 841.
Halligan, 791.	Hardiman, 818.	Havey, 857.	Hegan, 1664.
Hallinan, 20, 792, 808.	Hardman, 819.	Havron, 841.	Hegans, 782.
Hallissey, 1169.	Hardwood, 820.	Havy, 857.	Hegarty, 783, 865.
Halloran, 793, 1665.	Hare, 821, 1668.	Hawes, 842.	Hegerty, 865.
Hallorin, 793.	Harel, 824.	Hawey, 899.	Heggarty, 865.
Halloron, 793.	Haren, 825, 914, 1667.	Hawkes, 844.	Hegher, 821.
Halloway, 907.	Harford, 831.	Hawkins, 843.	Hehir, 821.
Hallyday, 790.	Hargaden, 818.	Hawks, 844.	Heify, 857.
Halnan, 792.	Harhan, 914.	Hawkshaw, 845.	Heillis, 890.
Halpeny, 788.	Hariott, 877.	Hawney, 905.	Heily, 855.
Halpin, 788, 794.	Harker, 816.	Hawthorn, 846.	Heines, 945.
Halyday, 790.	Harknett, 822.	Hawthorne, 846.	Helston, 927.
Ham, 796.	Harley, 937.	Haybrun, 883.	Hely, 855.
Hamden, 798.	Harman, 819.	Hayburn, 883.	Heman, 849.
Hamell, 795.	Harmon, 819.	Haycock, 854.	Hemans, 849.
Hamill, 795, 796, 797.	Harnett, 822.	Hayden, 847.	Hemp, 866.
Hamilton, 795, 796.	Harold, 823.	Haydin, 847.	Hempe, 366.
Hammel, 795.	Haroughten, 827.	Haydon. 847.	Hempenstall, 866.
Hammell, 795.	Haroughton, 827.	Hayes, 848, 1669.	Hempstall, 866.
Hammill, 795.	Harper, 824.	Hayfron, 864.	Hempton. 798.
Hammond, 795, 797.	Harpur, 824	Hayman, 849.	Henan, 799.
Hampden, 798.	Harrel, 823.	Haynan, 799.	Henchy, 871.
Hampton, 798, 893.	Harrell, 823.	Haynes. 785, 945.	Henderson, 867.
Hanafy, 806.	Harren, 825, 1667	Hays, 848.	Hendron, 867.
Hanah, 809.	Harrett, 820.	Hayslip, 852.	Hendry, 870.
Hanan, 799.	Harricks, 826.	Hayten, 847.	Henebery, 868.
Hanar, 811.	Harrigan, 915, 916.	Haythorne, 846.	Heneberry, 868.
Hanaty, 872.	Harrihy, 835.	Haze, 848.	Henebry, 868.
Hanberry, 801.	Harrington, 563, 827, 834.	Hazelett, 852.	Henehan, 99.
Hanbery, 801.	Harris, 828, 829.	Hazelitt, 852.	Henekan, 99.
Hanbidge, 800.	Harrison, 828, 829.	Hazelton, 851.	Henery, 870.
Hanbury, 801.	Harrisson, 828.	Hazlegrove, 850.	Henesy, 869.
Hancock, 803.	Harrity, 827.	Hazleton, 851, 852.	Heney, 856.
Hancocks, 803.	Harron, 825, 878.	Hazlett, 851, 852.	Henissy, 869.
Hand, 802.	Harrot, 836.	Hazlewood, 853.	Henley, 807.
Handbidge, 800.	Harroughton, 827.	Hazley, 852.	Hennan, 863.
Handbury, 801.	Hart, 830. 836.	Hazlip, 861.	Henneberry, 868.
Handcock, 803.	Harte, 830.	Hazlitt, 852.	Hennebry, 868.
Handcocks, 803.	Harten, 833.	Hazzlett, 852.	Hennessy, 869.
		Heacock, 854.	Henright, 561.

Surname and Reference No.	Surname and Reference No.	Surname and Reference No.	Surname and Reference No.
Henry, 870, 1313, 1374.	Hilliss, 890.	Hosford, 917.	Hutchisson, 941.
Hensbry, 868.	Hillston, 927.	Hoskins, 918.	Hutson, 941.
Henshaw, 871.	Hillyard, 891.	Hoskisson, 939.	Hutton, 840, 942.
Hensy, 869.	Hilo, 855.	Hough, 923.	Hyde, 513, 943, 1655.
Henthorn, 846.	Hilyard, 831.	Houghegan, 690, 900.	Hyland, 944, 2047.
Henzy, 869.	Hinchy, 871.	Houghton, 840.	Hyle, 926.
Hepburn, 883.	Hinds, 892, 945, 1690.	Houlaghan, 919.	Hyles, 926.
Heraghty, 872.	Hines, 945.	Houldon, 903.	Hyndes, 945.
Herald, 823.	Hinsy, 869.	Houlehan, 919.	Hynds, 945.
Herbert, 815, 873, 896.	Hinton, 798, 893.	Houldsworth, 904.	Hynes, 785, 945, 1690.
Herbison, 815.	Hipps, 1720.	Houlahan, 919, 1634.	Hyslop, 861.
Herd, 858.	Hird, 858.	Houlehan, 919.	
Herdman, 819.	Hirl, 823.	Houneen, 753.	
Hergusson, 599.	Hiskisson, 939.	Hourican, 1904, 1938.	
Heritage, 874.	Hitchens, 894.	Hourihan, 920.	
Herley, 875, 937.	Hitchins, 894.	Hourihane, 920.	
Herlihy, 875, 937.	Hoare, 895.	House, 923.	Iago, 955.
Herly, 937.	Hobart, 873, 896.	Houstin, 921.	Igo, 946.
Herne, 878.	Hobbikin, 913.	Houston 921, 910.	Igoe, 946.
Hernon, 864, 876.	Hobert, 896.	Houtten, 810.	Ildowney, 1304.
Heron, 14, 878.	Hodger, 897.	Hovenden, 1689.	Ilhinney, 1306.
Herran, 878.	Hodgin, 928.	Howard, 922.	Ilroy, 1384.
Herricks, 826.	Hodgins, 897.	Howay, 924.	Ilwee, 1310.
Herriott, 877.	Hodgson, 928.	Howe, 923.	Inglesby, 948.
Herron, 14, 859, 878.	Hodnett, 898.	Howes, 842, 923.	Inglis, 559, 947.
Herrtage, 874.	Hodson, 928.	Howie, 924.	Ingoldsby, 948.
Hertnan, 864.	Hoey, 899.	Howison, 921.	Inis, 560.
Hertnon, 876.	Hog, 782, 901.	Howley, 925.	Innes, 560.
Hervy, 835.	Hogan, 900, 930.	Hoy, 839, 848.	Innis, 560.
Hesketh, 879.	Hogart, 922.	Hoye, 899.	Insgelby, 948.
Heslip, 861.	Hogarty, 865.	Hoyle, 926.	Irons, 949.
Heslitt, 852.	Hogg, 901.	Hoyles, 926.	Irrington, 827.
Hession, 880, 2009.	Hoggshaw, 845.	Hoynes, 945, 1690.	Irvine, 950, 951.
Hestin, 838.	Hoins, 945, 1690.	Hubbard, 896.	Irving, 950.
Hestings, 838.	Holahan, 919.	Hucheson, 941.	Irwin, 950, 951.
Hestion, 838.	Holbrook, 902.	Huddleston, 927.	Isaac, 952.
Hetherington, 881.	Holdbrook, 902.	Hudson, 928.	Isaacs, 952.
Heuson, 882.	Holden, 903.	Hue, 1376.	Isdell, 953.
Hewetson, 882.	Holdsworth, 904.	Hueson, 882, 1376.	Isdle, 953.
Hewison, 882.	Holeday, 790.	Hueston, 882.	Ivers, 954.
Hewlett, 932	Holesworth, 904.	Huet, 929.	Ivors, 954.
Hews, 931.	Holey, 2055.	Huey, 929.	
Hewson, 882, 940, 1376.	Holian, 1675.	Huggins, 886, 900, 930.	
Howston, 882.	Holland, 905, 1575.	Hughes, 931.	
Heyburn, 883.	Holliday, 790.	Hugheston, 882.	
Heycock, 854.	Hollingsworth, 906.	Hughey, 929.	
Heydon, 847.	Hollinsworth, 906.	Hughs, 931.	
Hoyfron, 864.	Holloran, 793.	Hughston, 921.	Jaffery, 959.
Heyland, 944.	Holloway, 907.	Hulahun, 1634.	Jaffrey, 959.
Heys, 848.	Hollway, 907.	Huleatt, 932.	Jaffries, 959.
Heyslip 861.	Holly, 908, 1752.	Hulihan, 919.	Jago, 955.
Hezlett, 852.	Holmes, 909.	Hull, 789.	Jagoe, 955.
Hickey, 884.	Holohan, 919.	Hulme, 933.	Jameison, 957.
Hickie, 884.	Holoughan, 919.	Hulnane, 394.	James, 956, 957.
Hide, 513, 943.	Holoway, 907.	Hultaghan, 1634.	Jameson, 956, 957.
Hiffernan, 864.	Homes, 909.	Hultahan, 1634.	Jamieson, 957.
Higerty, 865.	Hone, 910.	Hume, 933.	Jamison, 957.
Higgans, 886.	Hooke, 911.	Humes, 933.	Jardan, 966.
Higgens, 886.	Hooks, 911.	Humffray, 934.	Jardine, 966.
Higgerty, 865.	Hoolaghan, 919.	Humfrey, 934.	Jarmyn, 962.
Higginbotham, 885.	Hoolahan, 919.	Humphreys, 934.	Jarrett, 693.
Higginbottom, 885.	Hoolihan, 919, 1634.	Humphries, 934.	Jarvis, 694.
Higgings, 886.	Hoologhan, 919.	Humphry, 934.	Jeffares, 958.
Higgius, 886, 930, 1664.	Hop, 913.	Humphrys, 934.	Jeffars, 958.
Highland, 944.	Hopes, 912.	Huneen, 753.	Jeffers, 958.
Higins 886.	Hopkins, 913.	Hunt, 593, 594, 935, 936.	Jeffery, 959.
Hiland, 944.	Hopps, 912.		Jeffrey, 959.
Hilbert, 873.	Horaho, 829.	Hunter, 935, 936.	Jeffreys, 959.
Hildage, 887.	Horan, 914.	Hurd, 858.	Jellis, 701, 964.
Hildige, 887.	Hore, 895.	Hurley, 310, 937.	Jemason, 957.
Hilditch, 887.	Horgan, 915, 916.	Hurst, 938.	Jemison, 957.
Hill, 888	Horish, 219.	Huskison, 939.	Jenkenson, 960.
Hillan, 889.	Horisky, 2056.	Huskisson, 939.	Jenkins, 960.
Hillard, 891.	Hornett, 898.	Huson, 882.	Jenkinson, 960.
Hillas, 890.	Horoho, 828.	Huston, 882, 921, 910, 1376, 1486.	Jenkison, 960.
Hillen, 889.	Horohoe, 895.		Jennings, 961.
Hilles, 890.	Horrigan, 915, 916.	Hutchenson, 941.	Jerdan, 966.
Hilliard, 891.	Horrigon, 915.	Hutcheson, 941.	Jerety, 692.
Hilligan, 791.	Horrogan, 915.	Hutchinson, 941.	Jerman, 962.
Hillind, 889.	Horsford, 917.	Hutchison, 941.	Jermyn, 962.

Surname and Reference No.	Surname and Reference No.	Surname and Reference No.	Surname and Reference No.
Jerrett, 693.	Keddle, 209.	Keon, 996.	Kilfoyle, 771.
Jervaise, 963.	Kedney, 1009.	Keoneen. 961.	Kilgallen, 1014.
Jervis, 694, 963.	Keefe, 979.	Keough. 994.	Kilgrist, 699.
Jervois, 963.	Keeffe, 979, 1671.	Keown, 995, 996.	Kilkelly, 988, 1015.
Jevers, 954.	Keegan, 547, 980.	Keppel, 233, 997.	Kilkenny, 992.
Jiles, 701, 964.	Keelan, 981.	Kepple, 233, 997.	Kilkey, 1896.
Jinkins, 960.	Keelin. 981.	Ker, 246.	Kilkison. 704.
Johnson, 965, 1404.	Keeling, 982.	Kerans, 976.	Kilkisson. 704.
Johnston, 965, 1404, 1478.	Keellin, 981.	Kerbin, 1033.	Killan, 981.
Johnstone, 965.	Keeltagh, 1896.	Kerby, 1033.	Killby, 698.
Jonson, 965.	Keely, 982, 988.	Kereen, 976.	Killeen. 1016.
Jordan, 966.	Keenan, 983, 1023.	Kerevan, 1035.	Killen, 706, 1017.
Jorden, 966.	Keenoy, 983.	Kergan. 1003.	Killian, 1017.
Jordine, 966.	Keerawin. 1035.	Kerigan, 1003.	Killimith, 2075.
Jordon, 966.	Keern, 239.	Kerin, 998.	Killion, 1016.
Jourdan, 966.	Keernan. 1001.	Kerins, 976.	Killips, 1018.
Jourdin, 966.	Keery, 239.	Kerisk, 855.	Killkelly, 1015.
Joyce, 967.	Keesack, 1036.	Kerivan, 1035.	Killmore, 712.
Judge, 154, 968.	Keevane, 972.	Kerivin, 1035.	Killooley. 703.
Julian, 969.	Keevers, 1396.	Kerley, 999.	Killops, 1018, 1408.
Julien, 969.	Keeves, 1396.	Kerlin, 245, 1000.	Killpatrick, 1021.
Jumphrey, 958.	Keghan, 1403.	Kerly, 401.	Killum, 1019.
Junkin, 960.	Kegley, 1751.	Kermode, 242.	Kilm, 1019.
Jurdan, 966.	Keheerin, 215.	Kernaghan, 227, 1001, 1010.	Kilmartin. 711. 1020.
Jury, 970, 1078.	Kehelly, 292.	Kernahan, 1001.	Kilmary, 1448.
	Keherny, 975.	Kernan, 1001, 1010.	Kilmet, 2075.
	Kehilly. 292.	Kerney, 975.	Kilmurray, 1602.
	Kehir. 216.	Kernohan. 1001.	Kilmurry, 1382.
	Kehoe, 994. 1403.	Kernon. 1001, 1010.	Kilpatrick, 1021, 1034.
	Keighrou, 1003.	Kerns. 976.	Kilroy, 1022.
	Keightley, 984.	Kerons, 976.	Kilvey, 1398.
Kaddow. 210.	Keilly, 982.	Kerr. 246, 1002.	Kilwell, 219.
Kadell, 209.	Keiltogh, 1896.	Kerragher, 247.	Kimins, 396.
Kaffrey, 212.	Keily, 292.	Kerragy, 249.	Kimmings, 396.
Kahoon, 305.	Keiran, 976.	Kerrane, 246, 976.	Kimmins, 396, 397.
Kain, 971.	Keirans, 217, 976, 1010.	Kerrigan, 338, 1003.	Kinaghan, 400.
Kaine, 971.	Keith, 985.	Kerrins, 976.	Kinahan, 983, 1023.
Kairns, 976.	Keitley, 984.	Kerrish, 855.	Kinane, 772, 1030.
Kalshander, 18.	Kelaghan, 220.	Kerrisk. 855.	Kinarney, 1024.
Kanavaghan, 227.	Kell, 1046.	Kerrison, 1004.	Kinavan, 227.
Kane, 971, 974. 1670	Kellaghan, 220.	Kershaw, 1005.	Kincade, 1025.
Kangley, 1960	Kellard, 986.	Kervan, 1035.	Kincaid, 1025.
Kappock, 235.	Kellegher, 986.	Kerwin, 1035.	Kincairt, 259.
Karey, 239.	Kellegy, 221.	Keshin, 255.	Kincart, 259, 2080.
Karney, 975.	Kelleher, 986.	Kessidy, 258.	Kinchela, 1032.
Karr, 246.	Keller, 986.	Ketchen, 1038.	Kinchella, 1028, 1032.
Kavanagh, 262, 972.	Kelley, 988.	Keterson, 260.	Kinchley, 1028.
Kavenagh, 972.	Kelloch, 987.	Kettle, 1006.	Kine, 353.
Kays, 1007.	Kellock, 987.	Kettyle, 1006.	Kinealy, 990.
Keacy, 254.	Kellog, 987.	Kevane, 972.	Kinerney, 1388.
Keafe, 979.	Kellops, 1018.	Keveney, 972.	King, 323, 1026.
Keag, 1392.	Kelly, 220, 982, 988, 1015, 1672.	Keverny, 1388.	Kinghan, 1402.
Keaghery, 973.	Kemp, 226.	Kevney, 978.	Kingsbury, 1027.
Keague, 1392.	Kenah, 989.	Keyes, 1007.	Kingsley, 1028.
Keahery, 973.	Kenchyla, 1032.	Keys, 1007.	Kingston, 1029.
Kealy, 982.	Kendrick, 993.	Kidd, 1008.	Kingstone, 1029.
Kean, 971, 974.	Kenealy, 990.	Kiddle, 1008.	Kinigam, 400.
Keane, 971.	Kenelly. 319, 990.	Kidney, 1009.	Kinighan, 400.
Keaney, 992.	Kenna, 989, 1400.	Kielt, 1896.	Kiniry, 1388.
Keany, 992, 1394.	Kennah, 1400	Kielty, 1896.	Kinkade, 1025.
Keappock, 235.	Kennane, 772.	Kiely, 982, 988.	Kinkaid, 1025
Kearan, 1010.	Kenneally, 990.	Kieran, 976.	Kinkead, 1025.
Kearin, 998.	Kenealy, 990.	Kierevan, 1035.	Kinna, 983, 989, 1023.
Kearn, 976.	Kennedy, 991.	Kiernan, 1001, 1010.	Kinnaird. 1031.
Kearnes, 976.	Kennelly, 990.	Kierney, 975.	Kinnan. 983.
Kearney, 975. 976.	Kenning, 228.	Kiervan, 1035.	Kinnane, 229, 1030.
Kearns, 217, 975, 976.	Kennington, 991.	Kilbride, 1011.	Kinneally, 990.
Kearon, 976.	Kennon, 229.	Kilchreest, 699.	Kinnealy, 990.
Kearsey, 1005.	Kenny, 992. 1401, 1411.	Kilchriest. 699.	Kinnear, 1031.
Kearson, 1004.	Kenrick, 993.	Kilcline, 1012.	Kinneary, 1024.
Keary. 239.	Kentley, 231.	Kilcoyne, 353.	Kinneen, 1758.
Keat, 985.	Keogan. 298.	Kilcullen, 1014.	Kinnegan, 400.
Keaterson. 260.	Keogh, 994, 1403.	Kilday, 700.	Kinner, 1031.
Keates, 985.	K'eogh, 994.	Kildea, 700.	Kinnere, 1031.
Keating, 977.	Keoghane, 995.	Kildunn, 530.	Kinney, 992.
Keatley, 984.	Keoghoe, 994.	Kiley, 982.	Kinnian, 400.
Keats, 985.	Keoghy. 994.	Kilfedder, 1013.	Kinnier, 1031.
Keaty, 977.	Keohane, 214, 347, 995, 996.	Kilfeder, 1013.	Kinnigham, 400.
Keaveny, 978.		Kilfillan, 702.	
Keays, 1007.			

Surname and Reference No.	Surname and Reference No.	Surname and Reference No.	Surname and Reference No.
Kinsbury, 1027.	Lagan, 1113.	Lawder, 1073.	Lenane, 1092, 1097,
Kinsela, 1032.	Laghlin, 1124.	Lawell, 1069.	Lenard, 1097.
Kinsella, 1032.	Lahiff, 627, 778, 1052.	Lawler, 1075.	Lendrum, 1093.
Kinsellagh, 1032.	Lahive. 1052.	Lawless, 1074, 1077.	Leneghan, 1094.
Kinsellah, 1032.	Lahy, 1079.	Lawlor, 1075.	Lenehan, 1094,
Kinshela, 1032.	Laidley, 1049.	Lawrance, 1068.	Lenigan, 1063.
Kinshelagh, 1032.	Laing, 1053.	Lawrence, 1068.	Lenihan, 1094.
Kinshellagh, 1032.	Laingster. 1058.	Lawrenceson, 1076.	Lennard, 1097.
Kinslagh, 1032.	Laird, 1054.	Lawrenson, 1076.	Lennihan, 1094.
Kinsley, 1028.	Lairy, 1080.	Lawrinson, 1076.	Lennon, 1095, 1097.
Kinucane, 612.	Lalor, 1075.	Lawrison, 1076.	Lennox, 1096.
Kirberry, 1033.	Laman, 1057.	Laws, 1077.	Lenon, 1095.
Kirby, 1033.	Lambart, 1055.	Lawson, 1074, 1077.	Lenord, 1097.
Kirk. 1034, 1757.	Lambert, 1055.	Lawther. 1073.	Lenox, 1096.
Kirkby. 1033.	L'ami, 1056.	Layard, 1054.	Leonard, 1092, 1095,
Kirivan, 1035.	Lamie, 1056.	Layburn, 1103.	1097
Kirkpatrick, 1021,1034.	Lamin, 1057.	Laycock, 1078.	Leslie, 1098.
Kirland. 245.	Lammie, 1056.	Layne, 1060.	Lester, 1099.
Kirley, 401, 999.	Lammon. 1057.	Layng, 1053.	Lethem, 1066.
Kirlin, 1000.	Lammy. 1056.	Leache, 1084.	Letimore, 1067.
Kirpatrick, 1021, 1034.	Lamon, 1057.	Leacock, 1078.	Letsam, 1100.
Kirrane, 239, 246, 402,	Lamond. 1057.	Leacy, 1048.	Letsome, 1100, 1552.
1035.	Lamont, 1057, 1091.	Leadam, 1066.	Lettimor, 1067.
Kirvan, 1035.	Lampert. 1055.	Leahey, 1079.	Levenston, 1109.
Kirwan, 1035.	Lamy, 1056.	Leahy, 1079.	Leveran, 568.
Kirwen, 1035.	Lancaster, 1058.	Leaky, 1081.	Leveson, 1109.
Kirwin, 1035.	Landers, 1059.	Leane, 1060.	Levey, 1101.
Kissack, 1036.	Landregan, 1116.	Leard, 1054.	Levingstone, 1109.
Kissane, 1037.	Landrum, 1093.	Leary, 1080, 1673.	Levins, 1072.
Kissick, 408, 1036.	Landy. 1059, 1061.	Leatham, 1066.	Levinson, 1109.
Kissock, 1036.	Lane. 1060, 1094, 1104,	Leathem. 1066.	Levinston, 1109.
Kitchen, 1038, 1039,	1140.	Leavy. 1101.	Leviston, 1109.
1294.	Laney, 441, 1136.	Leburn, 1103.	Lewers, 1102.
Kitson, 1038, 1039.	Lang, 1053.	Leckie, 1081.	Lewis, 1102.
Kittson, 1039.	Langan, 1063.	Lecky, 1081.	Leybourne, 1103.
Kivnahan, 972.	Langin, 1063.	Leddy, 1082.	Leycester, 1099.
Kivneen, 983.	Langley, 1061.	Ledgwidge, 1082.	Leyhane, 1089, 1142.
Klisham, 638.	Langly. 1061.	Ledsome, 1100.	Leyne, 1140.
Knaggs, 1040.	Langster, 1058.	Ledwich, 1082.	Liddane, 1135.
Knags, 1040.	Langtree, 1062.	Ledwidge, 1082.	Liddel, 1107.
Knee, 1041.	Langtry, 1062.	Ledwitch, 1082.	Liddle, 1107.
Kneeland, 1623.	Lanigan, 1063.	Ledwith, 1082.	Lidwich, 1082.
Knight, 1042, 1415.	Lankester, 1058.	Lee, 1083.	Liffe, 551.
Knilans, 1623.	Lanktree, 1062.	Leech. 1084.	Liggate. 1088.
Knipe, 1043.	Lannan, 1095.	Leedham. 1066.	Ligget, 1088.
Knockton, 1616.	Lannigan, 1063,	Leedom, 1066.	Liggot, 1088.
Knoles. 1045.	Lanon, 1095.	Leehane. 1089.	Lighton, 1090.
Knowd, 1044.	Lantry, 1062.	Leehy, 1079.	Lihane. 1089.
Knowels, 1045,	Laphin, 1050.	Leeman, 1091.	Lillis, 1074.
Knowles, 1045.	Lapin, 1050.	Leemon. 1091.	Linagh, 1136.
Knowls, 1045.	Lappin, 1050.	Leery, 1080.	Linahan, 1092, 1094,
Koen, 300.	Laramer. 1065.	Lees, 1085.	1104.
Korish, 89.	Larens. 1068.	Leeson, 721.	Linane, 1097, 1104.
Kough, 994.	Larimer, 1065.	Leetoh, 1084.	Linass, 1138.
Krahmer. 356.	Larimor. 1065.	Le Fanu, 1086.	Linchey, 1106.
Kramer. 356.	Larkan, 1064.	Lefanu, 1086,	Lind, 1141.
Krowley. 384.	Larken, 1064.	Lefebre, 1087.	Linden, 1105, 1210,
Kulhan, 392.	Larkin, 1064.	Lefevre, 1087.	1212.
Kulkeen, 391.	Larkins, 1064.	Leffanue, 1086.	Lindesay, 1106.
Kydd, 1008.	Larmer, 1065.	Legat, 1088.	Lindin, 1105.
Kyerty, 405.	Larmour, 1065.	Legate, 1088.	Lindon, 1105.
Kyle, 1046.	Larney, 1416.	Leget, 1088.	Lindsay, 1106.
Kyne, 353, 1047.	Lastly, 1098.	Legett, 1088.	Lindsy, 1106.
Kzoneen, 961.	Latham, 1066.	Leggatt, 1088.	Lineham, 1137.
	Latimer, 1067.	Legget, 1088.	Lines, 1142.
	Latimore, 1067.	Leggott, 1088.	Liness, 1138.
	Latimour. 1067.	Lehane, 1089, 1142.	Linham. 1137.
	Lattimer, 1067.	Lehy, 1079.	Linighan, 1094.
	Lattimore. 1067.	Leicester. 1099.	Linn, 1141.
	Lauder, 1073.	Leigh, 1083.	Linnahan, 1094.
Lachlin, 1124	Laugheran, 1126.	Leighton. 1090.	Linnane, 1095, 1104.
Lackey, 1081.	Laughlin. 1124.	Leitch. 1084.	Linnehan, 1094.
Lacklan, 1124.	Launders, 1059.	Leitham, 1066	Linnen, 1095.
Lacock, 1078.	Laurence, 1068.	Lemmon, 1091.	Linnox, 1096.
Lacy. 1048.	Laurison, 1076.	Lemmy, 1056.	Lion, 1142.
Ladley, 1049.	Lavelle, 1069.	Lemon, 1057, 1091.	Lions, 1142.
Ladrigan, 1116.	Laverty, 1070.	Lenagan, 1063.	Lister, 1099.
Laferty, 1051.	Lavery, 38, 1071, 1129,	Lenaghan, 1094, 1097.	Little, 1107, 1108, 1715.
Laffan, 1050.	1760.	Lenaghen. 1094.	Littleton. 1107, 1108.
Laffen, 1050.	Lavins, 1072,	Lenahan. 1092, 1094.	Livingstone, 1109.
Lafferty, 1051, 1659.			Livingstown, 1109.

Surname and Reference No.	Surname and Reference No.	Surname and Reference No.	Surname and Reference No.
Lloyd, 1110.	Lute, 1131.	Mac Eown. 965.	Maddox, 1155.
Loag, 1114.	Lutteral, 1134.	Mac Etavey, 1147.	Madole. 1302.
Loague, 1114.	Lutterel, 1134.	Mac Euchroe, 383.	Madowell, 1302.
Lochlin, 1124.	Luttrell, 1134.	Mac Evoy, 1320.	Madox, 1155.
Lochrane, 1126.	Lyburn, 1103.	Mac Ewan, 1321.	Magahan, 1156.
Lock, 1111.	Lydden, 1135.	Mac Ewen, 1291.	Magaharan, 1567.
Lockard, 1111.	Lyden, 1135.	Mac Feerish, 89.	Magahern. 1163.
Lockart, 1111.	Lydon, 1135.	Macfie, 1207.	Magan, 1156, 1179, 1243, 1329.
Lockhart, 1111.	Lyhan, 1089.	Mac Gill, 1159.	
Lockheart, 1111.	Lyhane, 1089.	Macgivir, 1165.	Magann. 1329.
Loftis, 1112.	Lynagh, 1136, 1137.	Mac Guire, 1165.	Magarry, 1334.
Loftus, 1112, 1125.	Lynam, 1136, 1137.	Machamfry, 959.	Magauran, 1157, 1357.
Logan, 1113, 1122.	Lynane, 1097.	Mac Henry, 1374.	Magaurn, 1357.
Loghlin, 1124.	Lynap, 1137.	Machue, 1376.	Magaw, 1508.
Loghnan, 1124.	Lynas, 1138.	Mac Hugh. 1376.	Magawran, 1157, 1357.
Logue, 1114, 1536.	Lynass, 1138.	Mac Illesher. 753.	Mageahan. 1336.
Lohan, 1122.	Lynch, 1139.	MacIlroy, 1384.	Magee, 687, 1158, 1335, 2086
Lomax, 1115.	Lynchahan, 1139.	Macinerney, 1388.	
Londregan, 1116.	Lynchy, 1139.	Macintosh, 1152.	Mageehan, 1336.
Londrigan, 1116.	Lyndsay, 1106.	Maciver, 1390.	Mageen, 1336.
Londy, 1132.	Lyne, 1060, 1140, 1142.	Mack, 1144, 1148, 1297, 1300, 1315, 1320, 1388, 1148, 1449.	Magenis, 1369.
Lonergan, 1116.	Lyneham, 1137.		Magennis, 1369.
Loney, 1133.	Lyness, 1138.		Mageown, 1358.
Long, 1117.	Lynham, 1137.	Mackaleary, 1148.	Maghan, 1168, 1426.
Longhill, 1118.	Lynn, 1141.	Mackarel, 1244.	Magher, 1167, 1501.
Longill, 1118.	Lyns, 1142.	Mackay, 1151, 1391, 1395.	Maghery, 604.
Longley, 1117.	Lyons, 1089, 1142, 1675,		Magill, 1159.
Lonican, 1119.	Lysaght, 1143.	Mac Keating, 1149.	Magillowry, 1310.
Lonney, 1133.	Lysat, 1143.	Mackel, 1159.	Magilly, 351.
Lonsdale, 1120.	Lyster, 1099, 1927.	Mackelwaine, 1386.	Maginess, 1369.
Looby, 1121.	Lytle, 1107.	Macken, 1320.	Maginley, 1344.
Loogue, 1084.	Lyttle, 1107.	Mackenzie, 1150, 1402.	Maginn, 1160, 1345, 1369.
Loony, 1133.	Lyttleton, 1108.	Mackeown, 1404.	
Lorimer, 1065.		Mackerel, 1244.	Maginness, 1369.
Lorimour, 1065.		Mackessy, 1249.	Maginnetty, 1313.
Lorkin, 1064.		Mackey, 1151, 1335, 1391, 1395.	Maginnis, 1160, 1369.
Lormer, 1065.	Maberry, 1203.		Magiveran, 1347.
Loughan, 1113, 1122, 1125, 1126.	Mac. 1144, 1148.	Mackheath, 1397.	Magiverin, 1347.
	Macabe, 1234.	Mackinnon, 1409.	Magivern, 1347.
Loughead, 1123.	Macalister, 1212.	Mackin, 1243.	Maglamery, 1546.
Lougheed, 1123.	Macallon, 1211.	Mackinaul, 1444.	Maglannery, 1546.
Lougheran, 1126.	Macalshender, 18.	Mackintosh, 1152.	Magner, 1161.
Loughlan, 1124, 1674.	Mac Alshinder, 18.	Mackiver, 1390.	Magnier, 1161.
Loughlen, 1124.	Macan, 1243.	Macklehattan, 1379.	Magnir, 1161.
Loughlin, 699, 1124, 1418, 1674.	Mac-an-Ree. 1026.	Macklemoyle, 1381.	Magnor, 1161.
	Macantyre, 1389.	Macklewraith, 1387.	Magon, 1355.
Loughnan, 1124, 1125.	Macardle, 1216.	Mackrell, 1244.	Magone, 1404.
Loughnane. 1112, 1125.	Macarha, 1246.	Mac Laughlin, 1418.	Magorisk, 89.
Loughran, 1122, 1126.	Macartney, 1145, 1247.	Maclean, 1256.	Magorlick, 730, 1162.
Loughren, 1126.	Macasey, 1219.	Mac Lean. 1419.	Magough, 1897.
Loughry, 1129.	Mac Asparran, 1482.	Macleese, 1153.	Magournahan, 737.
Loundes, 1128.	Macaulay, 263, 1146, 1223, 1251.	Macleish, 1153.	Magoveran, 1357.
Lourimer, 1065.		Mac Leod, 1422.	Magoverin, 1357.
Louther. 1073.	Macauley, 1146.	Mac Linden, 1210.	Magovern, 1357, 1357.
Lovat, 1084, 1127.	Mac Auly, 1223.	Maclise, 1153, 1209, 1420.	Magowan, 1358.
Lovett, 333, 1127.	Mac Avoy. 1320.		Magowen, 1358.
Lowers, 1102.	Mac Awly, 1223.	Macloghlin, 1418.	Magra, 1362.
Lowery, 1129.	Macbeth, 1228.	Macloskey, 1264	Magragh. 1362.
Lowndes, 1128.	Macbride, 1011.	Mac Loughlin, 1418.	Magrane, 1163, 1360.
Lownes, 1128.	Maccabe, 1234.	Mac Mullen, 1437.	Magrath, 1164, 1362.
Lownsdale. 1120.	Mac Carthy, 1246.	Mac Naughten, 1450.	Magraw, 1362.
Lownsel, 1120.	Mac Congail, 1355.	Mac Neney, 1312.	Magrean, 1163.
Lowroo, 1129.	Mac Cormack. 1274.	Maconchie, 1268.	Magreavy, 1363.
Lowry, 1071, 1129.	Macdermott, 1297.	Macoubrey, 1278.	Magreece, 1369.
Lowther, 1073.	Mac Devettie, 1298.	Macoy, 1280.	Magreevy, 1363.
Loyd, 1110.	Macdona, 1299.	Macpherson, 1468.	Magrillan, 1365.
Luby, 1121.	Mac Donagh, 1299.	Mac Philbin, 1721.	Magrory, 1366, 1806.
Lucas. 1130.	Mac Donald. 1301.	Mac Qualter, 1493.	Maguigan, 735, 1368.
Lucknawne, 1125.	Mac Donnell, 1301, 1652.	Macready, 1283.	Maguil, 1159.
Ludden, 1135.		Mac Roberts, 1476, 1793.	Maguiness, 1369.
Luke, 1131.	Mac Donough, 1299.		Maguinis, 1369.
Lummacks, 1115.	Macdowell, 1302.	Macrory, 1286, 1806.	Maguinness, 1369.
Lundergan, 1116.	Mac Ellistram, 1212.	Mac Rubs, 1799.	Maguire, 1165, 1370.
Lundy, 1132, 1210.	Macelroi, 1384.	Mac Sweeny, 1483, 1944.	Maguirke, 1371.
Lunican, 1119.	Mac Elroy, 1384.		Magullion, 706.
Lunneen, 1097.	Mac Eneany, 1312.	Mac Walter, 1493.	Maguran, 1157.
Lunny, 1133.	Mac Enerney. 1314.	Madden, 1154, 1224.	Magurn, 1157, 1358.
Luny, 1133.	Mac Eniry, 1314.	Maddigan, 1154.	Mahaffy, 1166.
Luogue, 1084.	Mac Entaggert, 1317.	Maddock, 1155.	Maharry, 1334.
Lussy, 1098.	Mac Eoin. 965.	Maddocks, 1155.	Maheir, 1167.

Surname and Reference No.	Surname and Reference No.	Surname and Reference No.	Surname and Reference No.
Maher, 1167, 1186, 1501.	Manus, 1178, 1427	M'Affee, 1207.	M'Atee, 1316.
Mahier, 1167.	Many, 1502.	M'Affle. 1207.	M'Ateer, 1222, 1389.
Mahollum, 1575.	Mapother, 1185.	M'Aghy. 1248.	M'Ateggart, 1949.
Maholm, 1575.	Maqueen. 1473.	M'Aig, 1392.	M'Atier, 1222.
Mahon,1168, 1169, 1426, 1534.	Mara, 1167, 1186, 1503, 1677.	M'Aimon, 546.	M'Atilla, 632.
Mahoney. 1169.	Marchal, 1194.	M'Alary, 1255.	M'Atimeny, 1221.
Mahony, 1168, 1169, 1426.	Marcom, 1189.	M'Alasher, 753, 1212.	M'Atimney, 1221.
Mahunny, 1200.	Marcum, 1189.	M'Alay, 1146.	M'Aulay, 1223, 1251.
Maid, 1500.	Mares, 1504.	M'Aldin, 786.	M'Auley, 1146, 1223, 1251.
Maikim, 1172.	Marinane, 1192.	M'Alean, 1256.	M'Aully, 1223.
Main, 1204.	Mark, 1187, 1188.	M'Alee. 1208.	M'Avaddy, 1154, 1224
Mains, 1204.	Markey, 1187, 1188, 1432.	M'Aleece, 1209.	M'Avady. 1452.
Mainwaring, 1180.	Markham, 1189.	M'Aleenan, 1138.	M'Avey, 1225, 1489.
Maires, 1504.	Marks, 1187.	M'Aleery, 1257.	M'Avinchy, 2020.
Mairs, 1170, 1504.	Marlay, 1190.	M'Aleese, 1153, 1209.	M'Avinue, 1348.
Maise, 1205.	Marley, 1190, 1554.	M'Alen, 1211.	M'Avish, 909, 1956.
Maize, 1205.	Marmion, 1191.	M'Aleney, 1423.	M'Avoy, 1320,
Major, 1171.	Marnane, 1192, 1599, 2049.	M'Alesher, 753.	M'Award, 2028.
Majur, 1171.	Marrilly, 1190.	M'Alester, 1099, 1212.	M'Aweeny, 1226.
Ma Jury, 970.	Marrinane. 1599.	M'Alin, 1211.	M'Awley, 1223.
Makenzy, 1402.	Marron, 1193.	M'Alinden, 1105, 1132, 1210, 1212.	M'Bay, 1489.
Makeon, 965.	Marshall, 1194.	M'Alindon, 1210, 1212.	M'Bean, 1227.
Malady, 1510.	Marshill, 1194.	M'Alingen, 1097.	M'Beath, 1228.
Malarky, 1577.	Marten, 1195.	M'Alinion, 1097.	M Beith, 1228.
Malcolm, 1172.	Martin, 1195.	M'Alinon. 1097.	M'Beth, 1228.
Malcolmson, 1173.	Martyn, 1195.	M'Alish, 1153.	M'Bey, 1228.
Malcom, 1172.	Maskimon, 1529.	M'Alivery, 2088.	M'Bin, 1227.
Malcomson, 1173.	Massa. 1517.	M'All, 1239.	M'Birney, 1229.
Maley, 1175.	Master, 181.	M'Allen, 1211.	M'Brairty, 1231.
Malia, 1174, 1175, 1676.	Mateer, 1196, 1222.	M'Allester, 1212.	M'Bratney, 1230.
Malie, 1175, 1676.	Mathers, 1198.	M'Allion, 1211.	M'Brearty. 147, 1231.
Mallagh, 1175.	Matheson, 1197.	M'Allister, 1212.	M'Breatney. 1230.
Mallan, 1176.	Mathews, 1198.	M'Alion, 1211.	M'Bretney, 1230.
Mallavin, 1578.	Mathewson, 1197.	M'Aloney, 1213.	M'Bride, 1232.
Mallen, 1176.	Mathieson. 1197.	M'Aloon, 1214.	M'Brien, 176,1233, 1642.
Mallew, 1174, 1676.	Mathison, 1197.	M'Alpin, 794, 1215.	M'Brin. 206.
Malley, 1174, 1175,1511, 1676.	Matson, 1197.	M'Alroy, 1309.	M'Brine, 1233, 1642.
Mallia, 1676.	Mattheson, 1197.	M'Alunney, 1213.	M'Brinn, 206
Mallin, 1176.	Matthew, 1198.	M'Anabb, 1440.	M'Bryan, 1233.
Mallon, 1176, 1580.	Matthews, 1198.	M'Anally, 1444.	M'Burney. 1229.
Malloney, 1537.	Matthewson, 1197.	M'Analty, 1445.	M'Byrne. 1233.
Mallowney, 1537.	Matthieson, 1197.	M'Anaul, 1444.	M'Cabe, 1234.
Mallowny, 1537.	Mattison, 1197.	M'Andless, 1242.	M'Cadam, 1206.
Mallyn, 1176.	Maughan, 1168.	M'Aneany, 1312.	M'Caddam. 1206.
Malmona, 1561.	Maunsell, 1184, 1199.	M'Aneeny, 1312.	M'Cadden, 1235.
Malouy, 1537.	Maurice, 621, 1556.	M'Anerny, 1312.	M'Caddo, 210, 1236.
Malowney, 1537.	Mavity, 1492.	M'Anerney, 1388.	M'Cadoo, 1236.
Maloy, 1202, 1536.	Mawe, 1202.	M'Anerney, 1388.	M'Cafferty, 1237, 1254.
Malseed. 1177.	Mawhannon. 178.	M'Anilly, 1444.	M'Caffery. 72, 1237.
Maltseed, 1177.	Mawhinney, 1200.	M'Aninch, 1375.	M'Caffray, 1237.
Manally, 1444.	Mawhinney, 178, 1200, 1496.	M'Anliss, 1242.	M'Caffrey. 212, 1237.
Manary, 1515.	Mawhirter. 1497.	M'Annally, 1444.	M'Cafry. 72, 94, 1237.
Manasses, 1178.	Maxel, 1201.	M'Antire. 1389.	M'Cafry, 1237.
Maneely, 1454.	Maxwell. 1201.	M'Anuff, 1461.	M'Cagherty, 1238, 1246.
Maneilly, 1454.	May. 1202.	M'Anulla, 1444.	M'Caghey, 1248.
Manelis, 1455.	Mayberry. 1203.	M'Anulty, 1462.	M'Cague, 1392.
Mangan, 1156, 1179, 1181, 1182.	Maybin. 1505.	M'Aragh, 1469.	M'Cahan, 1156.
Manghan, 1179.	Maybury. 1203.	M'Ardell, 121 :.	M'Caharty, 1238.
Manghen, 1179.	Maydole, 1302.	M'Ardle, 1216.	M'Cahern, 1157.
Mangin, 1179.	Mayduck, 1155.	M'Aready, 1283.	M'Caherty, 1238.
Manice. 1458.	Mayers, 1504.	M'Areavy, 1217, 1363.	M'Cahon. 1248.
Manion, 1179, 1182.	Mayes, 1205.	M'Aree. 1026.	M'Cahugh, 994.
Manix, 1183, 1539.	Mayne, 1204, 1427.	M'Arcvy, 1217.	M'Cahy, 1248, 1568.
Mann. 1168.	Maynes. 1204.	M'Argle, 1332.	M'Caig, 1392.
Mannering. 1180.	Maypowder, 1185.	M'Arory. 1286.	M'Caigue, 1392.
Mannice. 1458.	Mayrick. 1520.	M'Arteney, 1145.	M Cain, 1393.
Manning, 1179, 1181, 1182.	Mays, 1205.	M'Arthur, 1218.	M'Call, 1239.
Mannion. 1179, 1181, 1182.	Mayze, 1219.	M'Arthy, 253, 1246.	M;Calla, 1223, 1239.
Mannix, 1183, 1458.	Maze, 1205.	M'Artie, 1246.	M'Callan, 304.
Manron, 1180.	M'Adam. 1206.	M'Artney, 1145.	M'Callion. 226, 1211, 1240, 1407.
Mansel. 1184, 1199.	M'Adams. 1206.	M'Asey, 1219.	M'Callister, 1212.
Mansell, 1199.	M'Adarra. 1640.	M'Asbinah, 643.	M'Callnon, 226.
Mansfield, 1184, 1199.	M'Adurrah, 1640.	M'Askie, 1220.	M'Cally, 1249.
Mansill, 1199.	M'Ado, 1236.	M'Assie, 1219.	M'Calmont, 1241.
	M'Adoo, 1236.	M'Astocker, 1916.	M'Calpin, 1215.
	M'Afee, 1207.	M'A'Taghlin, 1186.	M'Calshender, 18.
		M'Ataminey, 1221.	M'Calshinder 18.
		M'Atamney, 1221.	M'Calum, 1265.
		M'Atear, 1222.	

Surname and Reference No.	Surname and Reference No.	Surname and Reference No.	Surname and Reference No.
M'Calvey, 1398.	M'Clemonts, 1259.	M'Corry, 404, 1276.	M'Donagh, 449, 481, 1299.
M'Camley, 1251.	M'Clenaghan, 1260, 1421.	M'Coskar, 1277.	M'Donald. 1148, 1296, 1300, 1301.
M'Cammon, 1241.	M'Clenahan, 1260.	M'Cosker, 1277.	M'Donnagh, 1299.
M'Cammond, 1241.	M'Cleneghan, 1260.	M'Cottar, 320.	M'Donnell, 485, 1270, 1296, 1300, 1301, 1652.
M'Candlass, 1242.	M'Clenighan, 1260.	M'Cotter, 342.	M'Donogh, 1299.
M'Candleish, 1242.	M'Clennon, 1260.	M'Cottier, 320.	M'Donough, 1299.
M'Candless, 1242.	M'Cleod, 1351, 1422.	M'Coubrey, 1278.	M'Dool, 1302.
M'Candliss, 1242.	M'Clernon, 1417.	M'Coughey, 1248.	M'Dougal, 1302.
M'Cangherty. 1238.	M'Clester, 1212.	M'Courtney, 345.	M'Dougall, 496.
M'Canlis, 1242.	M'Climent, 1259.	M'Covera, 1278.	M'Dowall, 1302.
M'Cann, 1156, 1243.	M'Climond, 1259.	M'Cowell, 226.	M'Dowell, 501, 1302, 1570.
M'Cardle, 1216.	M'Climont, 1259.	M'Cowley, 1279.	M'Downey, 506.
M'Carg, 1373.	M'Clintock, 1261.	M'Cownley, 1279.	M'Dugal, 1302.
M'Carney, 975.	M'Clinton, 1210.	M'Coy, 1280, 1391.	M'Dwyer, 1303.
M'Carnon, 1405.	M'Closkey, 1264.	M'Crainor, 1284.	M'Elcuddy, 1340.
M'Carrell, 1244	M'Cloud, 1351, 1422.	M'Craith, 1362.	M'Eldowney, 1304.
M'Carrie, 1334.	M'Cloughry. 1029.	M'Crann, 1281, 2079.	M'Eldulf, 519.
M'Carrison, 1245.	M'Cloy, 1262.	M'Cray, 1282.	M'Eleary, 1257.
M'Carroll, 250, 1244.	M'Clune, 1214.	M'Crea, 1282.	M'Elerney, 1305.
M'Carson, 1245.	M'Clure, 1263.	M'Cready, 1283.	M'Elfatrick, 1383.
M'Carten, 1247.	M'Cluskey, 289, 1264.	M'Creanor, 1284.	M'Elgun, 775.
M'Carter, 1218.	M'Clymon. 1259.	M'Creary, 1285.	M'Elgunn, 775.
M'Carthur, 1218.	M'Clymonds, 281.	M'Creavy, 1363.	M'Elhar, 246.
M'Carthy, 253, 642. 1238, 1246, 1247, 1757.	M'Clyntock, 1261.	M'Creech, 1369.	M'Elharry, 1378.
M'Cartie, 1246.	M'Cobrie. 1278.	M'Creedy, 1283.	M'Elhatton, 1379.
M'Cartiney, 1145.	M'Cole, 301.	M'Creery, 1285.	M'Elhenny, 1306.
M'Cartney, 1145, 1246, 1247.	M'Colgan. 303.	M'Creesh. 1369.	M'Elheny, 1306.
M'Carton, 1247.	M'Coll, 1250.	M'Crevey, 1363.	M'Elhill, 2075.
M'Carty, 1246.	M'Collom, 1265.	M'Crevey, 1363.	M'Elhinney, 1306.
M'Casey, 1219.	M'Collough, 1289.	M'Croberts, 1476.	M'Elhuddy. 1340.
M'Caskie, 1220.	M'Collum, 306, 1265.	M'Crory, 1286, 1806.	M'Ellcuddy, 1340.
M'Caslan, 1252.	M'Collyums, 1498.	M'Crub. 1799.	M'Ellister, 1212.
M'Casland, 1252.	M'Colman, 1241.	M'Crudden. 1804.	M'Elmeel, 1307.
M'Cateer, 1222.	M'Colum, 1265.	M'Crum, 1287.	M'Elmoyle, 1381.
M'Caufield, 1253.	M,Comb, 1266.	M'Crumb, 1287.	M'Elmurray, 1382, 1438, 1602.
M'Caugherty, 1145, 1246.	M'Combes, 1266.	M'Cubrae, 1278.	M'Elreath, 1387.
M'Caughey, 1248, 1328.	M'Combs, 1266.	M'Cudden, 1206.	M'Elreavy, 1308.
M'Caughin, 1248	M'Comick, 1274.	M'Cue, 1288, 1376.	M'Elroy, 1309, 1384.
M'Caughley, 1146, 1249.	M'Comiskey, 1290.	M'Cull, 1289.	M'El-hender, 18.
M'Caul, 1239.1250.	M'Comley, 1251.	M'Culla, 1289.	M'Elshunder, 18.
M'Caulay, 1223.	M'Comming, 1529.	M'Cullagh, 1289.	M'Elvaine, 1385.
M'Cauley, 1146, 1223, 1251.	M'Comoskey, 1290.	M'Cullah, 1289.	M'Elvee, 1398.
M'Cauly, 1223.	M'Cona, 1897.	M'Cullen, 1472.	M'Elveen. 1385.
M'Causland, 18, 1252.	M'Conachie, 1267.	M'Cullion, 1472.	M'Elvic, 1398.
M'Cavanagh, 261, 262.	M'Conaghy, 312, 1267, 1755.	M'Culloch, 1289.	M'Elwain, 1386.
M'Cavill, 226, 1253.	M'Conamy, 325.	M'Cullogh, 1289.	M'Elwane, 1386.
M'Cavish, 909, 1956.	M'Conaughty, 1267.	M'Cullough. 1289.	M'Elwean, 1386.
M'Cawel, 226,	M'Conaway, 325.	M'Cullow, 1289.	M'Elwee, 1310, 1339.
M'Cawell, 1239.	M'Cone, 1463.	M'Cullum, 1265.	M'Elwreath. 1387.
M'Cawl, 1239.	M'Conell, 1270.	M'Cully, 395.	M'Enally, 1444.
M'Cawley, 1223.	M'Conkey. 1268.	M'Cullyam, 1498.	M'Endoo, 1311.
M'Cawly, 1223.	M'Conn, 1269.	M'Cumesky, 1290.	M'Endry, 1374.
M'Cay, 1151, 1280, 1391.	M'Connaghy, 1267.	M'Cumisky, 1290.	M'Eneany, 99, 1312.
M'Celvey, 1398.	M'Connaughey, 1267.	M'Cune, 1291, 1404.	M'Enerny, 1388.
M'Cheyne, 965.	M'Connell, 316, 1270. 1272, 1301.	M'Cunnigan, 400.	M'Enery, 870, 1313, 1314, 1374, 1388.
M'Clachiin, 1418.	M'Connellogue, 1271.	M'Curdy, 1292.	M'Eniry, 1313, 1314.
M'Clafferty, 1254.	M'Connerty, 1267.	M'Curry, 1276.	M'Enroe, 1148, 1315, 1805.
M'Clain. 1256.	M'Connon, 1270.	M'Cusker, 340, 1293.	M'Entagert, 1317.
M'Clamon, 281.	M'Conohy. 1263.	M'Cuskern, 340, 1293.	M'Entaggart, 1317.
M'Clane, 1256	M'Conol, 1270.	M'Cutchan, 1294.	M'Entee, 1316, 1343.
M'Clarnon, 1417.	M'Conomy. 325.	M'Cufcheon, 1038, 1294.	M'Enteer, 1316. 1389.
M'Clary, 1255.	M'Conready, 1283.	M'Cutchon, 1294.	M'Entegart, 1317, 1389.
M'Clatton. 1379.	M'Conville, 1270, 1272.	M'Dacker, 817.	M'Entire, 1316, 1389.
M'Clatty, 18.	M'Conway. 325.	M'Dade, 1295, 1298.	M'Entosh, 1152.
M'Clave, 802.	M'Coo. 1376.	M'Daid, 426, 427, 1295, 1298.	M'Entyre. 1222, 1389.
M'Clean, 1256, 1419.	M'Cook, 326.	M'Daniall, 1296.	M'Erlain, 1318.
M'Clearnon, 1417.	M'Corcadale. 1275.	M'Daniel, 1296, 1300, 1301.	M'Erlane, 1318.
M'Cleary, 1257.	M'Corcodale, 1275.	M'Dara, 1640.	M'Erlean, 1318.
M'Cleery, 1257.	M'Corkell. 1273.	M'David, 1295.	M'Erleen, 1318.
M'Cleish, 1153.	M'Corkill, 1273.	M'Davitt, 1295.	M'Errigle, 1332.
M'Clellan, 1258.	M'Corkle, 1273.	M'Dermott, 418, 456, 457, 1148, 1297, 1588.	M'Evaddy, 1154, 1224.
M'Clelland, 1258.	M'Cormac, 1274.	M'Devitt, 1295, 1298.	M'Evady, 1154.
M'Clement, 281, 1259.	M'Cormack, 335, 1274.	M'Diarmod, 1297.	M'Evely, 1919.
M'Clements, 281, 1259.	M'Cormick, 1274.	M'Dire, 1303.	
	M'Cormilla, 739.	M'Divitt, 1295.	
	M'Corquodale, 1275.	M'Dole, 1302.	
	M'Corrikle, 1273.	M'Dona, 1299.	

Surname and Reference No.	Surname and Reference No.	Surname and Reference No.	Surname and Reference No.
M'Ever, 1390.	M'Gerr, 1346, 1880.	M'Gonnigle, 1355.	M'Hinch, 1375.
M'Evinie, 1348.	M'Gerraghty, 1333.	M'Googan, 736, 1368.	M'Hinny, 1400.
M'Eviniogh, 1319.	M'Gerrity, 1333.	M'Gookin, 1367, 1368.	M'Hue, 1376.
M'Evinney, 1319.	M'Gerry, 685.	M'Gorish, 89.	M'Hugh, 882, 940, 1288,
M'Evoy, 1148, 1320.	M'Gettigan, 1338.	M'Gorisk. 89.	1376.
M'Ewan, 1291, 1321.	M'Ghee, 1158.	M'Gorl, 1331.	M'Hugo, 1376.
M'Ewen,1291.1321.1404	M'Gherry, 1334.	M Gorlick, 1354.	M'Ihone, 2075.
M'Fadden, 571, 1322,	M'Ghie, 1158.	M Gorman, 738.	M'Ilboy, 1320.
1464.	M'Ghoon, 1358.	M'Gorry, 404, 1276.	M'Ilbwee, 1320.
M'Faddin, 1322.	M'Gibben, 1406	M'Gough, 1356.	M'Ilchon, 1269.
M'Faddo n, 1322.	M'Gibbon, 1406.	M'Gouldrick, 732, 1354.	M'Ildowie, 1377.
M'Faden, 1322.	M'Gihen, 1336.	M'Gouran, 1157.	M'Ildowney, 1304.
M'Fadian, 1322.	M'Gilbarry, 1378.	M'Gournoson, 737.	M'Ileboy, 1225.
M'Fadzen, 1322.	M'Gill, 1159.	M'Govern, 1157, 1347,	M'Ileese, 1153.
M'Fall, 1323.	M'Gill Bride, 1011,1232.	1357.	M'Ilfatrick, 1034.
M'Falls, 1323.	M'Gill Dowie, 1377.	M'Govran, 1357.	M'Ilfederick, 1034.
M'Farlaine, 1324.	M'Gill Downey, 1304.	M'Gowan, 744, 1358,	M'Ilhair, 246.
M'Farland, 1324, 1465.	M'Gill Downy, 506.	1897.	M'Ilharry, 1378.
M'Farlane, 1324.	M'Gillicuddy, 1340.	M'Gowen, 1358.	M'Ilhatton, 1379.
M'Farson, 1468.	M'Gilloway, 1310,1339	M'Gown, 1358.	M'Ilhenny, 1306.
M'Fate, 1325.	M'Gillowy, 1310.	M'Gowran, 1157.	M'Ilherron, 1380.
M'Fatridge, 1326.	M'Gill Patrick, 1021.	M'Gra, 1362.	M'Ilhone, 2075.
M'Fattrick, 1326.	M'Gill Reavy, 1217.	M'Gragh, 1362.	M'Ilhoney, 1150.
M'Fattridge, 1326.	M'Gill Roy, 1309.	M'Granahan, 1359.	M'Ilhose, 1152.
M'Feat, 1325.	M'Gill Shenan, 713.	M'Grane, 1163, 1360.	M'Ilhoyle, 352.
M'Feddan, 1322.	M'Gilly, 351.	M'Grann, 1361.	M'Ilhun, 2075.
M'Fee, 1207.	M'Gillycuddy, 1340.	M'Grath, 1164, 1362.	M'Ilhatton, 1379.
M'Ferson, 1468.	M'Gilpatrick, 1383.	M'Graun, 1361.	M'Illicuddy, 1340.
M'Fetrick, 1326.	M'Gilvie, 1398.	M'Graw, 1362.	M'Illwain, 1386.
M'Fetridge, 1326.	M'Gilway, 1310, 1339.	M'Greevy, 1217, 1363.	M'Ilmoil, 1381.
M'Fetrish, 1326.	M'Gimpsey, 1341.	M'Gregar, 1364.	M'Ilmoyle, 1381.
M'Fettridge. 1326.	M'Gin. 1342.	M'Greggor, 1364.	M'Ilmurray, 1382.
M'Flinn, 1467.	M'Ging. 1342.	M'Gregor, 1364.	M'Ilpatrick, 1383.
M'Gaffigan, 1337.	M'Gindle, 1410.	M'Grenahan, 1359.	M'Ilravy, 1308.
M'Gaffin, 1327.	M'Ginety, 1343.	M'Grenor, 1284.	M'Ilroy, 1309, 1384.
M'Gaggy, 780.	M'Giniss, 1369.	M'Grievy, 1363.	M'Ilveen, 1385.
M'Gahan, 1156, 1329.	M'Ginity, 684, 1316,	M'Grigor, 1364.	M'Ilwaine, 1386.
M'Gaheran, 1157.	1343.	M'Grillan, 1365.	M'Ilwee, 1225, 1310.
M'Gahey, 1248, 1328.	M'Ginley, 1344.	M'Grillish, 1626.	M'Ilwrath, 1387.
M'Gahran, 1157.	M'Ginly, 1344.	M'Gronan, 1789.	M'Inally, 1444, 1611.
M'Gahy, 1248, 1328.	M'Ginn, 1160, 1345, 1353.	M'Grory, 1366, 1806.	M'Inch, 1375.
M'Gall, 1239.	M'Ginness, 1369.	M'Guckian, 1367, 1368.	M'Indoo, 1311.
M'Gan, 1156.	M'Ginnety, 1343.	M'Guckin, 1367.	M'Ineely, 319.
M'Gann, 1156, 1329.	M'Ginnis, 1369.	M'Guffin, 1327.	M'Inerney, 1148, 1388.
M'Garaty, 1333.	M'Ginnitty, 1343.	M'Gughian, 1367.	M'Innerney, 1388.
M'Garity, 1333.	M'Ginty, 1343.	M'Guickian, 1367.	M'Intagert, 1317.
M'Garran, 1330.	M'Girl, 1331.	M'Guiehan, 2086.	M'Intaggart, 1317.
M'Garrell, 1244, 1331.	M'Girr, 1346, 1880.	M'Guigan, 690, 1367,	M'Intee, 1316, 1389.
M'Garrigal, 1332.	M'Givena, 1348.	1368, 1725.	M'Inteer, 1389
M'Garrigle. 1332.	M'Giveran, 1347.	M'Guiggan, 736, 1368.	M'Integart. 1317.
M'Garrity, 1333.	M'Giverin, 1347.	M'Guillan, 226.	M'Integgart, 1949.
M'Garroll. 1244, 1331.	M'Givern, 96, 1347,	M'Guinness, 774, 1160,	M'Intire, 1389.
M'Garry, 1334.	1357, 1546.	1369.	M'Intosh, 1152.
M'Gartlan, 674.	M'Givney, 1348, 1897.	M'Guire, 1165, 1370.	M'Intyre, 1222, 1317,
M'Gaughey, 1248, 1328.	M'Gladdery, 1349.	M'Guirk, 1371.	1389.
M'Gaughran, 1157.	M'Gladie, 1349.	M'Gullion, 706.	M'Iver, 1390, 1396.
M'Gaughy, 780, 1248,	M'Gladery, 1349.	M'Gullion, 706.	M'Ivers, 1390.
1328.	M'Glashan, 753, 1350.	M'Gurk, 1371.	M'Ivor, 1390, 1396.
M'Gaugie, 780.	M'Glashin, 753, 1350.	M'Gurke, 1371.	M'Jimpsey, 1341.
M'Gaulay, 1223.	M'Glathery, 1349.	M'Gurl, 1331.	M'Kage, 1392.
M'Gauley, 1223.	M'Glaughlin, 1418.	M'Gurn, 1330.	M'Kague, 1392.
M'Gauran, 1357.	M'Gleish, 1153.	M'Gurran, 1372.	M'Kaige, 1392.
M'Gaurn, 1357.	M'Glew, 1351.	M'Gurry, 1276.	M'Kaigue, 1392.
M'Gavern. 1157.	M'Glin, 1353.	M'Haffy, 1207.	M'Kain, 1393.
M'Gaw, 1508.	M'Gloin, 1352.	M'Haig, 1392.	M'Kane, 971.
M'Gawlay, 1223.	M'Glone, 1352.	M'Hall, 1239.	M'Kann, 1243.
M'Gawley, 1146, 1223.	M'Gloughlin. 1124, 1418.	M'Harg, 1373.	M'Karg, 1373.
M'Gean, 1336.	M'Glynn, 1345, 1353.	M'Harrion, 1405.	M'Kay, 1151, 1280,
M'Geary, 1334.	M'Goff, 1356.	M'Harrison, 1245.	1391, 1395.
M'Gee, 687, 1151, 1158	M'Goggy. 780.	M'Harroll, 1244	M'Keag, 1392.
1335. 2086.	M'Goldrick. 730, 1354.	M'Harry, 1334, 1378.	M'Keague, 1392.
M'Geehan, 1336.	M'Golric. 1354.	M'Hatton. 1379.	M'Kean. 1393.
M'Geehin, 1336.	M'Golrick, 730, 736.	M'Hay, 1151.	M'Keany, 1394.
M'Gehan. 1336.	1354.	M'Heath, 1397.	M'Keary, 1026.
M'Gennis, 1369.	M'Gonagle, 1355.	M'Heffey, 839.	M'Keaver, 1396.
M'Genniss, 1369.	M'Gonegal. 1355.	M'Hendrie, 870.	M'Kee, 1151, 1391, 1395.
M'Geoghegan, 1337.	M'Gonegle, 1355.	M'Hendry, 1374.	M'Keeman, 1409.
M'Geough, 1356.	M'Gonigal. 1355.	M'Henery, 1374.	M'Keemon, 1409.
M'Geown, 1404.	M'Gonigle, 1355.	M'Henry, 870, 1313,	M'Keever, 1390, 1396.
M'Gerety, 1333.	M'Gonnell, 1270.	1374, 1399.	M'Keevor, 1390.

Surname and Reference No.	Surname and Reference No.	Surname and Reference No.	Surname and Reference No.
M'Keigue, 1392.	M'Konkey, 1268.	M'Maghen, 1426.	M'Nally, 1444, 1611.
M'Keith, 1397.	M'Kough, 1403.	M'Maghon, 1426.	M'Nalty, 1445, 1462, 1612.
M'Keiver, 1396.	M'Koy, 1280.	M'Maghone, 1426.	M'Nama, 1446, 1448.
M'Kellan, 1240, 1407.	M'Krann, 1361.	M'Mahan, 1426.	M'Namanamee, 1447.
M'Kellop, 1408.	M'Kurdy, 1292.	M'Mahon, 1168, 1169, 1426.	M'Namara, 1148, 1448. 1865.
M'Kelshenter, 18.	M'Kuscar, 1293.	M'Manamon. 1430.	M'Namarra. 1448.
M'Kelvey, 1398.	M'Kusker, 1293.	M'Manis, 1427.	M'Namee. 1148, 1449.
M'Kemmin, 1241.	M'Kussack, 1413.	M'Mann, 1426.	M'Namorrow, 1448.
M'Kendry, 1374, 1399.	M'Lachlin, 1418.	M'Mannus. 1427.	M'Naught, 1415.
M'Kenery, 1374.	M'Laghlan, 1418.	M'Manus, 1204, 1427.	M'Naughten, 1450, 1616.
M'Keniry, 1388.	M'Laine, 1256.	M'Math. 1428.	M'Naughton, 1450.
M'Kenna, 989, 1400, 1401.	M'Lamond, 281, 1259.	M'Mearty, 1231.	M'Nay, 1451.
M'Kennery, 1374.	M'Lane, 1256.	M'Mechon, 1426.	M'Nea, 1451.
M'Kenny, 992, 1400, 1401, 1411.	M'Larenon, 1417.	M'Meckan. 1429.	M'Neagh. 1451.
M'Kensie, 1402.	M'Larinon, 1417.	M'Meckin, 1429.	M'Neal, 1453.
M'Kenty, 1316.	M'Larney, 1416.	M'Meechan. 1429.	M'Nealey, 1454.
M'Kenzie, 1402.	M'Larnon. 1417.	M'Meekan, 1429.	M'Neally. 1454.
M'Keo, 1403.	M'Lary, 1255.	M'Meeken, 1429.	M'Nee, 1451.
M'Keoan, 1404.	M'Lauchlin, 1418.	M'Meekin. 1429.	M'Neece, 1458.
M'Keogh, 994, 1403.	M'Laughlin, 1124, 1418, 1425.	M'Meel, 1307.	M'Neel. 1453.
M'Keon, 1291, 1404, 1463.	M'Lave, 802.	M'Meenamon. 1430.	M'Neely, 1452, 1454.
M'Keough, 1403.	M'Lavin, 1578.	M'Meichan. 1429.	M'Neese, 1458.
M'Keowen, 1404.	M'Lean, 1256. 1419.	M'Menamon. 1430.	M'Neigh. 1451.
M'Keown, 261, 965, 1291, 1404, 1463.	M'Learey, 1257.	M'Menamin. 1430	M'Neight, 1415.
M'Kerel, 1244.	M'Learnon. 1417.	M'Menamon. 1430.	M'Neile, 1453.
M'Kerlie, 999.	M'Leary, 1257.	M'Menamy, 1431.	M'Neill, 1453.
M'Kernan, 1405.	M'Lee, 1083, 1208.	M'Menemen. 1430.	M'Neilly, 1452, 1454.
M'Kerrall, 1244.	M'Leery, 1257.	M'Menemy. 1431.	M'Nelis, 1455.
M'Ketian, 1149.	M'Lees. 1153.	M'Menim, 1430.	M'Nerland, 1456.
M'Ketterick, 1414.	M'Leese, 1153.	M'Menimey. 1431.	M'Nerlin. 1456.
M'Kettrick, 814, 1414.	M'Leesh, 1420.	M'Menimin. 1430.	M'Nern, 1443.
M'Kevor, 1390.	M'Lehenny, 1423.	M'Merty, 1231.	M'Nerney, 1457.
M'Kew, 1376.	M'Lehinney, 1423.	M'Michael, 1432.	M'Nertney. 1457.
M'Kewen, 1404.	M'Leise, 1153.	M'Michalin. 1432.	M'Nestry. 1112.
M'Kewn, 1404.	M'Leish. 1153. 1420.	M'Michall, 1432.	M'Niece, 1183, 1458.
M'Key, 1151, 1391.	M'Leland, 1258	M'Michan, 1429.	M'Nielly. 1454.
M'Kibben, 1406.	M'Lellan, 1258.	M'Mighael, 1432	M'Niff, 1459.
M'Kibbin, 1406.	M'Lelland, 1258.	M'Millan, 1433, 1437.	M'Night, 1415, 1450.
M'Kibbon, 1406.	M'Lement, 1259.	M'Millen, 1433, 1437.	M'Nirny, 1457.
M'Kie, 1280.	M'Lenaghan, 1260, 1421.	M'Millin, 1433, 1437.	M'Nish, 1460.
M'Kiernan, 1010, 1405.	M'Lenahan, 1421.	M'Minamy, 1431.	M'Nite, 1415.
M'Kiever, 1390.	M'Leneghan. 1421.	M'Monagle, 1434.	M'Noger, 320.
M'Killen, 1407.	M'Lenigan, 1421.	M'Monegal, 1434.	M'Nogher, 320.
M'Killian, 1211, 1407.	M'Lennon. 1421.	M'Monigal, 1434.	M'Nohor. 320.
M'Killion, 1240.	M'Leod, 1422.	M'Monigle. 1434.	M'Null, 1161.
M'Killip, 1408.	M'Lerney, 1305.	M'Moran, 1436.	M'Nulty, 1445, 1462.
M'Killop, 1018, 1408.	M'Lernon, 1417.	M'Mordie. 1435.	M'Oscar. 1293.
M'Killopps, 1408.	M'Leroy, 1309.	M'Morin, 1436.	M'Oubery, 1278.
M'Kilmurray, 1382.	M'Lester, 1212.	M'Morran, 1436, 1550.	M'Oubrey, 1278.
M'Kilveen, 1385.	M'Lhinney, 1423.	M'Morray. 1438.	M'Owen. 1404, 1463.
M'Kilvie, 1398.	M'Lice, 1209.	M'Morrow. 1438.	M'Paddan, 1464.
M'Kimmon, 1409.	M'Limont, 1259.	M'Morry, 1438.	M'Padden. 1322. 1464.
M'Kinch, 1375.	M'Linden, 1105, 1210.	M'Mouran, 1436.	M'Paden, 1464.
M'Kinestry, 1412.	M'Lindon, 1210.	M'Mullan, 1433, 1437, 1576.	M'Padgen, 1464.
M'Kiniff, 1459.	M'Linney, 1423.	M'Mullen, 1437, 1580.	M'Padian. 1464.
M'Kinlay, 1410.	M'Lintock, 1261.	M'Mullon, 1437.	M'Pake, 1466.
M'Kinley, 1410.	M'Linton, 1210.	M'Munaway, 1447.	M'Parland, 1324, 1465.
M'Kinney, 1400, 1402.	M'Lochiin, 1418.	M'Munigal, 1434.	M'Parlin, 1324.
M'Kinnie, 1402.	M'Loghien, 1418.	M'Murdy, 1435.	M'Partlan, 1465.
M'Kinny, 992, 1401, 1411.	M'Loghlin, 1418.	M'Murlan. 1551.	M'Partland. 1324.
M'Kinstry. 1412.	M'Loon, 1424.	M'Murran. 1436.	M'Peake, 1466.
M'Kinty, 1316.	M'Loone, 1214, 1424.	M'Murray, 1438, 1602.	M'Phadden, 1322.
M'Kinzie, 1402.	M'Lootie. 286.	M'Murren, 1436.	M'Phail, 2010.
M'Kirtrick, 1414.	M'Lorinan, 1417.	M'Murrin, 1436.	M'Pharland. 1324.
M'Kissock, 1413.	M'Losky, 1264.	M'Murry, 1439.	M'Pharson, 1468.
M'Kitterick, 1414.	M'Loughlan, 1418.	M'Murtery, 1439.	M'Phelan, 1467. 1719.
M'Kittrick, 814, 1414.	M'Loughlen, 1418.	M'Murthry. 1439.	M'Pherson. 1468.
M'Kivirking, 1372.	M'Loughin, 1418. 1425.	M'Murtry. 1439.	M'Phettridge. 1326.
M'Klern, 1380.	M'Lroy, 1309	M'Nabb, 1440. 1441.	M'Polin, 1731.
M'Kneight, 1415.	M'Lucas, 1130.	M'Nabo, 1440.1441 2019.	M'Qua, 1495.
M'Kniff, 1459.	M'Lune, 1214.	M'Naboe. 1441, 2019.	M'Quade, 1469, 2022.
M'Knight, 1042, 1415.	M'Luney, 1213.	M'Naboola, 1442.	M'Quagh, 1495.
M'Knulty, 1462.	M'Lure, 1263.	M'Nabow, 1441.	M'Quaid, 1469.
M'Koen, 1404.	M'Luskey, 1264.	M'Naghten, 1415, 1616.	M'Quaide, 1469.
M'Kone, 1404.	M'Ma, 1428, 1446.	M'Naghton, 1450.	M'Qualter, 1493.
	M'Machan, 1429.	M'Nail. 1453.	M'Quatters, 1494.
	M'Machon, 1426	M'Nairn, 1443.	M'Quay, 1151, 1391.
	M'Magh, 1428.	M'Nale, 1453.	

Surname and Reference No.	Surname and Reference No.	Surname and Reference No.	Surname and Reference No.
M'Queen, 1473.	M'Ternan, 1488.	Meere, 1608.	Miers, 1608.
M'Question, 1470.	M'Tier, 1222.	Megahan, 1156.	Migrillan, 1365.
M'Queston, 1470.	M'Tiernan, 1488.	Megall, 1239.	Miles, 1609.
M'Quey, 1391.	M'Tigue, 1487.	Megan, 1156.	Milford, 1521.
M'Quiggan, 1368.	M'Trustry, 1264.	Megarrity, 1333	Miligan, 1525.
M'Quilin, 1472.	M'Usker, 1293.	Megarry, 1334.	Millan, 1523.
M'Quilkan, 2061.	M'Vady, 1154.	Megarty, 1333.	Millane, 1580.
M'Quilkin, 1471, 2061.	M'Vanamy, 1130.	Megaw, 1508.	Millar, 1524.
M'Quillan, 1472, 1498, 1752.	M'Vay, 1489.	Megginn, 1345.	Millbride, 1579.
M'Quillen, 1472.	M'Vea, 1489.	Meghan, 1507	Millea, 1522, 1676.
M'Quilliams, 1498.	M'Veagh, 1489.	Meginniss, 1369.	Millen, 1523.
M'Quillian, 1472.	M'Veety, 1492.	Meglamry, 1546.	Miller, 1524.
M'Quillon, 1472,	M'Veigh, 1489, 1490.	Meglaughlin, 1418.	Millican, 1525.
M'Quilly, 1499.	M'Veity, 1492.	Megowan, 1358.	Milligan, 1525, 1581.
M'Quilquane, 1471.	M'Vey, 1489, 1490.	Megrath, 1362.	Milligen, 1525, 1581.
M'Quin, 1473.	M'Vicar, 1491.	Megraw, 1362.	Millikan, 1525.
M'Quiney, 1496.	M'Vickar, 1491.	Meguiggan, 1368.	Milliken, 1525, 1581.
M'Quinn, 1473.	M'Vicker, 1491.	Mehaffy, 1166.	Millikin, 1525.
M'Quinney, 1496.	M'Vitty, 1492.	Mehan, 1507.	Millin, 1526.
M'Quirk, 1371.	M'Vity, 1492.	Meighan, 1507.	Milling, 1526.
M'Quiston, 1470.	M'Wade, 1469.	Mekerrel, 1244.	Milne, 1523.
M'Quitty, 1474.	M'Walter, 1493	Mekill, 1159.	Milreavy, 1584.
M'Quoid, 1469.	M'Ward, 2028.	Melarkey, 1577.	Milroy, 1589.
M'Quorcodale, 1275.	M'Watters, 1494.	Melay, 1522.	Mimnagh, 1593.
M'Rae, 1282.	M'Waugh, 1495.	Meldon, 1509, 1570.	Minagh, 991.
M'Ranald, 1789.	M'Weeny, 1226, 1196.	Meleady, 1510.	Mineely, 1454.
M'Rann, 1361.	M'Wha, 1495.	Meledy, 1510.	Minett, 1415.
M'Rannal, 1789.	M'Whannon, 178	Melia, 1175, 1511, 1676.	Minford, 1521, 1545.
M'Ray, 1282.	M'Whaugh, 1495.	Melledy, 1510.	Mingane, 1179.
M'Ready, 1283.	M'Wherter, 1497.	Mellet, 1512.	Miniece, 1458.
M'Reavy, 1363.	M Whin, 1473.	Mellett, 1512.	Minnis, 1458.
M'Reedy, 1283.	M'Whinney, 1200, 1496.	Mellitt, 1512.	Minnish, 1460.
M'Reery, 1285.	M'Whinny, 1496.	Mellon, 1580.	Minnitt, 1415.
M'Reynold, 1789.	M'Whirter, 1497.	Mellot, 1512.	Minochor, 320.
M'Richard, 1475.	M'Whiston, 1470.	Mellott, 1512.	Minogher, 320.
M'Roary, 1286.	M'Whitty, 1474.	Melly, 1175.	Minogue, 1183, 1539.
M'Roberts, 1476.	M'Wiggan, 1368.	Meloy, 1536.	Minoher, 320.
M'Robin, 370, 762, 1477.	M'Wiggin, 1368.	Melroy, 1587.	Minteer, 1196.
M'Rory, 1286, 1366, 1806.	M'Wilkin, 1471.	Melville, 1513, 1514, 1592.	Minteith, 1544.
M'Ruddery, 1415.	M'William 1498	Melvin, 1513, 1514.	Mintin, 1516.
M'Rum, 1287.	M'Williams, 1472, 1498.	Menaght, 1539.	Miscella, 1528.
M'Scollog, 580.	M'Willie, 1499.	Menairy, 1515.	Miskell, 1527.
M'Shan, 965, 1478.	M'Winey, 1496.	Menarry, 1515.	Miskella, 1527.
M'Shanaghy, 643.	M'Winney, 1496.	Menary, 1515.	Miskelly, 1528.
M Shane, 965, 1478.	M'Witty, 1474.	Menautt, 1415.	Miskimmin, 1529.
M'Sharry, 635, 1479.	M'Wray, 1282.	Meneely, 1454.	Miskimmon, 1529.
M'Sheaghan, 1958.	Mea, 1202.	Menese, 1458.	M'sskimmins, 397, 1529.
M'Skean, 1958.	Meade, 1500.	Meneiss, 1458.	Mitchael, 1530.
M'Skimmins, 397.	Meagher, 1167, 1501.	Menemin, 1430.	Mitchell, 1530, 1592.
M'Soreley, 1480.	Mealia, 1175, 1511, 1676.	Menocher, 320.	Mitten, 1531.
M'Sorely, 1480.	Mealley, 1175.	Menteith, 1544.	Mitty, 1198.
M'Sorley, 1480.	Meally, 1511.	Menton, 1516.	Moabray, 1563.
M'Spaddin, 1481.	Mealy, 1676.	Mercer, 1517.	Moan, 1534.
M'Sparran, 1482.	Meany, 1502	Merdiff, 1518.	Moany, 1547.
M'Speddin, 1481.	Meara, 1186, 1503, 1677.	Merdith, 1518.	Moarn, 1550.
M'Suile, 1046.	Meares, 1170, 1504.	Merdy, 1518.	Mockler, 1532.
M'Sweeny, 1148, 1483, 1485, 1944, 1946.	Mearn, 1193.	Meredith, 1518.	Moen, 1534.
M'Sweney, 1483.	Mears, 1504.	Meredyth, 1518	Mocran, 1550.
M'Swiggan, 1484.	Mease, 1205.	Mermont, 1191.	Moffatt, 1533.
M'Swiggin, 1484.	Meaze, 1205.	Merna, 1601	Moffett, 1533.
M'Swigin, 1484.	Meban, 1505.	Merrick, 1520.	Mofiltt, 1533.
M'Swine, 1483, 1944, 1946.	Meberry, 1203.	Merriman, 1191.	Moghan, 1534, 2016.
M'Swiney, 1483, 1485, 1944.	Mecan, 1213.	Merryman, 1191.	Mohan, 1168, 1534.
	Mecmeckin, 1429	Meseel, 1527.	Moir, 1548.
M'Taggart, 1317, 1949.	Mecowan, 1358.	Meskinmon, 1529.	Moles, 1535.
M'Taghlan, 921.	Mecredy, 1283.	Metcalf, 1519.	Moleyneux, 1538.
M'Taghlin, 910, 1486.	Medcalf, 1519	Metkitft, 1519.	Mollan, 1576.
M'Tague, 1487, 1543, 1960.	Medlicott, 1506.	Mewha, 1495.	Mollony, 1537.
M'Tamney, 1221.	Medlycott, 1506.	Mewhanan, 178.	Mollowney, 1537.
M'Tavish, 1956.	Medole, 1302.	Mewheney, 1200	Molloy, 1111, 1536, 1583, 1592.
M'Teague, 1487, 1960.	Mee, 1449, 1507.	Mewhenney, 1200.	Mollyneux, 1538.
M'Teer, 1222.	Meegan, 1507	Mewherter, 1497.	Mologhnev, 1537.
M'Teggart, 1317, 1949.	Meeghan, 1507.	Mewhirter, 1497.	Moloney, 1357.
M'Tegue, 1487.	Meehan, 1507.	Meyers, 1504.	Molony, 1537.
M'Teigue, 1487, 1960.	Meehen, 1507.	Meyrick, 1520.	Molowny, 1537.
	Meek, 1172.	Miall, 1607.	Moloy, 1536.
	Meekin, 1507.	Michael, 1530.	Molphy, 1600.
	Meenagh, 1958.	Michal, 1530.	Molseed, 1177.
	Meenhan, 1181.	Michel, 1530.	

Surname and Reference No.	Surname and Reference No.	Surname and Reference No.	Surname and Reference No.
Molumby, 1537.	Morrow, 1559.	Mullan, 1437, 1576, 1580, 1581.	Murray, 1438, 1602.
Molyneaux, 1538.	Morrowson, 1559.		Murren, 1603.
Molyneux, 1538.	Mortagh, 1560.	Mullane, 1580, 1582.	Murricohu, 1600.
Monaboe, 1441, 2019.	Mortimer, 1560.	Mullarkey, 1577.	Murrihy, 1602.
Monachan, 1539.	Mortimor, 1560.	Mullavin, 1578.	Murrin, 1603.
Monaghan, 1183, 1539, 1541, 1565.	Mortimore, 1560.	Mullbride, 1579.	Murrough, 1559.
	Mortland, 1551.	Mulleady, 1510.	Murrow, 1559.
Monahan, 1539, 1565.	Morton, 1552.	Mullee, 1536.	Murry, 1602.
Monck, 1541.	Mortymer, 1560.	Mullen, 1176, 1437, 1576, 1580, 1582.	Murt, 1604.
Monday, 1214.	Mosgrove, 1606.		Murta, 1604.
Monds, 1594.	Moskimmon, 1529.	Mulligan, 1525, 1576, 1581, 1585.	Murtagh, 1553, 1597, 1604.
Monehan, 1539, 1565.	Moss, 1561.		
Money, 1547.	Moter, 1100.	Mullin, 1576, 1580.	Murtaugh, 1604.
Moneypenny, 1540.	Moton, 1100.	Mullinex, 1538.	Murtha, 1604.
Mongney, 1546.	Moughan, 1534, 2016.	Mullinix, 1538.	Murtland, 1551.
Mongon, 1182.	Moughty, 1566.	Mullins, 1580, 1582.	Murvane, 2029.
Monk, 1541.	Moulds, 1535.	Mullock, 1356.	Muse, 1605.
Monks, 1539, 1541.	Mountain, 1562.	Mullogan, 1581.	Musgrave, 1606.
Monley, 1542.	Mountiford, 1545.	Mullon, 1580.	Musgrove, 1606.
Monnelly, 1542.	Mountifort, 1545.	Mulloney, 1537.	Myall, 1607.
Monohan, 1565.	Mourn, 1550.	Mullowney, 1537.	Myers, 1564, 1608.
Monroe, 1587, 1595.	Mournane, 1192, 2029.	Mulloy, 1356, 1583.	Myhan, 1607.
Monsell, 1199.	Mowbray, 1563.	Mullreavy, 1584.	Myhill, 1607.
Montague, 1487, 1543.	Mowen, 1534.	Mullvihill, 1592.	Myles, 1609.
Montane, 1562.	Mowhannan, 178.	Mulmona, 1561.	Mylott, 1512.
Montang, 1562.	Mowlds, 1535.	Muloney, 1537.	Mylotte, 1612.
Montangue, 1562.	Mowles, 1535.	Muloy, 1536.	Myres, 1608.
Monteeth, 1544.	Moyers, 1564, 1608.	Mulqueen, 1581, 1585.	Mythen, 1531.
Monteith, 1544.	Moyles, 1609.	Mulreany, 1586.	
Montford, 1545.	Moynahan, 1565.	Mulrenan, 1586.	
Montfort, 1545.	Moynan, 1565.	Mulrenin, 1586.	
Montgomery, 1347, 1546.	Moyney, 1547.	Mulrennan, 1586.	
	Moynihan, 1539, 1565.	Mulrennin, 1586.	
Monypenny, 1540.	Muebrin, 206.	Mulroe, 1587, 1589.	
Monypeny, 1540.	Muckady, 1566.	Mulrony, 1588.	Naggs, 1040.
Moobray, 1563.	Muckaran, 1567.	Mulrooney, 1297, 1588, 1810.	Naghten, 1616.
Mooney, 1547.	Muckaree, 1026.		Naghton, 1616.
Moore, 1548.	Muckedan, 1275.	Mulrow, 1587.	Nagle, 1610.
Moorehead, 1549.	Muckeen, 1419.	Mulroy, 1587, 1589.	Nail, 1624.
Mooreheed, 1549.	Muckian, 1393.	Mulryan, 1831.	Nailer, 1618.
Moorhead, 1549.	Muckilbony, 1026.	Mulvanerty, 115.	Nailor, 1618.
Moran, 1436, 1550.	Mucklebreed, 1232.	Mulvanny, 1590.	Naish, 1614.
More, 1548.	Muckler, 1532.	Mulvany, 1590, 1591.	Nally, 1444, 1611.
Moreen, 1548.	Mugan, 1329.	Mulvehill, 1592.	Nalty, 1445, 1612.
Morehead, 1549.	Muinagh, 991.	Mulvey, 1590, 1591.	Nanany, 1097.
Moreland, 1551, 1598.	Muir, 1548.	Mulvihil, 1592.	Naper, 1613.
Moren, 1550.	Muirhead, 1549.	Mulvihill, 1513, 1530, 1536, 1592.	Napier, 1613.
Moresay, 1558.	Muirland, 1598.		Nary, 1620.
Moreton, 1100, 1552.	Muise, 1605.	Mumford, 1593.	Nash, 1614.
Morey, 1548, 1553.	Mulavill, 1513.	Munce, 1594.	Naugher, 320, 1615.
Moriarty, 1553, 1604.	Mulcahy, 1568.	Munday, 1214, 1424.	Naughtan, 1616.
Morice, 1556.	Mulconry, 323, 324.	Munds, 1594.	Naughten, 1616.
Morin, 1448, 1550.	Mulcreevy, 1569.	Mundy, 1214.	Naughter, 1615.
Moris, 1556.	Mulderg, 1783.	Munford, 1545.	Naughton, 1420, 1616.
Morisey, 1558.	Mulderrig, 1777.	Munkettrick, 1414.	Naulty, 1612.
Morison, 1557.	Muldon, 1570.	Munkittrick, 1414.	Navin, 1617, 1628.
Moriss, 1556.	Muldoon, 1302, 1509, 1570.	Munns, 1594.	Naylor, 1618.
Morisson, 1557.		Munroe, 1595.	Neagle, 1610.
Morissy, 1558.	Muldowney, 506, 1571.	Munrow, 1595.	Neal, 1624, 1678.
Morland, 1551.	Mulgan, 1581.	Muntz, 1594.	Neale, 1624.
Morley, 1554.	Mulgrave, 1572.	Munze, 1594.	Nealer, 1618.
Moroney, 1555.	Mulgrievey, 1569	Muran, 1550.	Nealon, 1619, 1622.
Moroony, 1555.	Mulgroo, 1572.	Murchan, 1596.	Nealson, 1625.
Morressy, 1558.	Mulhall, 1573.	Murchison, 1596.	Neaphsey, 1617.
Morresy, 1558.	Mulhane, 1580.	Murchisson, 1596.	Neary, 1620.
Morrin, 1550.	Mulhartagh, 1145, 1247.	Murdoch, 1597, 1604.	Neavin, 1628.
Morris, 621, 1556, 1558.		Murdock, 1597, 1604.	Neazer, 135.
Morrisey, 1558.	Mulhearn, 1574.	Murdough, 1597.	Neazor, 135.
Morrison, 79, 177, 1557, 1558.	Mulheeran, 1574.	Murdow, 1597.	Nee, 1041.
	Mulheran, 1574.	Murdy, 1435.	Neef, 448.
Morris-Roe, 1556.	Mulheren, 1574.	Murhilla, 937.	Neehan, 1621.
Morrissee, 1558.	Mulhern, 1574.	Murkin, 1593.	Neenan, 1621, 1635.
Morrissey, 1556, 1557, 1558.	Mulherrin, 1574.	Murland, 155 , 1598.	Neeper, 1613.
	Mulherron, 1574.	Murn, 1603.	Neight, 1042.
Morrisson, 1557.	Mulholland, 905, 1575.	Murnain, 1599.	Neilan, 1619, 1622.
Morrogh, 1559.	Mulhollum, 1575.	Murnan, 1599.	Neiland, 1623.
Morrolly, 1554.	Mulholm, 1575.	Murnane, 1192, 1599.	Neilands, 1623.
Morroney, 1555.	Mulholn, 1575.	Murney, 1599.	Neill, 1624, 1678.
Morrossey, 1558.	Mulkhearn, 1574.	Murphy, 1600.	Neilson, 1625.
Morrough, 1559.	Mullagan, 1581.	Murrane, 1601.	Neiper, 1613.

Surname and Reference No.	Surname and Reference No.	Surname and Reference No.	Surname and Reference No.
Nelan. 1622.	Oak, 424. 1640.	O'Halleran, 1665.	Packenham, 1694.
Nelis, 1625.	Oakes, 424, 1640.	O'Halleron, 1665.	Paden, 1705.
Nelson, 1625.	Oaks, 424, 1640.	O'Halloran, 793, 1665.	Padon. 1705.
Neper, 1613.	Oates, 1641.	O'Hamill, 795.	Page. 1691.
Nesbett, 1627.	Oats, 1641, 1757.	O'Hanlon, 808, 1666.	Paget, 1692.
Nesbitt, 1627.	O'Beirne, 206.	O'Hara, 825, 1667.	Pagett, 1692.
Neven, 1628.	O'Boyle, 143.	O'Hare, 821, 1668.	Pagnam, 1694.
Nevin, 1617, 1628.	O'Brallaghan, 145.	O'Harra, 1667.	Paiden, 1705.
Nevins, 1628.	O'Brian, 1642.	O'Hea, 848. 1669.	Paisley, 1693.
Newcomb, 1629.	O'Brien, 176. 382,	O'Hear, 821. 1668.	Pakenham. 1694.
Newcome, 1629.	1233, 1642.	O'Hegan, 1664.	Paragon. 622.
Newcomen, 1629.	O'Brine, 1233.	O'Herlihy. 937	Parill, 1697.
Newell, 1630.	O'Bryan, 1642.	O'Hora, 1667.	Park, 1695.
Newells, 1630.	O'Bryen, 1642.	O'Hure. 922.	Parkenson 1696.
Newill, 1630.	O'Byrne, 197. 206.	Oins, 1690.	Parkes, 1695.
Newnan, 1635.	O'Cahan, 214, 663,	O'Kane, 663, 571, 1670.	Parkinson, 1696.
Neyland, 1623.	1670.	O'Keane, 1670.	Parkison, 1696.
Neylon, 1622.	O'Caharney, 975	O'Keefe, 1671.	Parle, 1697.
Nichol. 1631.	O'Caherney, 975.	O'Keeffe, 979, 1671.	Parlon, 1698.
Nicholds, 1631.	O'Callaghan. 220,	O'Kelly, 988, 1672,	Parnell, 1698.
Nicholl, 1631, 1632.	1643.	O Keoneen, 961.	Parrette, 1712.
Nicholls, 1631.	O'Callahan, 1643.	O'Kibbon, 695.	Parrican. 622.
Nichols, 1631, 1632.	O'Carroll, 250.	O'Kielt, 1896.	Parrott, 1712.
Nicholson, 1631, 1632.	O'Carthy, 253. 1644,	O'Kieran, 976.	Pasley, 1693.
Nickelson, 1631.	O'Caughan, 1670	O'Laverty. 1070.	Patchet, 1692.
Nickle. 1631.	O Cloghessy, 1645.	O'Leary, 1080, 1673.	Patchy. 622.
Nickles, 1631.	O'Clohessy, 1645.	Olligan, 791.	Paten, 1700. 1717.
Nickson, 1633.	O'Clussey, 1645.	O'Loughlan, 1674,	Paterson. 1699.
Nicol, 1631.	O'Colter, 343.	O'Loughlin, 1124,	Patison. 1699.
Nicoll, 1631.	O'Connell, 316, 1646.	1674	Paton, 1700. 1717.
Nicolls, 1631.	O'Conner, 320.	O Lyons, 1142, 1675.	Patrican, 622.
Nicols. 1631.	O'Connor, 320, 321,	O'Malley. 1174, 1175,	Patrick, 622.
Niell, 1624.	1647.	1511, 1676.	Patten, 1700.
Nielson, 1625.	O'Conor, 320.	O'Mara, 1677.	Pattersen, 1699.
Night, 1042.	O'Cullane, 304.	O'Meally, 1175.	Patterson, 1699.
Nilan, 1622.	O'Currobeen, 333.	O'Mealue, 1676.	Patteson. 1699.
Nilon, 1622.	O'Curry, 339.	O'Mealy, 1676.	Pattin, 1700.
Nipe, 1043.	Odarian, 494.	O'Meara, 1186, 1503,	Pattison. 1699.
Nisbett, 1627	O'Dea, 725, 1648.	1677.	Patton, 1700, 1717.
Nisbit, 1627.	O Dermott, 457.	O'Meehon, 1507.	Patty, 1700.
Nivin. 1628.	O'Devine, 461, 1650.	O'Mullane, 1582.	Paulett, 1701.
Nix, 2071.	O'Dheer, 1657.	O'Muracha, 1600.	Pavy, 1704.
Nixon, 1633.	O'Diff, 521.	O'Neal, 1678.	Payton, 1717.
Nocher, 320, 1615.	Odlum, 1649.	O'Neill, 1624, 1678.	Pazley, 1693.
Nochtin, 1616.	O'Doherty, 479, 1651.	Oogan, 2070.	Pearce. 1702.
Nocker, 320.	O'Donnell. 417, 485,	Oolahan, 919.	Pearse. 1702.
Nockton. 1616.	1301, 1652.	Oonin, 753.	Pearson. 1703.
Nocter, 1615.	O'Donnelly, 485.	O Rafferty. 1760.	Peasley, 1693.
Nocton. 1616.	O'Donovan, 489, 1653.	Orchard, 1679.	Peavey, 1704.
Noghar, 320.	O'Doogan, 522.	O Reiley, 1680.	Peden, 1705.
Nogher, 320, 1615.	O'Dooghany. 522.	O'Reilly, 1680, 1785.	Pedian. 1705.
Noher, 320.	O'Doolan. 505.	Organ, 915.	Peel, 1706.
Nolan, 1634.	O'Dornan. 495.	O'Rielly, 1680.	Peelan, 2047.
Noland, 1634.	O'Doud, 1654.	O'Riordan, 1681, 1795.	Peg. 1691
Nolane, 1634.	O'Dougherty, 1651.	O'Roarke, 1682.	Pegnam. 1694.
Nolty, 1612.	O'Dowd, 498, 1654.	O'Rorke, 1682, 1820.	Pegnim. 1694.
Noonan, 1635.	O'Driscoll, 513, 943,	O Rourke, 1682, 1820	Pelle, 1706.
Noonane, 1635.	1655.	O'Ryan, 1831	Peirce, 1702.
Norris, 1636.	O'Duffy, 521, 1656.	Osborne, 1683.	Pelan, 2047.
Norrit, 1638.	O'Dwyer, 537, 1657.	Osbourne. 1683.	Pendelton, 1708.
North, 1637.	O'Farrell, 584, 1658.	Osburne, 1683.	Pender, 1707, 1737.
Northridge, 1636.	O'Ferry, 601.	O'Sevnagh, 1944.	Pendergast, 1737.
Norton, 1616.	O'Filbin, 1721.	O,Shanesy, 1684.	Pendergrass, 1737.
Norwood. 1638.	O'Flaherty, 626, 1051,	O'Shaughnessy, 1684,	Penders, 1737,
Noud. 1044.	1659.	1863.	Pendleton. 1708.
Noughton, 1616.	O'Flanagan. 628, 1660.	O'Shea, 1685, 1864.	Pendy, 1707, 1737,
Nourv, 1636.	O'Foodhy, 1945.	O'Shoughnessy. 1684.	1738
Nowd, 1044.	Ogan, 2070.	O'Sullivan, 1686, 1936.	Penleton, 1708.
Nowlan, 1634,	O'Gara, 671, 677.	O'Summachan, 1937.	Penny, 1713.
Nowry, 1636.	O'Garriga, 1668.	O'Thina, 632.	Pennycook, 1709.
Nugent, 713, 1639.	O'Gilbie, 698, 1661.	O'Toole, 1687. 1972.	Pennycuik, 1709.
Nulty, 1612	Ogilby, 1661.	Ottley, 1688.	Penycook, 1709.
Nunan, 1635.	O Gilvie, 1661.	Ougan, 2070.	Peppard, 1710.
Nunun, 1635.	O'Gorman, 738, 1662.	Oulahan. 919.	Pepper, 1710. 1729.
Nurse, 1636.	O'Gowan, 1897.	Oulihan, 919.	Percy, 1702.
	O'Grady, 746. 1663.	Ounihan, 483.	Perdon, 1745.
	O'Gready, 1663.	Ovenden,· 1689.	Perkinson, 1696.
	O'Hagan, 782, 886, 1664.	Ovington, 1689.	Perriman. 613, 1711.
	O'Haire, 821, 1668.	Owen, 910, 1690.	Perrott, 1712.
	O'Hallaran, 1665.	Owens, 892, 945, 1690.	Perry, 1713.

Surname and Reference No.	Surname and Reference No.	Surname and Reference No.	Surname and Reference No.
Person, 1703.	Powlett, 1701.	Rabbett, 1758.	Redmun, 1781.
Peter, 1714.	Prender, 1737.	Rabbit, 399, 1758.	Redpath, 1782.
Peters, 1714.	Prendergast, 1707,	Racards, 1793.	Reede, 1783.
Petherick, 1021.	1737.	Radcliffe, 1759.	Reen, 1794, 2079.
Peticrew, 1716.	Prenderville, 1738.	Radwill, 1816.	Reford, 2078.
Petit, 1107, 1715.	Prendeville, 1738.	Rae, 1771, 2077.	Reid, 1783.
Petite, 1715.	Prendible, 1738.	Rafe, 1766.	Reidy, 1803.
Peton, 1717.	Prendivill, 1738.	Raferty, 1760.	Reigh, 1772, 2077.
Petre, 1714.	Prendiville, 1738.	Rafferty, 1071, 1760.	Reighill, 1784.
Petres, 1714.	Prendy, 1738.	Rafter, 1761.	Reilly, 1680, 1785.
Petticrew, 1716.	Pressly, 1740.	Raftery, 1760.	Reily, 1785.
Pettigrew, 1716.	Prey, 534.	Raftiss, 1761.	Reinhardt, 1786.
Pettit, 1107.	Priall, 1743.	Rahill, 1762.	Reiny, 1763.
Pettitt, 1715	Price, 1739.	Rahlly, 1765.	Reirdon, 1795.
Petty, 1715.	Prichard, 2007.	Rainey, 1763.	Rekle, 1784.
Pettycrew, 1716.	Priestley, 1740.	Rainsford, 1764.	Renaghan, 1787.
Peyton, 1700, 1717.	Prindergast, 1737.	Raleigh, 1765.	Renahan, 1787.
Phair, 1718.	Prindeville, 1738.	Rall, 1762.	Renan, 1586.
Pharis, 601.	Prindiville, 1738.	Rallinson, 1770.	Renard, 1786.
Phayer, 1718.	Prior, 1741.	Rally, 1765.	Renehan, 1787.
Phayre, 1718.	Pritchard, 2007.	Ralph, 1766.	Renihan, 1787.
Phelan, 661,1467 1719,	Prunty, 1742.	Ramsbottom, 1772.	Renken, 1767.
2047.	Pryall, 1743.	Ranaghan, 1787.	Renkin, 1767.
Phelon, 1719.	Pryce, 1739.	Randalson, 1789.	Rennick, 1788.
Pherman, 613 1711.	Pryse, 1739.	Raney, 1763.	Rennicks, 1788.
Pherson, 1468.	Pumfrey, 1733.	Rankin, 1767.	Rennie, 1763.
Phibbs, 1720.	Punch, 1734.	Rannals, 1789.	Rennix, 1788.
Philan, 661, 1719.	Purcell, 1744.	Ranolds, 1789.	Rennox, 1788.
Philban, 1721.	Purcill, 1744.	Ransford, 1764.	Renolds, 1789.
Philbin, 1721, 1724,	Purdon, 1745.	Rashford, 1801.	Renwicks, 1788.
2047.	Purdy, 1745.	Ratcliffe, 1759.	Reordan, 1795.
Philemon, 1722.	Purfield, 1746.	Ratecan, 1769.	Reordon, 1795.
Philipin, 1724.	Pursell, 1744.	Rath, 1387.	Reppet, 1782.
Philips, 1724.	Purtill, 1744.	Rathbone, 1768.	Reven, 1829.
Philipson, 1723.	Purtle, 1746.	Rathborne, 1768.	Rewan, 1821.
Phillipin, 1724.	Pyper, 1729.	Rathburne, 1768.	Reyburn, 1775.
Phillippson, 1723.		Rathwell, 1816.	Reycroft, 1822.
Phillips, 1721, 1724.		Ratican, 1769	Reyford, 2078.
Phillipson, 1723.		Ratigan, 1769.	Reynalds, 1789.
Philomy, 1722.		Ratliff, 1759.	Reynard, 1786.
Philson, 1723		Rattigan, 1769.	Reyney, 1763.
Phoenerty, 611.	Quade, 1747.	Ratty, 813, 1759.	Reynick, 1788.
Phylan, 1719.	Quaid, 1747.	Raverty, 1760.	Reynicks, 1788.
Pickett, 1726.	Quaide, 1469.	Ravery, 1760.	Reynolds, 1789.
Pidgeon, 1368, 1725.	Quaile, 1749.	Ravy, 1774.	Reynoldson, 1789.
Pierce, 1702.	Qualter, 1493.	Rawleigh, 1765.	Rhategan, 1769.
Pierse, 1702.	Quan, 1748.	Rawlings, 1808.	Rhatigan, 1769.
Pierson, 1703.	Quann, 1748.	Rawlins, 1808.	Rheady, 1778.
Piersse, 1702.	Queale, 1749.	Rawlinson, 1770.	Rheynard, 1786.
Pigeon, 1725.	Queen, 1755.	Ray, 1771, 2077.	Rhoddy, 1803.
Piggott, 1726.	Queenan, 398, 1750.	Rayburn, 1775.	Rhoney, 1810.
Pigott, 1726.	Queenane, 399.	Raycraft, 1822.	Rhuneon, 1787.
Pindar, 1727.	Quenan, 399.	Raycroft, 1822.	Rhyder, 1188, 1832.
Pindars, 1727.	Quenn, 1755.	Rayford, 2078.	Rhynhart, 1786.
Pinder, 1737.	Querk, 1757.	Raynard, 1786.	Riall, 1790.
Pinders, 1737.	Quick, 1757.	Rea, 1771, 2077.	Ricards, 1793.
Pindy, 1737, 1738.	Quiddihy, 388	Read, 1783.	Rice, 1791.
Pinkerton, 1728.	Quigg, 1998.	Renddy, 1778.	Richard, 1792.
Pinkey, 1728.	Quigley, 1751.	Ready, 1778.	Richards, 1792, 1793.
Pinky, 1728.	Quiligan, 303.	Reams, 1772.	Richey, 1796.
Piper, 1710, 1729.	Quilkin, 391.	Reamsbotham, 1772.	Rickard, 1793.
Pirie, 1713.	Quillan, 304, 392, 908,	Reamsbottom, 1772.	Rickards, 1792, 1793.
Pirrie, 1713.	1472, 1752.	Reany, 1763.	Ridd, 1783.
Poag, 1730, 1732.	Quillen, 392.	Reardan, 1795.	Riding, 1776.
Poer, 1736.	Quillenan, 394.	Rearden, 1795.	Rieley, 1785.
Pogue, 1730, 1732.	Quilligan, 303.	Reardon, 1681, 1773,	Rielly, 1785.
Poke, 1732.	Quillinan, 394.	1795.	Rierdan, 1795.
Poland, 1731.	Quilnan, 394.	Reaveny, 1774.	Rierdon, 1795.
Pole, 1735.	Quinane, 772, 1030.	Reay, 2077.	Rigley, 2081.
Polin, 1731.	Quinlan, 1753.	Reburn, 1775.	Rile, 1790.
Polk, 1732.	Quinlish, 1754.	Redahan, 1779.	Riley, 1785.
Pollett, 1701.	Quinlisk, 1754.	Redding, 1776.	Rilly, 1785.
Pollick, 1732.	Quinlivan, 1753.	Reddington, 1777.	Rinaghan, 1787.
Pollock, 1730, 1732.	Quinn, 1267, 1755.	Reddy, 1778, 1803.	Rinahan, 1787.
Pomfret, 1733.	Quinniff, 318.	Redehan, 1779.	Ring, 1794, 2079.
Ponsonby, 1734.	Quintin, 1756.	Redery, 1780.	Rinn, 1281.
Poole, 1735.	Quinton, 1756.	Redy, 1778.	Riordan, 1681, 1773,
Poor, 1736.	Quirk, 1246, 1641, 1757.	Redmon, 1781.	1795.
Powell, 771, 1735.	Quoid, 1747.	Redmond, 1781.	Riorden, 1795.
Power, 1736.	Qwail, 1749.	Redmont, 1781.	Rippet, 1782.

Surname and Reference No.	Surname and Reference No.	Surname and Reference No.	Surname and Reference No.
Rippit, 1782.	Rosseter, 1814.	Salisbury, 1833.	Shackleton, 1858.
Ritchie, 1796.	Rossiter, 1814.	Sallanger, 1927.	Shails, 1874.
Rixon, 2082.	Ro-sitor. 1814.	Sallenger, 1927.	Shairp, 1862.
Roache. 1800.	Rosster, 1814.	Sallinger. 1927.	Shakleton, 1858.
Roan, 1821.	Rostig, 1800.	Salmon, 1831.	Shales, 1874.
Roane, 1821.	Roth, 1828.	Salters, 1838.	Shanaghan. 1859.
Roantree. 1819.	Rothe, 1828.	Sammon, 1834.	Shanaghy, 613.
Roark, 1820.	Rotheram, 1815.	Sample, 1852.	Shanahan, 643, 1859,
Roarke, 1820.	Rotherham, 1815.	Sanderson, 1839.	1860.
Robbinson, 1799.	Rotherum, 1815.	Sandes, 1835.	Shanahen. 1859.
Roberts, 1797. 1798.	Rothweil. 1816.	Sands, 1835.	Shanahy, 643.
Robertson, 1797, 1798,	Rouane, 1831.	Sandys, 1835.	Shanan. 1859.
1799.	Roughan, 1818.	Sargeant, 1836.	Shane, 965, 1478, 1866.
Robins, 1799.	Roughneen. 1801, 1809.	Sargent, 1836.	Shanessy, 1684, 1863.
Robinson, 1798, 1799.	Roulston, 1817.	Sargesson. 1853.	Shanihan, 1859.
Robison, 1799.	Roundtree, 1819.	Sargint, 1836.	Shannagh, 1860.
Robisson, 1799.	Rountree, 1819.	Sargisson, 1853.	Shannahan. 1859.
Robotham, 1813.	Rourke, 1682, 1820.	Sarseil, 1837.	Shannihan. 1859.
Robson. 1799.	Routh, 1828.	Sarsfield, 1837.	Shannon, 714, 1859.
Roche, 1800.	Routledge. 1830.	Saulisbury. 1833.	1860.
Rochefort. 1801.	Rowan, 1821.	Saulters, 1838.	Shanny, 1860.
Rochford, 1801.	Rowantree, 1819.	Saunders, 1839.	Shanon, 1860.
Rochfort, 1801.	Rowe, 1805.	Saunderson, 1839.	Sharket, 1861.
Rochneen, 1801.	Rowen, 1821.	Saurin, 1840, 1903.	Sharkey. 1861.
Rock, 248, 1802.	Rowlandson, 1808.	Sausheil, 1837.	Sharpe, 1862.
Rodan, 1804.	Rowlendson, 1770.	Savage, 1841.	Sharry, 635.
Rodaughan, 1779.	Rowlins, 1808.	Saway, 1842.	Sharvin, 1873.
Roddie, 1803.	Rowlston, 1817.	Sawer, 1843.	Shaughness, 1863.
Roddon, 1826.	Rowney, 1810.	Sawey, 1842.	Shaughnessy, 1684,
Roddy, 1778, 1803.	Roxberry, 1812.	Sawier, 1843.	1863.
Roden, 1804. 1826.	Roxborough, 1812.	Sawyer, 1843.	Shaughnesy. 1863.
Rodger, 1286, 1806.	Roy, 1309, 1384, 1824.	Sawyers, 1843.	Shaunessy. 1863.
Rodgers, 1286, 1366,	Royan, 1831.	Scally, 1844.	Shay, 1685.
1806.	Royce, 1823.	Scandlon, 1846.	Shea, 1685. 1864.
Rodin, 1804.	Roycraft, 1822.	Scanlan, 1845. 1846.	Sheahan, 1866.
Rodman, 1781.	Roycroft, 1822.	Scanlen, 1846.	Sheales. 1784.
Rodmont, 1781.	Roynane, 1809.	Scanlin, 1846.	Sheals, 1784.
Rody, 1803.	Royse, 1823.	Scanlon, 1845. 1846.	Shean, 1866.
Roe, 1805.	Royston, 1824.	Schoales, 1847.	Shearer, 1872.
Roger, 1806.	Ruan, 1821. 1831.	Schofield, 1848.	Shearhoon, 1757.
Rogers, 1286, 1366, 1806.	Ruane, 1825, 1831.	Scholefield, 1848.	Shearlock, 1871.
Rogerson, 1807.	Ruarke, 1820.	Scholes, 1848.	Sheckleton, 1858.
Rohan, 1818.	Ruddan, 1826	Schoules, 1847.	Shee, 1685.
Roice, 1791, 1823.	Rudden, 1804, 1826.	Schumacker, 1879.	Sheean, 1866.
Rolands, 1808.	Ruddin, 1826.	Scoales, 1847.	Sheedy, 1448, 1865.
Rolestone, 1817.	Ruddon, 1804.	Scofield, 1848.	Sheehan. 1866.
Rolfe, 1766.	Ruddy, 1803.	Scolefield, 1848.	Sheen, 1866.
Rollestone. 1817.	Rudican, 1779.	Scoles, 1847.	Sheenan, 1800.
Rollins, 1808.	Ruineen. 1810.	Scullion, 1849.	Sheera, 1869.
Rollstone, 1817.	Ruirk, 1820.	Scurlock, 1871.	Shehan, 1866.
Rolph, 1766.	Runey, 1810.	Seagrave, 1851.	Sheil, 1784.
Rolston, 1817.	Runian, 1810.	Seagrove, 1851.	Sheils, 1784.
Ronaghan, 1787.	Ruorke, 1820.	Searight, 1850.	Sheir, 1877.
Ronaldson. 1789.	Rurk, 1682.	Seaver, 1857.	Sheirdan, 1870.
Ronane, 1809.	Rushford, 1801.	Seawright, 1850.	Shekelton, 1858.
Ronayne. 1809.	Russboro. 1812.	Sedgwick, 264.	Shekleton, 1858.
Roney, 1810.	Russell, 1827.	Seerey, 650.	Sheles, 1874.
Roohan, 1810.	Russle, 1827.	Seery, 650	Shelliday, 1875.
Roon, 1821.	Ruth, 1828.	Segrave, 1851. 1935.	Shelloe, 1867.
Rooneen. 1810.	Ruthven, 1829.	Segre, 1851.	Shelly, 1867.
Rooney, 1588, 1810.	Rutledge, 1830.	Selenger, 1927.	Shephard. 1868.
Roonoo, 1810.	Rutlege, 1830.	Sellinger, 1927.	Shepherd, 1868.
Roorke, 1820.	Ruttledge. 1830.	Semore, 1857.	Sheppard, 1868.
Roragh, 1682	Ruttlege, 1830.	Semour, 1857.	Shepperd, 1868.
Rorison, 1807.	Ryall, 1790.	Semple, 1852.	Shera, 1869.
Rorke. 1682, 1820.	Ryan, 1825, 1831.	Sergeant, 1836.	Sherard, 1872.
Rosborough, 1812.	Rycroft, 1822.	Sergent, 1836.	Sherden, 1870.
Rosbottom, 1813.	Ryder, 1188, 1832.	Sergerson, 1853.	Sherdian, 1870.
Rosbrow, 1812.	Ryding, 1776.	Sergeson, 1853.	Sherdon, 1870.
Rosebery, 1812.	Ryely, 1785.	Sergesson. 1853.	Sheredan, 1870.
Rosebrough, 1812.	Ryle, 1790.	Sergison, 1853.	Shereden, 1870.
Roseingrave, 1811.	Ryley, 1785.	Sergisson, 1853.	Sheridan, 1870, 1875.
Rosey, 1811.	Rynard, 1786.	Serplice, 1910.	Sheriden, 1870.
Rositer, 1814.	Rynn, 2079.	Serplus, 1910.	Sherlock, 1871.
Rosmond, 1812.		Serrage, 1851.	Sherodan. 1870.
Rossboro, 1812.		Serridge, 1851.	Sherra, 1872.
Rossborough. 1812.		Sewell, 1855.	Sherrar. 1872.
Rossbotham, 1813.	Sage, 1841.	Sexton, 1856.	Sherrard, 1872.
Rossbottam, 1813.	Salisberry. 1833.	Seymore, 1857.	Sherrerd, 1872.
Rossburrow, 1812.	Salisbry, 1833.	Seymour, 1857.	Sherridan, 1870.

Surname and Reference No.	Surname and Reference No.	Surname and Reference No.	Surname and Reference No.
Sherwin, 1873.	Skehan, 1958.	Spalane, 1913.	Strachan, 1930.
Shiel, 1874.	Skellet, 1890.	Spear, 1910.	Straghan. 1930.
Shields, 1874.	Skelly, 1844.	Spears, 1910.	Strahan. 1930.
Shiells, 1874.	Skifenton. 1889.	Speed, 1945.	Strain, 1930.
Shiels, 1874.	Skiffington, 1889.	Speer, 1910.	Stratten, 1932.
Shier, 1877.	Skifington, 1889.	Speers, 1910.	Stratton, 1932.
Shiles, 1874.	Skillet, 1890.	Spelessy, 1913.	Strayhorn, 1931.
Shillady, 1875.	Skinnion, 438.	Spellane, 1913.	Streahorn. 1931.
Shilliady, 1875.	Skivington, 1889.	Spellman, 1911.	Streaton, 1932.
Shilliday, 1870, 1875.	Skoolin, 1849.	Spelman. 1911.	Streatton, 1932.
Shillidy, 1875.	Slamon, 1892.	Spence, 1912.	Streeten, 1932.
Shillitoe, 1876.	Slane, 1893.	Spense, 1912.	Stretton, 1932.
Shinagh, 643.	Slater, 1891.	Spilane, 1913.	Stuart, 1925. 1933.
Shine, 1866.	Slator, 1891.	Spillane, 1913.	Studdart, 1934.
Shinnagh, 643.	Slavin, 1892.	Spillessy. 1913.	Studdert, 1928, 1934.
Shinnahan, 1967.	Sleater, 1891.	Spinca, 1912.	Suckley, 1908.
Shinnock, 643.	Sleator, 1891.	Splaine, 1913.	Suel. 1855.
Shirdan, 1870.	Sleavin, 1892.	Spollen, 1911.	Sughrue, 1935.
Shire, 1877.	Sleevin, 1892.	Sprool, 1914.	Sugrew, 1935.
Shirlock. 1871.	Sleigh, 1895.	Sproule, 1914.	Sugrue, 1851. 1925.
Shirra, 1869.	Slevan, 1892.	Sprowle, 1914.	Sulavan, 1936.
Shockney, 1863.	Slevin, 1892.	Sruffaun, 208.	Sulevan, 1936.
Shoebottom, 1878.	Sligh, 1895.	Stackpoole, 1915.	Sulivan. 1936.
Shoemaker. 1879.	Sloan, 1893.	Stacpole. 1915.	Sullavan, 1936.
Sholdice, 1882.	Sloane. 1893.	Stafford, 1916.	Sullevan, 1936.
Sholdics. 1882.	Sloey, 1536.	Stanton, 1919.	Sullivan, 1686, 1907,
Sholdise, 1882.	Slone, 1893.	Stapelton, 1917.	1936.
Shonahan, 965.	Slowey, 1536, 1894.	Stapleton, 1917.	Sumahean. 1904.
Shonogh, 643.	Slown, 1893.	Stapylton, 1917.	Sumeril, 1906.
Shorelahan, 1936.	Sloy, 1894.	Staratt, 1918.	Sumerly, 1906.
Short, 1346. 1880.	Sly, 1895.	Starrat, 1918.	Summerly, 1937.
Shortall, 1881.	Small, 1896.	Starret. 1918.	Summers, 1904.
Shortell. 1881.	Smallen, 1898.	Starrett, 1918.	1938.
Shorten, 1880.	Smalls, 1896.	Starritt, 1918.	Summersett. 1905.
Shorthall. 1881.	Smallwoods. 2075.	Staunton, 1919.	Summerville. 1906.
Shortle, 1881.	Smeeth, 1897.	Stavely, 1920.	Sunderland. 1942.
Shoughnessey, 1863.	Smerle, 1900.	St. Clair, 1887.	Surgener, 1939.
Shoughnessy, 1863.	Smiley, 1899.	Stead, 1921.	Surgenor, 1939.
Shouldice, 1882.	Smillie, 1899.	Steads, 1921.	Surgeoner, 1939.
Shoye, 967.	Smily, 1899.	Steamson, 1923.	Surgeonor, 1939.
Shubottom, 1878.	Smirell, 1900.	Steavely. 1920.	Surgesson, 1853.
Shuell, 1855.	Smith, 728, 744, 1348,	Steed, 1921.	Surginer, 1939.
Shuiter, 1909.	1358. 1897. 1901.	Steen, 1923.	Surginor, 1939.
Shunagh, 643.	Smollan, 1898.	Steenson, 1923.	Surley, 1942.
Shunny, 643.	Smollen, 1898.	Steid, 1921.	Surplice, 1940.
Shurden, 1870.	Smullen, 1898.	Steinson, 1923.	Surtill, 1881.
Shuter, 1909.	Smurell, 1900.	Stenson, 1923.	Sutcliffe, 1941.
Sie, 1842.	Smylie, 1899.	Stenton, 1919.	Suter, 1909.
Silk, 1865.	Smyrl, 1900.	Stepenson, 1923.	Sutherland. 1942.
Sillitoe. 1876.	Smyrrell. 1900	Stephens, 1922, 1923.	Suthhern, 1942.
Simcocks, 1883.	Smyth, 728, 1358, 1897,	Stephenson, 1922,	Sutliffe. 1941.
Simcox, 1883.	1901.	1923.	Sutor, 1909.
Simmon, 623.	Smythe, 1897.	Steritt, 1918.	Swanick. 1943.
Simmonds, 1884.	Snedden, 1902.	Sterling. 1924.	Swanwick. 1943.
Simmons. 623. 1884.	Snodden, 1902.	Stern, 1924.	Sweeny, 1483, 1485,
Simms, 1885, 1886.	Snoddon. 1902.	Sterritt, 1918.	1944, 1946.
Simon, 623.	Snoden, 1902.	Steuart, 1925.	Sweny, 1944.
Simonds, 1884.	Snodon, 1902	Stevely, 1923.	Swift, 634, 1945.
Simons, 623, 1884.	Snowden. 1902.	Steven, 1923.	Swine, 1946.
Simple, 1852.	Sodan, 1903.	Stevens, 1922.	Swiney, 1483, 1944,
Simpson, 1885, 1886.	Soden, 1840, 1903.	Stevenson, 1923.	1946.
Sims, 1885.	Sodin, 1840, 1903.	Stevinson, 1923.	Swords, 1947.
Simson, 1886.	Solesbury, 1833.	Steward, 1925.	Symcox. 1883.
Simvil, 1906.	Solisberry, 1833.	Stewart, 1925, 1933.	Symes, 1885.
Sinclair, 1887.	Sollsbury, 1833.	Stinson, 1923.	Symms, 1885.
Sinclare, 1887.	Somers, 1904. 1938.	Stinton, 1919.	Symonds, 1884.
Sincler, 1887.	Somerset, 1905.	Stirling, 1924.	Sympson, 1886.
Sinemon. 273.	Somerville. 1906.	Stirratt, 1918.	Syms, 1885.
Singen, 1926.	Sommers, 1904.	Stirrett, 1918.	Synnott, 1888.
Singin, 1926.	Sommersett, 1905.	Stirrit, 1918.	
Sinjohn, 1926.	Sommerville. 1906.	Stively, 1920.	
Sinjun, 1926.	Sonahaun, 1904.	St. John, 1926.	
Sinnamon, 273.	Soolivan, 1936	St. Ledger, 1927.	
Sinnott, 1888.	Soraghan, 1907, 1936.	St. Leger, 1927.	
Sinott, 1888.	Sorahan, 1907.	Stoakes, 1929.	
Sitcliff, 1941.	Soran, 1907.	Stoddart, 1928, 1934.	Taaffe, 1948.
Sitliff, 1941.	Soughley, 1908.	Stokes, 1929.	Tackney, 1856.
Size, 319.	Southerland, 1942.	Stothart, 1928.	Taff, 1948.
Skally, 1844.	Souttar, 1909.	Stotherg, 1928.	Tagart, 1949.
Skeffington, 1889.	Soy, 1842.	Stothers, 1928.	Tagert, 1949.

Surname and Reference No.	Surname and Reference No.	Surname and Reference No.	Surname and Reference No.
Taggart, 1949.	Topping, 1973.	Turk, 1993.	Vandeleur, 2014.
Taggert, 1949.	Torkington, 1993.	Turkington, 1993.	Vandelleur, 2014.
Tague, 1543, 1953.	Torley, 1974.	Turkinton, 1993.	Vargis, 599.
Taise, 1954.	Torpy. 1950.	Turley, 1974.	Vargus, 599.
Tait. 1951.	Torrance, 1975.	Turner, 1994.	Varily, 2015.
Taite, 1951.	Torrans, 1975	Turnor, 1994.	Varley, 2015
Tally, 1989.	Torrence, 1975.	Turnour. 1994.	Varrelly, 585.
Tarpey. 1950.	Torrens, 1975.	Tuthill, 1995.	Varrilly. 2013, 2015.
Tarrant. 1958.	Torrins. 1975.	Tuttell, 1995.	Vaugh, 2035.
Tate, 1951.	Torry. 1975.	Futtil, 1995.	Vaughan. 2016.
Tavey, 1147.	Tosh. 1152.	Tuttle, 1995.	Veakins. 2011.
Tayler, 1952.	Tothill. 1995	Tutty, 1995.	Veasy, 2017.
Taylor, 1952.	Toughall, 2000.	Twamley, 1996.	Veigh, 1489.
Taylour, 1952.	Toughill, 1968.	Tweedie, 1997.	Veldon, 2041.
Teague, 1543, 1953.	Touhy, 1992.	Tweedy. 1997.	Venton. 598.
Tease, 1954.	Tourisk, 2031.	Twigg, 1998.	Vesey, 2017.
Teaze. 1954.	Towell, 2000.	Twigley, 1751.	Vessey, 2017.
Tee, 1960.	Towhig, 1991.	Twinam, 1999.	Vezey, 2017.
Teerry, 1975.	Towill, 2000.	Twinem, 1999.	Vicars, 2018.
Teg, 1317.	Towmey, 2001.	Twinim. 1999.	Vickars, 2018.
Tegart, 1949.	Townsend, 1976. 1977.	Twohig. 1991.	Vickers, 2018.
Teggart, 1949.	Townshend. 1976.	Twohill, 2000.	Victory, 1441, 2019.
Teggarty, 1317.	Townsley. 1976, 1977.	Twohy. 1992.	Vikers, 2018.
Teigue, 1543.	Tracey, 1978.	Twomey, 2001.	Vincent. 2020.
Templeton, 1955.	Tracy, 1978.	Twomley. 1996.	Vulcougha, 1568.
Templetown, 1955.	Trainor, 1980.	Twoohy, 1992.	
Ternan, 1959.	Tranor, 1980.	Twoomy, 2001.	
Terney, 1959.	Travers, 1979.	Twynam, 1999.	
Terry. 1975.	Travors, 1979.	Twynem, 1999.	
Thompson, 1956.	Trayner, 1980.	Twynim, 1999.	
Thomson, 1956.	Traynor, 1980.	Tye, 1960.	
Thorn, 1958.	Treacy, 1978.	Tyghe, 1960.	Wachop, 2634.
Thornberry, 1957.	Treanor. 1284, 1980.	Tyler, 1952.	Wadden, 2021.
Thornburgh, 1957.	Trehy, 1984.	Tymmany. 2002.	Waddick. 2036.
Thornton. 512, 1958.	Trenor, 1980.	Tymmins. 1961.	Wadding, 2021.
Tiernan, 1959.	Tressy, 1978.	Tymmons, 1961.	Waddock, 2036.
Tierney, 1959.	Trevors, 1979.	Tyndall, 2004.	Wade, 1469, 2022.
Tiger, 1317.	Trim-Lavery. 38.	Tyndell, 2004.	Wadick, 2036.
Tighe, 1487, 1960.	Trinlavery, 38.	Tynan, 2003.	Wadock, 2036.
Timmin, 2002.	Troland, 1983.	Tynnan. 2003.	Wadsworth, 2023.
Timmons, 1961.	Trolen, 1983.		Wadworth, 2023.
Timothy, 1962, 1990.	Troosel, 1981.		Waid, 2022.
Tinckler. 1963.	Troughton, 1982.		Waide, 2022.
Tindal. 2004.	Trousdale, 1981.		Waite, 2024.
Tinin, 2003.	Trousdell, 1981.		Waites, 2024.
Tinkler, 1963.	Trouten, 1982.	Ubank. 2005.	Wallace, 2025, 2027.
Tinsley, 1977.	Trouton, 1982.	Uiske, 2031.	Wallice. 2025.
Tipping, 1973.	Trower, 1979.	Ultagh. 1637.	Wallis, 2025.
Titterington. 1964.	Trowland, 1983.	Umphries. 934.	Wallsh, 2027.
Titterton, 1964.	Trowtan, 1982.	Umphry, 934.	Walmsley, 2026.
Toal, 1687, 1965, 1968, 1972.	Troy, 1984.	Unckles, 2006.	Walsh, 149, 2025, 2027.
Toale, 1965.	Truesdall, 1981.	Uncles, 2006.	Walwood, 2043.
Tobin, 1966.	Trusdale, 1981.	Unehan, 483.	Wamsley, 2026.
Tobyn, 1966.	Trusdell. 1981.	Unkles, 2006.	Ward. 2028.
Todd. 1967.	Trusdill, 1981.	Uprichard, 2007.	Warick, 2030.
Toghill, 1968.	Trusill, 1981.	Urkuhart. 2008.	Waring, 2029.
Tohall, 1965.	Tryn-Lavery, 38.	Urquahart. 2008.	Warreck, 2030.
Tohill, 1968.	Tubman, 1985.	Urquehart, 2008.	Warrell, 2076.
Tohull, 1968.	Tubridy, 1986.	Urquhart, 2008.	Warren, 1192, 1599, 2029.
Tolan, 1969.	Tubrit, 1986.	Urrell, 2091.	Warrenne, 2029.
Toland, 1969.	Tugman, 1985.	Ushart, 2009.	Warrick. 2030.
Tomilty, 1990.	Tuhill, 1972.	Usher, 2009.	Warrin, 2029.
Tomkin, 1970.	Tuhy, 1992.	Ussher, 880, 2009.	Warring, 2029.
Tomkins, 1970.	Tuite, 1987.	Ustace, 565.	Warton, 2045.
Tomlinson. 1971.	Tuke, 1988.		Warwick. 2030.
Tompson, 1956	Tully. 1989.		Watch, 2032.
Tomson, 1956.	Tumalti, 1990.		Waters, 2031.
Tonson, 1956.	Tumbleton. 796.		Waterson, 2031, 2033.
Tooey, 1992.	Tumblety, 1990.		Watson. 2032.
Toohig, 1991.	Tumblinson. 1971.	Vahey, 572.	Wattenson, 2033.
Toohill, 2000.	Tumelty, 1962, 1990.	Vahy. 1489.	Watters, 2031.
Toohy, 1992.	Tumiltey. 1990.	Vail. 2010.	Wauchob, 2034.
Took, 1988.	Tumilty. 1990	Vakins, 2011.	Wauchope. 2034.
Tooke. 1988.	Tummon. 1961.	Valentine, 2012.	Waugh. 2035.
Toole, 1687, 1965, 1972.	Tuohig, 1991	Vallantine, 2012.	Wauhope. 2034.
Tooley, 1687.	Tuohill, 2000.	Vallely, 2013, 2015.	Waytes. 2024.
Toomey, 2000. 2001.	Tuohy, 1992.	Vallentine, 2012.	Weadick. 2036.
Toompane, 1970	Tuomy, 2001.	Vallily. 2015.	Weadock. 2036.
Toorish, 2031.	Turbett, 440.	Vally, 2013.	Weaks. 2039.
	Turish, 2031.	Vandaleur, 2014.	Wear, 2040.
			Weatherhead, 2037.

Surname and Reference No.	Surname and Reference No.	Surname and Reference No.	Surname and Reference No.
Webber, 2038.	Whitaker, 2051.	Williams, 2062, 2063.	Wrafter, 1761.
Weber, 2038.	White, 666, 2049, 2057.	Williamson, 2062, 2063.	Wray, 1771, 2077.
Weekes, 2039.	Whiteacre, 2054.	Willison, 2066.	Wrayburn, 1775.
Weeks, 2039.	Whiteaker, 2054.	Willmott, 2065.	Wrayford, 2078.
Weere, 2046.	Whitegar, 2054.	Willson, 2066.	Wreford, 2078.
Weir, 2040.	Whitehead, 227, 2050.	Willoughby, 2064.	Wren, 1794.
Welch, 2027.	Whitely, 2051.	Wilmitt, 2065.	Wrenn, 1281, 1794, 2079.
Weldon, 2041.	Whiteman, 2059.	Wilmont, 2065.	Wright, 2080.
Wellesley, 2042.	Whiteside, 2052.	Wilmot, 2065.	Wrigley, 2081.
Wellwood, 2043.	Whitfield. 2053.	Wilson, 2066	Wrixon, 2082.
Welsh, 2027.	Whitla, 2051.	Wily, 2084.	Wrynn, 2079.
Welsley, 2042.	Whitley, 2051.	Wimbs, 2085	Wyber, 2038.
Welwood, 2043.	Whitly, 2016.	Winfield, 2067.	Wybrants, 2083.
Were, 2040.	Whitsitt, 2052.	Wingfield, 2067.	Wyer, 2040.
Werton, 2045.	Whittacre, 2054.	Winn, 2086.	Wyld, 2060.
Wesley, 2042	Whittaker, 2054.	Winnfield, 2067.	Wylde, 2060.
Wethered, 2037.	Whittegar, 2054.	Winter, 2068.	Wylie, 2084.
Whaite, 2024.	Whittley, 20 6.	Winters, 2068.	Wymbs, 2085.
Whalan, 2047.	Wholey, 925.	Winterson, 2033.	Wyn, 2086.
Whalen, 2047.	Wholihane, 905.	Winton, 1756.	Wynfield, 2067.
Whaley, 2044.	Wholy, 2055.	Wintour, 2068.	Wynn, 1158, 1335.
Whalley, 2041.	Whoolahan, 919.	Wire, 2040.	Wynne, 770, 1158. 1335.
Whammond, 797.	Whoolehan, 919.	Wise, 2087.	2086.
Whan, 1748	Whooley, 513.	Wisehart, 2069.	Wynnfield, 2067.
Wharton, 2045.	Whoriskey, 2056.	Wiseheart, 2069.	Wynter, 2068.
Whately, 2046.	Whorriskey, 2031.	Wishart, 2069.	Wyse, 2087.
Whenlan, 2047.	Whybron, 2083.	Withecomb, 2058.	
Whenlon, 2047.	Whyte, 2049, 2057.	Wither, 2074.	
Whealy, 2044.	Wiber, 2038.	Wize, 2087.	
Wheately, 2046.	Wicks, 2039.	Wodsworth, 2023.	
Wheatly, 2046.	Widdecombe, 2058.	Wogan, 2070.	
Wheelahan, 2047.	Widdicomb, 2058.	Wolfe, 2071.	
Wheelan, 2047.	Wier, 2040.	Wolff, 2071.	
Whelahan. 2047.	Wigan, 1368	Wolseley, 2072.	Yates, 2088.
Whelan, 944, 1710, 1721, 2047.	Wiggam, 2048.	Wolsey, 2072.	Yeates, 2088.
	Wightman, 2059.	Wolsley, 2072.	Yeats, 2088.
Wheleghan, 2047.	Wilby, 2064.	Woodroofe, 2073.	Yeilding, 2089.
Whelehan, 2047.	Wild, 2060.	Woodrooffe, 2073.	Yielding, 2089.
Whelen, 2047.	Wilde, 2060.	Woodrow, 2074.	Yonge, 2090.
Whelon, 2047.	Wildes, 2060.	Woodruff, 2073.	Young. 2090.
Wherton, 2045.	Wiley, 2084.	Woods, 556, 2075.	Yourell, 2091.
Whiffle, 2053.	Wilhair, 246.	Woolsey, 2072.	
Whigam, 2048.	Wilie, 2084.	Worald, 2076.	
Whigham, 2048.	Wilkie, 2061.	World, 2076.	
Whight, 2049.	Wilkinson, 2061.	Worrall, 2076.	
Whin, 1755.	Wilkison, 2061.	Worrell, 2076.	
Whinn, 1755.	Wilkisson, 2061.	Woulfe, 2071.	Zorkin, 121.

www.ingramcontent.com/pod-product-compliance
Lightning Source LLC
Chambersburg PA
CBHW070856280326
41934CB00008B/1471